U0933909

2019年

国际汉语学报

International Journal of Chinese Studies

第10卷

陶　涛 主编

厦门大学出版社 XIAMEN UNIVERSITY PRESS
国家一级出版社
全国百佳图书出版单位

图书在版编目(CIP)数据

国际汉语学报.2019年.第10卷/陶涛主编.—厦门：厦门大学出版社，2019.7
ISBN 978-7-5615-7539-0

Ⅰ.①国… Ⅱ.①陶… Ⅲ.①汉语—对外汉语教学—教学研究—文集
Ⅳ.①H195.3-53

中国版本图书馆CIP数据核字(2019)第165238号

出 版 人 郑文礼
主　　编 陶　涛
执行主编 方环海
责任编辑 刘　璐
执行编辑 颜彩蓉　马　红
封面设计 张雨秋
技术编辑 朱　楷

出版发行 厦门大学出版社
社　　址 厦门市软件园二期望海路39号
邮政编码 361008
总 编 办 0592-2182177　0592-2181406(传真)
营销中心 0592-2184458　0592-2181365
网　　址 http://www.xmupress.com
邮　　箱 xmup@xmupress.com
印　　刷 厦门集大印刷厂

开本 787 mm×1 092 mm　1/16
印张 17
字数 428千字
版次 2019年7月第1版
印次 2019年7月第1次印刷
定价 67.00元

本书如有印装质量问题请直接寄承印厂调换

厦门大学出版社
微信二维码

厦门大学出版社
微博二维码

《国际汉语学报》编辑部

International Journal of Chinese Studies

卷首语

汉语国际教育，作为一门新兴的交叉型学科，是一项国家和民族的伟大事业。随着国家综合实力的不断提升及“一带一路”倡议的不断落实，近年来，来华学习汉语的留学生数量逐年增长、海外孔子学院建设稳步发展、汉语作为第二语言习得理论和教学理论研究的深化、大批专业人才的培养、大量研究成果的涌现等，都为汉语国际教育这一学科的蓬勃发展提供了大好时机。当然，在多元文化的大背景下，面对复杂多样的学习需求，探索多样化的教学模式，适应世界各地不同的教学环境，满足不同人群的千差万别的学习需求，培养出更多本土教师，支持本土教学，不断提升国际汉语教育的内涵建设也越来越显得重要，加强国际合作，保证国际汉语教育可持续发展，需要学界共同攻关，开展研究。

本卷收录的 17 篇文章，通过了本刊特邀专家的匿名审查，经过多轮往返修改，完善了各自的学术观点，既有词汇、语法、语用等本体研究，又有国际汉语教学的应用研究，同时还刊登了构式、构式语法、跨学科等方面语言研究的译文成果，展示了国际语言学界的前沿理论动态，反映了国际汉语教学与研究的最新研究进展。

语音、词汇、语法和汉字被称为汉语教学的四要素，其中汉字教学在对外汉语教学中的重要性越来越明显。要想学好汉语，不仅需要学习语法知识，汉字也是重中之重，而对于母语为字母文字的西方学习者来说，汉字这种表意文字不同于西方字母文字的诸多特征加大了他们在汉字学习过程中辨识、记忆和书写的难度。如今的对外汉语教学方法已日趋完善，但仍然面临着汉字难教、难学的问题，这让我们不禁思考，在西方汉学史中，汉学家们是如何在当时的历史条件背景下学习汉字，甚至用汉字书写著作的。回顾历史，我们可以发现，西方人对汉字特征的认识有一个漫长的过程，早在 16 世纪，来华传教士为了传教工作已经主动开始学习汉语和汉字了。到了 19 世纪，西方汉学研究进入了专业汉学阶段，在这个时期，欧洲本土学者对汉语和汉字展开了大量的研究，掀起了一股热潮，日耳曼学者哈盖尔正是 19 世纪欧洲汉学研究热潮的第一位贡献者，他的著作《边画译》（*An Explanation of the Elementary Characters of the Chinese: With an Analysis of their Ancient Symbols and Hieroglyphics*）被称为 19 世纪欧洲学者出版的第一部汉语研究专著，也是第一部汉字研究专著。该书分为两个部分，包括前言和汉字 214 部。本辑中厦门大学胡雨田、方环海的《〈边画译〉前言译介》便为该书前言部分的译介，在前言部分，哈盖尔向欧洲读者详细介绍了汉字发明前中国人的记事方式、中国最古老的字符、汉字古字体、汉字起源、汉字语音和汉字的笔画结构等关于汉字的方方面面。哈盖尔以一个外域学者的身份向欧洲展示了他对汉字特征的认识和理解，虽与我们本族的汉字观有所差异或误解，但从他对汉字的认识中能够探寻以他为代表的西方汉学家对汉字特征的认识，可以为现今的对外汉语汉字教学提供很有意义的借鉴。

国际汉语教学需要运用更多新理论、新方法、新思路来进行开拓性的研究，语言学理论的更新也为国际汉语教育带来新的活力，使得教学实践的创新具有比较坚实的理论基础。其中，构式语法的研究观念对汉语语法研究的发展起到了巨大的推动作用，知名语言学家约翰·泰勒（John R. Taylor）以 Langacker 的认知语法模型为理论基础，认为语言单位之间相互关联，形成了一个紧密的语言网络，每个语言单位在该网络中都占据了合适的位置。本卷中北京语言大学奚柳青、施春宏共同翻译的《构式的生态》从网络系统中的生态性角度来多角度、多层次地刻画构式的理据，展示了其研究的新进展，文章探讨了图式与实例之间的关系、部分与整体之间的关系以及实例之间的相似关系，并以英语构式性习语 the bang goes 为例对部分构式的理据性进行了阐释，指出构式在某种程度上是有理据的，即构式整体及其组构部分跟语言中的其他单位之间存在多重关系。这些关系的叠合累加，在语言系统内为构式创造了一个“生态位”。文章对构式的理解，除了形义配对体外，还包括纯粹的形式组合体和纯粹的意义成分组合体，并对这两类构式的结构情况做了阐释，对构式生态的分析路径及当下构式研究仍有特别的启发意义。

此外，中国社会科学院赵芸芸和北京语言大学王伟超共同翻译的《激进构式语法》则向我们介绍了当代构式语法新近产生的一个语法理论变体——激进构式语法。该文作者威廉·克罗夫特（William Croft）认为激进构式语法与其他构式语法理论差异很大，其“激进”之处主要在于：（1）语法范畴是构式专属（construction-specific）和语言专属（language-specific）的，因此构式是语法的基本单位（constructions are the basic units of grammar)；（2）坚决主张在句法理论中取消“句法关系”，即取消构式中句法成分之间的关系，认为构式中唯一的句法结构就是构式与其组成成分之间的部分—整体关系(part-whole relation)；（3）构式是语言专属的，不同的语言有不同的构式；（4）语言共性存在于从语义到语符的映射关系中，并据此提出了概念空间（Concept Space）和语义地图模型(Semantic Map Model)，等等。文章主要讨论了激进构式语法理论(RCG)，指出语言类型的多样性导致了这一假说的形成，它遵循严格的方法论承诺、分布分析法以及使用跨语言的有效标准发现的类型学型式。因此，一方面，比起其他的构式语法模型，激进构式语法极少给出有关构式的形式结构的表征承诺；另一方面，它要求建立一个有关语义结构的丰富的、精细的模型，并对构式的语义结构及构式中语义结构成分与句法结构成分之间的映射关系赋予极大的解释力。文章为语法范畴、语法概括、语法共性及将语言内部和跨语言的变异整合进构式语法提供了诸多创新性方法。

随着当代语言学的发展，汉代训诂的学术价值正在不断地获得重新认识。虽然它的研究成果多以解经释义的形式分散在各种经典著作的注释本中，在体现形式上与以论文、论著为主要载体的现代语言学的学术体例有所不同，但它的内容广泛涉及音韵学、文字学、语法学、语义学、语用学以及社会语言学等各个领域，对当今语言学研究具有重要的价值。日本神奈川大学彭国跃的《汉代训诂学中的“礼貌”功能释义——历史社会语用学探源》从历史社会语用学的角度对汉代礼貌训诂的实际内容进行整理分类。在对训释词语的语义内容和被训释的语言行为和表现内容特征进行分析的基础上，阐明了近两千年前出现的这些对礼貌功能的解释在当今语言学，特别是历史社会语用学研究中的重要意义。

本卷也发表了一些专门的汉语语词、语法、文化点的本体研究成果，大多基于各自的理论视角、不同的语言背景来进行探索，在汉语教学中具有应用参考价值。其中，长沙师范学院刘吉力的《海峡两岸介词框架“在 X 下”对比分析》基于大陆《人民日报》数据库和台湾《联合报》知识库，通过定量统计分析，找出两岸介词框架“在 X 下”的差异之处，体现在 X 的结构类型和“在”的隐现与替换上，以 X 的结构类型差异为主，并且通过与民国时期报纸的比较，找出差异形成的原因，同时通过对近年来两岸语言接触的分析，指出两岸介词框架“在 X 下”出现了一定程度的趋同现象。充分考察两岸“在 X 下”，展现两岸语法实质性差异，即规则是否追求精密，有助于预测大陆谓词性 X 增多的可能性，为两岸 X 的进一步融合提供借鉴。

极性程度义在现代汉语语义体系中占据重要的地位，具有表现形式丰富、主观性和凸显性强、表情达意较为新颖等特点，而且随着网络语言的发展，不断涌现出许多新兴的程度表达形式。近年来，网络上流行的“X+（到）+爆表”即为表达某种程度已至极高的流行语，也是极性程度义表达形式的典型范例。陈伟、李静《极性程度义构式“X+（到）+爆表”探究》在过去已有研究的基础上，把近年来非常流行的网络用语“X+（到）+爆表”作为一种新兴构式进行进一步研究，认为该构式表达的是言者对某一种状态（形态）的程度描述已经超出某个范围的量度评价，属极性程度义构式；分析了常量“爆表”语义演变及词汇化过程，探讨了变量“X”的主观程度性和评价性的语义特征，总结了构式“X+（到）+爆表”形成的动因，认为是由言者的主观量评价、程度义凸显和语用心理三种因素共同作用的结果。

随着当代语料库语言学的博兴，语料库语言学对语言哲学里日常关键词的研究将更具优势，语言哲学家的传统内省研究方法无论如何都会受到大脑思维的局限，而语料库检索数据具有更好的可见性、可感性和可查性。华南师范大学方清明的《高频抽象名词的语义属性与搭配行为研究》以“原因”“结果”两类高频抽象名词为对象，利用大规模语料库和 Antcon3.2.4w 技术对它们的多词单位进行提取。对多词单位的考察有利于节点词搭配意义的发掘、语义属性的呈现，同时也可以促进高频抽象名词的语言哲学分析。

汉语国际教育是一个具有明显交叉性的独立学科，有着自己明确的学科基础。本卷收录的文章理论多元、视角多样，许多都具有跨学科的背景，多有创获，也许这样的研究正是汉语国际教育的跨学科性质的体现，我们也期待更多这样的研究成果能够不断涌现。

目　录

Contents

论词的意义

杨永忠　杨韫珏*

（云南财经大学国际语言文化学院　中国　昆明　650221；
山东大学新闻传播学院　中国　济南　250100）

摘　要：作为客观事物或现象在人们意识中的概括反映，词义承载着人类文化的诸多信息，展示出语言背后的某些社会历史过程与人的情感世界和理性认同。不同的词义体现着不同类别、不同时代、不同区域的人独特的人文性以及语言和民族文化之间千丝万缕的联系。通过对词义的分析、研究，可以窥视用户的思想价值判断与价值认同，再绘其心理轨迹，从而立体地、全面地把握社会历史的脉络。可见，对词义的研究，不仅具有语言学的意义，而且具有文化的意义以及语言哲学的价值。

关键词：词义　语法意义　词汇意义　内涵意义　概念意义

DOI: 10.14095/b.cnki.jics.2019.01.001

一、引言

词是语言中音义结合的、能够独立运用的最小单位。（戚雨村等，1993：275）这意味着，词具有一定的语音形式（对文字语言来说，有相应的书面形式）和确定的意义（包括属于一定语法范畴的语法意义），并且能独立运用。（徐智儿，1997：9）词义则指词所表示的意义，即词典里的各种解释。若是给词义下个科学的定义，就是“说话的人和听话的人所共同了解的词所反映的事物、现象或关系”。词的意义是客观事物或现象在人们意识中的概括的反映，是由应用这种语言的集体在使用过程中约定俗成的。（夏征农，1979；王佐良、丁往道，1987：63）

*　杨永忠，云南财经大学国际语言文化学院，研究方向为句法学和语义学。邮箱：wmyoung99@163.com。
杨韫珏，山东大学新闻传播学院。邮箱：jane053 @yeah.net。

二、词义的种类

（一）语法意义和词汇意义

词的意义在性质上可分为语法意义和词汇意义。词的语法意义是词所含有的语言结构方面的功能，亦即关系意义，它通过语言不同层次的各种结构表现出来。就词本身这一层次的结构而言，词是由词根、词缀等词素构成，并且有增添或更替词缀或词尾的变化；这些词素具有在词结构内的线性组合关系意义，同时还具有词结构以外（指词组和句子）横向的聚合关系意义，如词充当句子成分等句法功能（即关系意义）及同类词的替代能力。除了分别在词素、词、词组、句子等同一平面的层次上发生关系外，在词素组成词、词组成词组、词组组成句子等不同平面的层次上也发生跨层次的层级关系。词的这种关系就是词的语法意义。词的语法意义为同一类属的词所共有，是把一系列词联系起来的共性意义，是词和词组作为句子成分之间的相互关系的表现。（徐智儿，1997：12-13；叶蜚声、徐通锵，1997：128-129）例如，cat（猫）、rat（鼠）、ate（吃）这些单词都具有各自的词汇意义，这些都能从词典中查到，但互不相干，不能表示它们之间的关系。只有当这些词以一定的方式组织在句子结构中，它们之间的关系才能表示出来。例如：

The cat ate the rat.（猫吃了一只老鼠）
The rat ate the cat.（老鼠吃了一只猫）

到底是谁吃了谁，只有在句子结构中才能表示出来，这就是语法意义。它建立于词汇意义之上，但又不同于词汇意义。

词汇意义是指每一个词所特有的意义，从而把它同其他词区别开来。因此，词的词汇意义与它的语法意义不同，是个体性的。从内涵上说，词汇意义是客观现实的事物、现象或其特性在人们意识中的概括反映，并经一定的语音形式（词的语音外壳）巩固下来而形成的词的内容方面。客观现实中的事物、现象及其形形色色的特性是不依赖于人们的意识而存在的，但是人们在长期的社会实践活动中可以对它们形成一种概括的反映而加以区别，即把某种事物或特性赖以区别于其他一切事物或特性的某种或某些特征概括起来。这种概括的反映与一定的语音物质材料在人们的头脑中形成牢固的联系并得到社会的公认，也就约定俗成并互为表里地构成语言的词，其中，语言物质材料就是词的语音外壳，对客观事物的概括反映则是词的意义内容，也就是词的词汇意义或词义。（徐智儿，1997：13）例如，一个人说“云”这个词时，讲汉语的人听到（其语音外壳）后都知道是指“水蒸气上升遇冷凝聚成微小的水点成团地在空中漂浮”；当听到“thunder”这个词时，讲英语的人就知道是指“the loud noise that you hear during a storm, usually after a flash of lightening”。这是由于词义与词的语音外壳有了牢固的联系的缘故。这种联系为语言社团所公认，词义就具有客观性，也就是说，词义属于社会的方言，而不是个人的言语现象。正因为词义具有客观性，人们才能使用语言进行交际、交流思想，达到相互了解。（徐智儿，1997：13-14）

（二）概念意义和内涵意义

上一节所讨论的都是词义的基本方面，它们主要同人的认识、反映客观世界（包括虚构的事物或对客观世界的歪曲反映，如鬼、神、天堂、地狱、佛等）有关，也就是以思维的日常概念为基础的，因此，可以称之为概念意义。它们构成词义的核心。除概念意义之外，词义中还可能包含概念的内容或外思维意识的内容，如对概念意义所表达的事物的好恶、褒贬等感情色彩以及其他的感情、意志等。由此可见，词义并不等于概念，因为作为对客观世界反映的概念本身无所谓褒贬，也不带感情色彩等主观成分。这些概念意义以外的并与之相对应的词义内容，即为词的内涵意义。（徐智儿，1997：18）

内涵意义虽为非概念的内容，但它往往伴随并依附于词义的概念意义，是依据个体或群体已有的经验对概念意义所表达的对事物的好恶评价的感情联觉。显然，词的内涵意义很复杂，其不仅有联想意义、感情色彩意义，而且有语体修辞意义之细分。一般而言，内涵意义所包含的特征也是社会共有的，因为这些特征都是建立在群体的经验基础之上的。有时，随着人们已有经验的转移，也可能因人而异，从这一角度看，内涵意义又具有一定的个体性，因而也是不稳定的、不明确的。（徐智儿，1997：18-19）换言之，有些词的内涵意义对人们可能具有普遍的意义，有些词却只对同类型的人有共同内涵意义，还有一些则对个别人有特殊内涵意义。如 young 一词，令人联想到“活泼的”“活跃的”“灵活的”“敏捷的”“容易接受新事物”“不成熟”“缺乏经验”等。另一方面，词的内涵意义不是一成不变的，随着时间的推移和情况的变化，词的内涵意义也可能增强或减弱。如 Waterloo 一词，在 1815 和 1816 年对一般英国人来说是有丰富内涵意义的词，而如今 to meet one’s Waterloo 这一成语除对历史学家有较大意义外，对一般人已成了失去新鲜感的陈词。（王佐良、丁往道，1987：67）显然，词语和它指称的对象通过思想对词语意义的认知或掌握而联系在一起，意义以思想的表象模式存在，并且依赖于主体的内在要素。（江怡，2017）

由于语言的内蕴是思维模式，是使用该种语言的民族对世界的认识与反映，是民族心理、情感、意识、集体无意识的聚合体，是其历史、文化、宗教的积淀，因而，作为语言的最小意义单位——词，也就不可避免地被打上了民族、种族、历史、文化、宗教的烙印，其内涵意义便变得极为复杂。因此，理解词的内涵意义，必须从历史、文化、社会、宗教、民族等角度进行全方位、多视角的透析，唯有如此，方能做到准确、全面。有些社会现象对不同阶级、阶层的人有迥异的利害关系，生活于不同社会的人对它们也有不同的评价，因而表示这些现象的词所具有的内涵意义也因人而异。（徐智儿，1997：19）例如，对 radical、progressive、liberal、conservative、revolutionary 等带有浓厚政治色彩的词，不同的国家、不同历史时期、不同阶级的人持有不同的看法；family 一词，在中国孩子和美国孩子心中唤起的感情可能很不一样。中国孩子通常与（外）祖父母、爸爸、妈妈同住，而在美国则有许多孩子只有单身父母。cross 对不信基督教的东方人来说，不过是个“十字形的东西”，对西方人来说则是耶稣受难、为人类赎罪的象征，对美国南方三 K 党成员则是对黑人施以私刑的必备之物，至于在美国南方黑人心中引起的联想就更加强烈复杂。（王佐良、丁往道，1987：66-68）内涵意义还会随着时代和社会的更替而变化。（徐智儿，1997：19）对词的内涵意义的动态考察，可以窥见整个国家和民族在特定历史时期变动的形态，佐证作为社会基层细胞的语言对于社会变迁的重要意义，作为民族的精神格局，怎样规范着一个民族看待世界的样式，以及变迁所引起的一系列重要而持续的反映文化的深层结构。研究词的内涵意义的演变，可以让我们重睹人们心灵的发展轨迹，以及社会、经济、政治和民族生活与历史。（杨永忠，2015）语言本身就是一种文化，或者说，是一种文化连接。（强乃社，2016）

不同的语言中，概念意义相当或对应的词可以有相同的内涵意义，如狐狸（英语为 fox）是狡猾的，猪（英语为 pig）是肮脏、贪婪、懒惰的，绵羊（英语为 sheep）是温顺的，鼠（英语为 mouse）是胆小的，等等。这主要是因为这些客观事物对人们有相同或相似的效应，因此，尽管语言不同，人们对它们的某些特征还可以有共同的认识。所以，历史文化背景相同或相近的不同语言共同体间，对应的词往往有相同的内涵意义。（徐智儿，1997：19）作为一种观念的精神的存在，语言依赖于语言用户的精神创造活动。在这一创造过程中，主观性不可避免地与所有对客观事物的感知交织在一起。因为词与精神相反，当它变为对象时，总要掺杂着本身的意义，因而，词总会带有某种新的特性，这便是语言的同一性。（杨永忠，2015）

词的内涵意义可分为联想意义、语体意义、感情意义、文化历史意义等。联想意义，顾名思义，指词在人们心中引起的种种联系而赋予该词以新的意义。联想意义，往往以人们对事物的基本认识为基础，以人们的知性和感性经验为桥梁，以人们的价值判断为参照，在认识主体与认识客体之间建立起联系，以对客观事物的本质认识为核心，呈放射状展开，将一些非本质的与本质认识有着相似特征的属性或认识粘于核心认识之上，进而建立一个认识或意义空间。其中，内圈为最接近于本质认识的部分，外圈为远离本质部分，越向内与核心的相似性就越多，反之则越少。另一方面，由于不同的语言是不同的思维模式、情感意蕴、文化心理、审美标准等的反映，这样，同一事物在不同的民族中便会有不同的投影，产生迥异的联系。例如，英语的 phoenix

象征“复活”“再生”，汉语的“凤凰”则象征“祥瑞”；chicken 可用来指年轻妇女，更多的时候是指懦夫；汉语的“仙鹤”象征“长寿”；英语的 peach 指特别讨人喜欢的人（尤其指女子）或物，汉语中的“桃子”则表示“长寿”；英语的 yew 象征“不朽”；汉语的“柳树”则象征“柔顺”，中国古典文学中常用它来形容妇女细长的眉毛或柔软、纤细的腰肢，《诗经》就有“昔我往矣，杨柳依依。今我来思，雨雪霏霏”的名句。绿色是青春的颜色，常表示希望、欢乐，英语的 green 则意味着妒忌和没有经验；白色是西方结婚礼服的传统颜色，而在中国则为丧服、丧事的代称；landlord 一词，对英美人来说，首先是指“房东”，其次才是“地主”，在中国则正好相反。英语的 albatross 令人联想起灾难（在英国诗人柯尔律治的长诗《老舟子行》（*The Rime of the Ancient Mariner*）中，老水手因射杀信天翁而导致全船遭难，因而成为灾难的预兆）；nightingale 则让人联想起古罗马诗人奥维德笔下的遭强暴后被割掉舌头的菲洛米拉，因而意味着不幸、灾难（在中世纪时，人们认为，一位相思者若先听到杜鹃叫，然后再听到夜莺叫，那么这对他来说是个坏兆头），同时也让人联想到英国诗人济慈笔下的美丽的爱情之鸟；snake 则使人联想到英国诗人劳伦斯笔下的地狱之王——魔鬼撒旦以及米尔顿笔下的率领众天使反叛上帝而遭惩罚仍旧不屈不挠的英雄撒旦。（王佐良、丁往道，1987：68；杨永忠，2012）

词的语体意义，或称词的语体修辞色彩，指的是人们在选词造句进行交际时因场合不同而有所区别。交际场合包括言语交际的地理（方言）环境，交谈者在社会、家庭中的不同地位及相互关系，交谈的内容性质和所涉及的人与事等。在不同的交际场合中，往往需要语体修辞色彩恰当的词语来确切的表达交谈内容和说话者的态度、意愿等。（徐智儿，1997：19）正如英国作家斯威夫特所说：“把恰当的词放在恰当的地方”。（王佐良、丁往道，1987：55）使用的语言或其变体不同，交际的效果便会有差别，而且主要取决于交际场合。虽然现在普遍提倡使用标准语，但在实际生活中还会遇到使用方言的情况，尤其是作为反映社会现实生活的文学作品则更是为了衬托地方特色而有意使用方言词语。（徐智儿，1997：19）

词的文化历史意义是指词作为民族精神的一面镜子，对其世界观、文化传统以及社会历史变迁的反映，因为语言记录着人们心灵的普遍状态或习惯，记录着社会、经济、政治和民族生活中历史所引起的一系列重要而持续的反应，蕴含着历史的轨迹，映射着自古至今的社会发展史，规范着一个民族对于世界的认识方式和解释方式。语言不是社会历史的简单反映，社会生活中那些创造新词，改变、扩展或废弃旧词的变化，展示出语言背后的某些社会历史过程。因此，不能离开社会生活的范畴去讨论雪泥鸿爪的语言词汇，也不能离开社会去解释语言词汇。通过对每一个时代社会实践中最重要、最具有影响力的词汇和日常用法以及内涵意义的分析，可以研究当时人们思想和经验广阔领域的表达，这些词汇的文化内涵和历史轨迹无疑是对一个社会活动反映的记录。一般性地收集词汇，查找或考释它们的用法，这是语言学的记录，而分析词汇中的历史文化含义和社会思想，则具有语言社会史的意义。随着各民族之间语言的吸收、消化、融合，既有互相借用的交际平衡，也有自身精神的反映体现。从语言词汇上反映社会中所存在的排外意识、民族消融、文化优势等等自然规律结果。至于近代社会沿海设立租界的地区和所在城市"殖民语言""洋泾浜语""西化借助词汇"就更为明显。词语借用的对象、范围和流向首先就强烈地体现出社会一定的价值取向和人们的文化心理。（葛承雍，1996；杨永忠，2000、2009、2012、2015）其次，对词语借用的不同观念、不同评价直接记录着不同的文化心态。由语言词语借用引起的语言纯洁化运动不仅仅是语言问题，其中包含着复杂的民族心理因素。再次，词语借用的方式可以反映和表现一个民族的心理。（邢福义，2000：225-286）

不同的社会集团不存在"阶级语言"，但不排除每一个阶层等级的人按自己的嗜好习惯使用一些带特性的群体性语言。每个人所处的地位不同，其文化教养必定有所不同，用语有文白之分、男女之别、上下之差，而且有老幼之分、教学之别、前后之差，语言反映着社会角色的不同。如果说各类人物的语言往往以其特殊的方式向我们透露出社会的底蕴，那么上层社会使用的礼语、雅语、官腔和下层社会熟用的咒语、俗词、黑话，则使人们借助语言的尊卑、势利以及词汇的差异，可以分析出社会的关系和地位的变化。不同的群体、不同的社会阶层和等级，会使用不同的语言，因为他们各有不同的价值判断和价值标准，不同的感情和观念，并认为自己的语言最标准、最正确地反映自己的心理表现。因此，在交际中，除规范的书面标准语外，也存在诸如恰当、得体地使用口语词和俚语等现象。上层社会的人为了显示自己尊贵的身份和荣耀的地位，用词造句非常讲究咬文嚼字、万分斟酌，无论是皇家的诏文、谥册、尊称，还是朝廷的布告、公文、律令，都凝聚着强烈的上下贵贱之分和等级的烙印。有文化的知识分子或称"士"阶层的人，是语言最为丰富的人，他们不仅善于总结古人或民间常用的语言，而且在社会生活变化中最善于创造出与此相应的新词汇。特别是一些有个性、有思想的士人，运用精练的语言来为社会服务，而且这种带有自身特质的语言是不能互换的，只要别人一听到就能区分出其社会属性和社会语境，贴切地表达着此类人物的气质观念和形象。官僚们的语言是一个典型的类别，对上卑辞谦语，低三下四，口口声声"奴才""卑职""下官"；对下趾高气扬，鄙视百姓，信口开河，长呼短叫"野汉""贱人""小子"。对社会中不同人物加以明显的区别，这也是做官为政的一门显学。相反，下层社会用语放荡不羁，随意褒贬，无所谓敬语为先，只要是表达意愿和能进行社会交际，就按自己的习惯冲口而出。但由于阶层、行业、类别的不同，也会形成另一种语言。从这些语言中不难分析社会群体、帮会集团等活动特色，抓住其社会心理表现的氛围，考察语汇在日常语言中出现的频率变化，也可以由此推断社会角色或社会结构发生变动。（葛承雍，1996；杨永忠，2015）

使用语言进行交际（或在语言交际过程中）需要根据交际的场合的内容或题材，从修辞语体的角度选择恰当的词语，既要得体地表现人际关系和对话语内容所涉及的事物的态度，又得依据话语题材所涉及的活动领域考虑词语的语体特点或色彩。语言除表达思想外，还表达感情，即说话人所表达的对自己，对交谈方以及对话语所涉及的人或事的态度，包括评价以及喜怒哀乐等情绪。因此，语言中的词除了上述意义外，还有感情意义。这里说的是狭义的感情意义，而非广义的感情意义。前者指的是可以附属于概念意义，也可完全不依赖于概念意义而独立表达（如感叹词），而且它完全是群体（语言共同体）的，也就是属于语言的，它的意义内容也是明确的和稳定的；与之相反，后者指的是基于过去的经验（包括共同的社会历史文化背景）个人或群体对概念意义所表达的对事物的态度、评价等感情联觉，因此它完全依赖并附着于概念意义，而且可能是群体的，也可能是个体的，从而也因人而异，显得不明确和不稳定。（徐智儿，1997：21-22）

语言中有一类特殊的直接表达感情、意志的感叹词。其特殊性在于：（1）只直接表达感情、意志等外思维意识，而不是表达感情内容的名称，因而它们没有概念，它们的词义内容完全是感情，因此，“感情意义”这一含义对它们是完全合适且确切的；（2）它们一般既不与其他词结合，也不表示与其他词之间的语法关系。语言使用和发展中有一种倾向，即把概念为感受或评价方面的词单独或与其他词组合作为感叹语，而且在长期使用中，这些感叹语实词原来的概念可能会淡化而接近感叹词。（徐智儿，1997：22）例如，Oh（O）表示惊奇、恐惧、痛苦、懊恼等；Ah 表示惊奇、恐惧、高兴、痛苦、恳求、松一口气等；Well 表示惊奇、犹豫、松一口气等；Oh dear、dear me、（my）goodness、（good）gracious 表示惊奇、赞叹、不耐烦、难受等，多为女性所用；Oh lord、Good lord、Good heavens 表示惊异、不高兴等，多为男性所用。又如福克纳的小说《喧嚣与骚动》（*The Sound and the Fury*）中 Quentin 与其舅舅争吵那一段，其中有两个“goddamn”和三个“damn”这样具有强烈修辞和感情色彩的词语，将 Quentin 对其舅舅的极端仇视与厌恶活灵活现地表现出来，人物形象栩栩如生。（王佐良、丁往道，1987：62-63）

词通过组合往往具有区别于其他词的特征而具有新的意义。其组合不仅受语言结构系统多方面的制约，尤其是概念意义的制约，而且受到语体修辞色彩和感情意义的制约。首先，不带有明显语体修辞色彩和感情意义的中性词的组合能力（组合的潜在可能性）远大于带有语体修辞色彩或感情意义的词，这些词不仅占语言词汇系统的大多数，而且这些词的中性词“色彩”使它们适用于大多数交际场合，包括不同语体的言语作品和不同感情意义或色彩的语句。其次，带有明显的语体修辞和感情色彩（或意义）的词在组合上还受到不同的语体特点和感情色彩（或意义）的限制，因此，人们在交往中一般不能把属于不同语体风格的词或褒贬爱憎色彩的糅合在一起。（徐智儿，

1997：25-26）可以说，词的组合受制于语言系统诸方面，因而，对词的内涵意义的确定必须通过对语言情境的考察方能做到全面、准确。

语言是一种观念的精神的存在，它依赖于使用者的精神创造活动。在这一精神创造过程中，主观性不可避免地跟所有客观事物的感知交织在一起。即使不谈语言，每个人的个性都可以视为特殊世界观的反映，加上语言，理由便更充足了。因为词与精神相反，当它变为客体时，总要掺杂着本身的意义，因而词总会给语言带进某种新的特性。语言是人们情感的暗流思想的载体，社会结构嬗变的活化石，是一幅人类社会的风俗画。正如一个地方语言可以作为基层的社会细胞去佐证或见证整个国家和民族在特定历史时期变动的形态，剖析其词汇语言、语法的具体变迁一样，俚语也可以展示人的深层情感世界，窥视其与社会主流文化的矛盾冲突，从而了解其价值判断和价值标准。（参阅亚里士多德，1957；申小龙，1994a、1994b；杨永忠，2015）

如果说各类人物的语言往往以其特殊的方式向我们透露出社会熟用的咒语、俗词、黑话，我们借助语言的尊卑、势利以及词汇的差异可以分析出社会关系和地位的变化。不同的群体、不同的社会阶层和等级，会使用不同的语言，因为他们各有不同的价值判断和价值标准，不同的感情和观念，并认为自己的语言最标准、最正确地反映自己的心理表现。（葛承雍，1996；杨永忠，2015）

在历史长河中，各个阶层的语言尽管有所更替，但却长期地保持自己阶层身份的稳定性，不论在什么社会活动中，它总要千方百计地表现出来。（葛承雍，1996）语言往往记录着人们心灵的普遍状态或习惯。在语言的背后，存在着普遍的、绝对的人类精神或群体语言的源泉、动力和归宿。由于这一精神力量或集团意识朝着不同方向的作用，人类语言或群体语言才成为一种创造性的活动。语言以其根部的各种很细的纤维与群体精神联系在一起。群体精神的特点和语言结构深深地相互渗透着。每一个语言体系的不同都形成不同的对于世界的看法。如果声音位于人与事物之间，那么语言整体而言就处于人与对人有内部和外部影响的自然界之间。人为了感知和认识世界，把自己置于声音世界的包围之中。人的认识和活动依赖于、取决于观念，所以人和事物的关系、人对事物的态度，完全受语言的制约。人对世界的认识受到语言的支配。语言的积极作用使它有可能按照语言所反映的世界观和特点，为每个人的智力视野描绘出一幅外部世界的图画。每一种语言都围绕掌握语言的群体画了一个圈子。（参阅申小龙，1994b；杨永忠，2015）

在上述五种词汇意义中，概念意义是词的基本意义，因为词的概念意义同人们的思维相联系，构成交际和交流思想的基本内容，因而也是语言中大多数词所具有的，并且是各个词借以相互区分的个体性内容。其他四方面的内容则可视为词汇意义的附加意义或内容，因为它们并不是每个词所必备的，并不构成交际、交流思想的必要内容，而多包含外思维意识的内容，而且对各个词来讲并不具有共性。此外，它们通常直接或间接依附于概念意义，而且它们的出现随机性较大，即某方面的意义是否出现，出现的具体意义怎样，甚至出现全然相反的意义，完全可以随着交际场合、交谈内容和参与者的不同而不同。（徐智儿，1997：26）

三、结语

作为客观事物或现象在人们意识中的概括反映，词义承载着人类文化的诸多信息，带着人类文化的种种烙印，展示出语言背后的某些社会历史过程与人的情感世界、理性认同。不同的词义体现着不同类别、不同时代、不同区域的人的独特的人文性，语言和民族文化、人类文化之间有着千丝万缕的联系。词义作为文化的主要载体，蕴含着人类文化的诸多信息，因而语言具有文化性质、文化价值和文化功能。词义的这种文化性质构成了词义的人文性。因此，词义学习需要将其与文化、社会、心理、认知图式等背景知识结合起来。通过对词义的分析、研究，可以窥视用户的思想价值判断与价值认同，再绘其心理轨迹，从而立体地、全面地把握社会历史的脉络。（杨永忠，2015）可见，对词义的研究，不仅具有语言学的意义，而且具有文化的意义以及语言哲学的价值。

参考文献

葛承雍：《探索语言背后的社会史》，《浙江社会科学》，1996 年第 5 期。

江　怡：《论分析哲学运动的历史特征与现实意义》，《苏州大学学报》（哲学社会科学版），2017 年第 1 期。

戚雨村、董达武、许以理、陈光磊：《语言学百科词典》，上海：上海辞书出版社，1993 年。

强乃社：《语言哲学与马克思主义哲学的当代发展》，《社会科学战线》，2016 年第 8 期。

申小龙：《汉字构形的主体思维及其人文精神》，《学术月刊》，1994（a）年第 11 期。

申小龙：《古典洪堡特主义与当代新洪堡特主义》，《复旦学报》（社会科学版），1994（b）年第 1 期。

王佐良、丁往道（主编）：《英语文体学引论》，北京：外语教学与研究出版社，1987 年。

夏征农（主编）：《辞海》（缩印本），上海：上海辞书出版社，1979 年。

邢福义（主编）：《文化语言学》，武汉：湖北教育出版社，2000 年。

徐智儿：《德语词汇学》，上海：上海外语教育出版社，1997 年。

亚里士多德：《范畴篇·解释篇》，北京：三联书店，1957 年。

杨永忠：《探索语言背后的民族精神》，刊于张后尘《外语研究与教学》，北京：航空工业出版社，2000 年。

杨永忠：《方言与移民的互动关系》，《宁波广播电视大学学报》，2009 年第 3 期。

杨永忠：《论语言思维模式》，《国际汉语学报》，2012 年第 2 期。
杨永忠：《俚语的生成理据》，《国际汉语学报》，2015 年第 2 期。
叶蜚声、徐通锵：《语言学纲要》，北京：北京大学出版社，1997 年。

On the Meanings of Words

YANG Yongzhong & YANG Yunjue

（School of International Languages and Cultures, Yunnan University of Finance and Economics, Kunming 650221 China; School of Journalism and Communication, Shandong University, Jinan 250100 China）

Abstract: As a general reflection of objective things or phenomena in people's mind, word meanings carry much information concerning human cultures. They exhibit some socio-historical courses as well as individual emotional world and rational identity. Different word meanings reveal the unique humanity of different classes, epochs and regions as well as the links between language and national cultures. Via the interpretation of word meanings, we can have an insight into the judgment of users' values and identity, depict their psychological tracks, and then grasp the sequence of socio-historical ideas completely. It is self-evident that the research of word meanings is not only of linguistic significance but also of cultural and linguistic-philosophical significance.

Key words: word meaning; grammatical meaning; lexical meaning; connotative meaning; conceptual meaning

唐代公文词语研究刍议

张福通*

（南京大学文学院　中国　南京　210023）

摘　要： 唐代公文词语指产生及主要行用于唐代公文文献的词语。文章立足于唐代公文的现存情况、已有研究现状，指出公文词语的研究有利于断代语言研究和辞书编纂，对史学研究也有一定助力。具体来说，我们需要从词语考释、典制内涵与文献校勘等几个角度对公文常用词语和专用词语等加以考察。

关键词： 唐代公文　词语　文言

DOI: 10.14095/b.cnki.jics.2019.01.002

一、引言

语言学意义上系统的古汉语词汇研究，始于20世纪。王力先生较早指出，“如果为了编写一部汉语大词典，古人的研究成果还是不够用的，因为（一）他们只注意上古，不大注意中古以后的发展；（二）他们只注意单音词，不大注意复音词。所以这一方面的工作是还需要投入巨大的人力，才能有所成就的。”[①]

经过数十年的发展，现今的古汉语词汇研究已经成果蔚然。目前学界古汉语词汇研究主要集中于两个方面，第一是先秦典籍词语研究，第二是中古近代汉语词汇研究。前者是传统小学研究内容的进一步拓展；而后者则跳出传统小学的窠臼，另辟蹊径。

中古近代汉语词汇研究，“所研究的对象，是张相《诗词曲语词汇释·叙言》中所言既‘非雅诂旧义所能赅，亦非八家派古文所习见’的‘特殊语词’，包括实词和虚词。”[②]自《诗词曲语词汇释》等出版以来，研究者非常注重白话语体里的词语考

---

* 张福通，南京大学文学院。邮箱：zhangfutong@nju.edu.cn。

基金项目：江苏省社会科学基金项目研究成果“唐代诏敕文书词语研究”（17YYC005）。

① 王　力：《汉语史稿》，北京：科学出版社，1958年，第563页。

② 方一新：《中古近代汉语词汇学》，北京：商务印书馆，2010年，第38页。

释[①]，而对魏晋尤其是隋唐以后的以文言语体为主的文献则着力不多。这首先是因为魏晋以后的文言逐渐脱离当时的口语，较难反映语言的实际面貌；同时，这些文言文献的影响力又远逊于先秦经典。

不过，仔细考察这类文献会发现，许多词语具有强大的生命力，它们出现于不同时代、不同文人、不同体裁的作品中，有些作品还是当时重要的政史、法律、经济、哲学类著作。

如果仅仅因为并非纯粹的白话文献而忽视这类文献的词汇，则既不利于推进汉语词汇史研究的全面发展，也不利于传统文化成果的整理与传播。基于以上考虑，对中古近代汉语文言文献的词语进行准确释义，自然极为必要。

二、唐代公文的范围

（一）唐代公文文献的具体范围

本文以唐代公文文献词语为主要研究对象。公文是用于处理公务的官方文书。唐代公文文献以文言语体为主，内容贴近当时的社会生活，对唐代政治、经济、法律、文化等各个方面的研究都有重要作用。整体而言，这些文献可以大致分为下行文书、上行文书和平行文书等。《唐六典》卷一《三师三公尚书都省》即言：

凡上之所以逮下，其制有六，曰：制、敕、册、令、教、符。〔天子曰制，曰敕，曰册。皇太子曰令。亲王、公主曰教。尚书省下于州，州下于县，县下于乡，皆曰符。〕凡下之所以达上，其制亦有六，曰：表、状、牋、启、牒、辞。〔表上于天子，其近臣亦为状。牋、启于皇太子，然于其长亦为之，非公文所施。九品已上公文皆曰牒。庶人言曰辞。〕诸司自相质问，其义有三，曰：关、刺、移。〔关谓关通其事，刺谓刺举之，移谓移其事于他司。移则通判之官皆联署。〕[②]

中村裕一对唐代公文文献的研究比较系统，认为它包括以下类别：册书、制书（诏书）、慰劳制书、发日敕书、敕旨、论事敕书、敕牒、奏抄、表、状、辞、议、令书、牋、启、教、奏弹、露布、解、刺、移、关、牒、符、制授告身式、奏授告身式、判授告身式、计会式、诸州计会式、诸司计会式、过所等。[③]

册书、制书（诏书）等都是皇帝或以皇帝名义发布的文书，“凡王言之制有七：一

① 魏晋以后，书面语系统逐渐有了文言、白话的区别。俗语词主要见于白话语体。我们关于文言、白话的区分参照吕叔湘（1985：序）：“秦以前的书面语和口语的距离估计不至于太大，但汉魏以后逐渐形成一种相当固定的书面语，即后来所说的‘文言’。虽然在某些类型的文章中会出现少量口语成分，但是以口语为主体的‘白话’篇章，如敦煌文献和禅宗语录，却要到晚唐五代才开始出现。”

② 李林甫等撰：《唐六典》，北京：中华书局，1992 年，第 10-11 页。

③ 中村裕一：《唐代公文书研究》，东京：汲古书院，1996 年，第 35 页。

曰册书，〔立后建嫡，封树藩屏，宠命尊贤，临轩备礼则用之。〕二曰制书，〔行大赏罚，授大官爵，厘年旧政，赦宥降虑则用之。〕三曰慰劳制书，〔褒赞贤能，劝勉勤劳则用之。〕四曰发日敕[①]，〔谓御画发日敕也。增减官员，废置州县，征发兵马，除免官爵，授六品已下官，处流已上罪，用库物五百段、钱二百千、仓粮五百石、奴婢二十人、马五十匹、牛五十头、羊五百口已上则用之。〕五曰敕旨，〔谓百司承旨而为程式，奏事请施行者。〕六曰论事敕书，〔慰谕公卿，诫约臣下则用之。〕七曰敕牒。〔随事承旨，不易旧典则用之。〕”[②]奏抄，“谓祭祀，支度国用，授六品已下官，断流已上罪及除、免、官当者，并为奏抄。”[③]奏弹，“谓御史纠劾百司不法之事。”[④]露布，“谓诸军破贼，申尚书兵部而闻奏焉。”[⑤]议，“谓朝之疑事，下公卿议，理有异同，奏而裁之。”[⑥]告身式是官方发布的授官任职的文书凭证；计会式是地方官员每年年末呈送给中央的财务资料；过所是通关文书；解类似于官府呈送的考生档案，根据选人的出身、来历等编制而成，每州一解。[⑦]

（二）唐代公文书的现存语料

现存唐代公文书见于传世文献和新出的敦煌吐鲁番文献，其中诏令（册书、制书等）、奏议（奏抄、议等）两大类数量最为众多。《四库全书总目》卷五十五《史部》即专列“诏令奏议类”，并简述其源流：“记言记动，二史分司。起居注，右史事也。左史所录，蔑闻焉。王言所敷，惟诏令耳。《唐志》史部，初立此门。黄虞稷《千顷堂书目》则移‘制诰’于《集部》，次于《别集》。夫涣号明堂，义无虚发，治乱得失，于是可稽。此政事之枢机，非仅文章类也。抑居词赋，于理为亵。《尚书》誓诰，经有明征。今仍载史部，从古义也。《文献通考》始以‘奏议’自为一门，亦居集末。考《汉志》载奏事十八篇，列《战国策》、《史记》之间，附《春秋》末。则论事之文，当归《史部》，其证昭然。今亦并改隶，俾易与纪传互考焉。”[⑧]此外，告身式、过所等文书则散见于敦煌吐鲁番文献。鉴于不同形制的唐代公文文献数量悬殊，根据词汇研究的实际需要，我们将唐代公文文献粗略分为诏令、奏议、其他三大类。

---

① 学界对此类敕令的界定有争议。李锦绣《唐“王言之制”初探》认为指御画（“画”指“画旨”，即在诏令中书写允许施行的文字。有时只写“闻”“可”等——笔者注）后的奏抄，而雷闻《从 S.11287 看唐代论事敕书的成立过程》则认为并不是御画奏抄，而是御画的中书舍人起草的下行文书。

② 李林甫等撰：《唐六典》（卷九），北京：中华书局，第 273-274 页。

③ 李林甫等撰：《唐六典》（卷九），北京：中华书局，第 242 页。

④ 李林甫等撰：《唐六典》（卷九），北京：中华书局，第 242 页。

⑤ 李林甫等撰：《唐六典》（卷九），北京：中华书局，第 242 页。

⑥ 李林甫等撰：《唐六典》（卷九），北京：中华书局，第 242 页。

⑦ 中村裕一：《唐代官文书研究》，东京：汲古书院，1991 年，第 14-17 页。

⑧ 纪昀等撰：《四库全书总目》，台北：台湾商务印书馆，1983 年，第 2 册，第 217 页。

诏令文书集中于《唐大诏令集》《唐大诏令集补编》二书，奏议文书则多见于唐人文集。《册府元龟》《文苑英华》《全唐文》等广收有唐一代文献，内容涉及唐代公文的方方面面。兹对相关文献加以胪列绍介。

《唐大诏令集》，宋绶纂辑，宋敏求整理成书，“本书经历宋元明清迄无刻本，直到光绪间才由南浔张钧衡据明抄本镂板行世，收入适园丛书。”①该书 130 卷，现存各本均非全帙，共阙 23 卷，即卷十四至二十四、八十七至九十八，存 107 卷。其内容“共为九类，下分子目一百五十九，凡一千六百四十九篇，其中间有重复，卷一百二十四《平李怀光诏》《平李希烈诏》，与卷一百二十一重见，实核‘诏令集’收文一千六百四十七篇，约八十六万八千字。”②

现在比较通行的是商务印书馆 1959 年排印本。该本系赵守俨先生以顾广圻所校旧抄本为底本，用适园本校勘，并参照四库文津阁本及翁同龢校本。此本校勘极为谨慎，便于使用。然而，从研究角度看，尚有微疵：（1）未出校记。“顾广圻校语凡属正误性质的，大部分已据改（少数几处未从顾校），至于和《文苑英华》比较异同的，择其重要者，与本馆校勘中所发现的疑而未决的问题合并在一起，另列校勘表附于书后。”③顾广圻校语并未独立刊出，校勘表仅一页，异文内容过少。（2）对校所据抄本不全。除了赵先生所列的几个本子外，大陆与台湾尚存多种抄本。限于时代条件，台湾所藏抄本难以采用。但未参照上海、南京、广州所藏抄本，颇为可惜。中山图书馆与中山大学图书馆均藏有明抄本，时代较早。详加比勘，或更可近于该书原貌。（3）未作他校。正如《出版帮助》所言：“如以《文苑英华》《册府元龟》《唐人文集》《通典》《唐六典》《唐会要》所载诏令与本书仔细核对，一定还可以发现不少的问题。”④商务本并未如此做，“我们出版这部书，目的只是为读唐史的人提供参考资料，因此付印之前没有进行这样的整理。”⑤中华书局 2008 年据商务本重新印行出版，将原《出版帮助》改为《前言》，并新附《出版帮助》，正文与商务版无区别。我们想要如实地研读该书，需要做一番校勘工作。

《唐大诏令集补编》，李希沁主编，上海古籍出版社 2003 年版。《补编》共收诏令五千余篇，去其重复，实收诏令四千余篇，约有一百二十万字。该书裒辑《唐大诏令集》未收之诏令而成，其《编例》云：“（二）本编补收之唐代诏令，录自《旧唐书》《文苑英华》《册府元龟》《唐会要》、部分唐人文集与《全唐文》等书，以及部分唐代

① 宋敏求编：《唐大诏令集》，北京：中华书局，2008 年，《出版帮助》第 4 页。

② 吴　枫：《隋唐历史文献集释》，郑州：中州古籍出版社，1987 年，第 124 页。

③ 宋敏求编：《唐大诏令集》，北京：中华书局，2008 年，《出版帮助》第 4 页。

④ 宋敏求编：《唐大诏令集》，北京：中华书局，2008 年，《出版帮助》第 4 页。

⑤ 宋敏求编：《唐大诏令集》，北京：中华书局，2008 年，《出版帮助》第 4 页。

石刻、唐人墓志等。”[①]从该书编例可知，宋代类书及《全唐文》等文献中的诏令几乎被悉数囊括，故为进一步研究提供了一个很好的汇集本。该书与《唐大诏令集》体例相似，正文不出校记，文句有异同多以意迳改。故在使用时可以该书为依托，对具体篇章按图索骥，查核原文。韩升、张达志《〈唐大诏令集〉补订》，载于《传统中国研究集刊》。这是以论文形式发表的唐代诏令汇编。其辑录所据材料以墓志为主，弥补了《补编》在这一方面的不足。

唐人文集存有数量较多的奏议文书，如唐代名臣陆贽《翰苑集》即有奏草奏议等十二卷。[②]就留存情况看，宋代人已经有意识的编纂出版唐人文集，至于清代，则有《四库全书》搜罗唐人文集。中华书局《中国古典文学基本丛书》、上海古籍出版社《中国古典文学丛书》等，点校出版了大量的唐人文集，校勘比较精善，便于使用。

《文苑英华》，北宋李昉等撰，收梁末以至唐代诗文，而以唐代文献为主。内中诏令、奏议文书数量甚夥，可与《唐大诏令集》、单行的《唐人文集》等对观，有些仅见于此书。中华书局1966年影印宋刻本（原书一千卷，宋本止存一百四十卷，缺卷以明隆庆元年胡维新刻本补配）。

《全唐文》，清徐松等编，该书凡例详细说明其编纂体例，据凡例可知，编者将当时能够见到的唐文搜罗一尽，诏令、奏议文书也非常广泛。[③]中华书局1983年曾影印出版。

《通典》《唐会要》作为典章制度类文献，也收有大量唐代公文。[④]《通典》，唐杜佑撰，存有许多唐代诏敕和奏疏论议等。日本藏有该书南宋刻本，并已影印出版。中华书局1988年出版王文锦等点校本，颇便使用。《唐会要》，北宋王溥撰，是书以唐人所撰《会要》《续会要》增修而成，比较贴近唐代文献原貌。《唐会要》与《通典》类似，收有不少诏令、奏议文书的片段。1991年，上海古籍出版社出有点校本（2006年有所改订，并推出第2版）。

《册府元龟》，北宋王钦若、杨亿等撰，此书重在以类书体例编纂历代君臣事迹，分帝王、闰位、僭伪、列国君、储宫等三十一部。唐五代部分，收有大量诏令、奏议文书。宋初，唐代实录、国史、诏敕奏议等尚有留存，《册府元龟》的公文文书多直接取自这些材料，许多文字不为其他文献所载，具有独特的文献价值。不过，现存宋刻本仅剩几个残本。中华书局1960年曾影印明崇祯十五年黄国琦刻本，并于1989年另

---

① 李希泌主编：《唐大诏令集补编》，上海：上海古籍出版社，2003年，《编例》第1页。

② 当然，文集里也有诏令文书，这是由于诏令等多由文翰之臣代帝王起草而成。

③ 对《文苑英华》《全唐文》的介绍参考黄永年：《唐史史料学》，上海：上海书店出版社，2002年，第242-246，251-253页。

④ 黄永年：《唐史史料学》，上海：上海书店出版社，2002年，第64-71页。

行影印残宋本。南京大学周勋初先生曾主持编写《册府元龟》（校订本），标点全书的同时，尚有详细校记，用力甚勤，由凤凰出版社于 2006 年出版。[①]

敦煌文献包含大量唐代下行文书，可根据《敦煌社会经济文献真迹释录》等按图索骥。《敦煌社会经济文献真迹释录》，唐耕耦、陆宏基编，书目文献出版社 1986～1990 年出版。该书广泛收罗敦煌社会经济文书，每页分两栏，上栏为影印的原卷，下栏为录文。不过，释文偶有疏失，仍需仔细核对原卷。类似的还有《敦煌表状笺启书仪辑校》[②]等。

此外，《玉海》《全唐文补编》等也收有许多唐代公文，因与所列各书/文内容有交叉，故不再做专门介绍。

三、唐代公文的研究现状

以往学者多将唐代公文文书作为史料进行研读和利用，很少作为汉语史研究的专门语料。这主要是因为公文语言典雅、偏于文言，容易使研究者忽视其语言研究价值。不过，也有学者注意到这类文献对汉语史研究的作用，试图抉发其语言价值。以下简要概述相关研究成果。

（一）史学、文学研究

史学研究主要关注唐代公文的形制、运作程序等，专书如日本学者中村裕一《唐代制敕研究》《唐代官文书研究》《隋唐王言の研究》《唐代公文书研究》[③]，刘后滨《唐代中书门下体制研究——公文形态·政务运行与制度变迁》[④]等；单篇论文则数量极多，如戴建国《唐格后敕修纂体例考》[⑤]，李锦绣《唐“王言之制”初探——读〈唐六典〉札记之一》[⑥]，雷闻《从 S.11287 看唐代论事敕书的成立过程》[⑦]，魏斌《“伏准赦文”与晚唐行政运作》[⑧]《唐代赦书内容的扩展与大赦职能的变化》[⑨]，禹成旼《试论唐代

① 黄永年：《唐史史料学》，上海：上海书店，2002 年，第 260-264 页。

② 赵和平辑校：《敦煌表状笺启书仪辑校》，南京：江苏古籍出版社，1997 年。

③ 日本学者研究成果等参考刘后滨《唐宋间选官文书及其裁决机制的变化》一文，见邓小南，曹家齐，平田茂树主编：《文书·政令·信息沟通——以唐宋时期为主》（下），北京：北京大学出版社，2012 年。四书的版次信息为：《唐代制敕研究》，东京：汲古书院，1991 年；《唐代官文书研究》，京都：中文出版社，1991 年；《隋唐王言の研究》，东京：汲古书院，1993 年；《唐代公文书研究》，东京：汲古书院，1996 年。

④ 刘后滨：《唐代中书门下体制研究——公文形态·政务运行与制度变迁》，济南：齐鲁书社，2004 年。

⑤ 载于《江西社会科学》，2010 年第 9 期。

⑥ 载于《季羡林教授八十华诞纪念论文集》，南昌：江西人民出版社，1991 年。

⑦ 载于《唐研究》，1995 年第 1 卷。

⑧ 载于《中国史研究》，2006 年第 1 期。

⑨ 载于《历史研究》，2006 年第 4 期。

敕文的变化及其意义》[1]《唐代敕文颁布的演变》[2]《唐代德音考》[3]，张启安《唐代公文制度研究》[4]等。

也有注重编制目录或文献考订的，如日本学者池田温曾编订《唐代诏敕目录》[5]、中村裕一《唐代公文书研究》等涉及敦煌吐鲁番所见公文书的纲目。由于诏敕比较集中，这方面的校订文章较多，如党秋妮《〈全唐文〉（晚唐诏敕）考辨》[6]，罗妮《〈全唐文〉唐代宗李豫诏敕考辨》[7]，王士祥《〈唐大诏令集〉系年辨误》[8]《〈唐大诏令集〉系年纠谬》[9]，郗政民《〈唐代诏敕目录〉求疵》[10]，赵俊《〈唐大诏令集〉勘误二则》[11]等；对奏议等文书的校订内容则散见于各类文集的点校本中，系统的论著相对较少。

文学方面，主要涉及诏令、奏议文体的研究，如冷琳《论隋至中唐骈体公文改革及陆贽的杰出成就》[12]，孟庆阳《唐代奏议文研究述评》[13]《唐代奏议文研究》[14]，宁薇《唐代骈体公牍文论稿——以陆贽为中心》[15]，熊碧《唐代奏议的文学研究》[16]，徐泰琳《陆宣公诏书研究》[17]，张超《唐代诏敕研究》[18]《诏敕文体改良与中唐古文运动》[19]等。等。此外，还有些公文研究成果散见于唐代专人研究论著之中。

（二）语言研究

目前专门研究唐代公文的语言学著作还不多见，仅有数篇硕士论文，包括杜征《韩愈散文复音词研究》[20]，侯璐《唐代奏议文语言特点研究——兼与现行报请类公文比比较》[21]等。更多的研究论著是将唐代公文作为参证材料，如王启涛《吐鲁番出土文

---

① 载于《北京理工大学学报》（社会科学版），2004 年第 3 期。

② 载于《唐史论丛》，2006 年第 8 辑。

③ 载于《中国史研究》，2006 年第 2 期。

④ 载于《档案学研究》，1994 年第 4 期。

⑤ 西安：三秦出版社，1991 年。

⑥ 西北大学 2008 年硕士学位论文。

⑦ 西北大学 2008 年硕士学位论文。

⑧ 载于《文学遗产》，2009 年第 3 期。

⑨ 载于《兰台世界》，2012 年第 21 期。

⑩ 载于《唐代文学研究》，1998 年第 7 辑。

⑪ 载于《中国史研究》，1984 年第 3 期。

⑫ 长春理工大学 2008 年硕士学位论文。

⑬ 载于《时代文学》（下半月），2012 年第 6 期。

⑭ 黑龙江大学 2015 年博士学位论文。

⑮ 世界图书广东出版公司，2014 年。

⑯ 上海大学 2013 年博士学位论文。

⑰ 台湾玄奘大学 2008 年硕士学位论文。

⑱ 郑州大学 2007 硕士学位论文。

⑲ 载于《山东师范大学学报》（人文社会科学版），2010 年第 5 期。

⑳ 河北师范大学 2014 年硕士学位论文。

㉑ 黑龙江大学 2010 年硕士学位论文。

文书词语考释》[1]就涉及不少唐代公文，丁声树《“早晚”与“何当”》[2]、真大成《关于常用词“腿”的若干问题》[3]也都引用唐代公文来解释语言演变问题。

四、唐代公文词语的研究价值

研究唐代公文词语对于断代语言研究、史学研究、辞书编纂等都有重要价值。

（一）断代的体裁语言研究

吕叔湘先生曾指出：“以语法和词汇而论，秦汉以前的是古代汉语，宋元以后的是近代汉语，这是没有问题的。从三国到唐末，这七百年该怎么划分？这个时期的口语肯定是跟秦汉以前有很大差别，但是由于书面语的保守性，口语成分只能在这里那里露个一鳞半爪，要到晚唐五代才在传统文字之外另有口语成分占上风的文字出现。”[4]

晚唐以前“口语成分占上风的文字”少见，而唐代正是文言与白话转关的重要时期，对该时期语言面貌的整体把握有助于汉语史的历时研究。唐代公文贯穿有唐数百年，大多数文书的写作年代极为明确，其内容涉及社会生活的方方面面。文书起草者中不乏久负盛名的文士，如张说、苏珽、陆贽、元稹、白居易等。

唐代公文经过长期发展，形成了以文言为主而夹杂时语的文体面貌。在这几百年间，公文作者面对相似的题材，留下众多异代同题的语料，其词汇、文法的通与变必有可观之处。唐代不少皇帝爱好文学，当时也通过科举策对选取了许多优文之士。帝王以进士科为优学的表现，如唐宣宗即自许为“乡贡进士李道龙”[5]。由于这些帝王有一定的文学素养，部分公文的写作水准就很可能影响撰者的仕途[6]。整个唐代，各类公公文的体式变化不是很大，撰者要展现其个人的文采学识，需要在字词、文句上着力。据我们初步考察，公文里出现了大量的新词。这些新词有多种来源：当时的口语词以及文人造词，二者都占有较大比重。

文人造词对实际语言的推动力究竟如何，还是值得继续探讨的问题。真大成《中古新词“不涯”考释》一文谈及“不涯”时有以下论断：“论其来历，很可能出于文人之手，是文人行文遣词创新的结果。事实表明，中古时期不少新词的出现、新义的衍生在很大程度上得力于文人的书面创作。这些语言新质极可能没有自然口语的基

---

① 王启涛：《吐鲁番出土文书词语考释》，成都：巴蜀书社，2005 年。

② 载于《历史语言研究所集刊》，1949 年第 20 本下册。

③ 载于《语言研究》，2012 年第 3 期。

④ 吕叔湘：《魏晋南北朝小说词语汇释•序》，序言写于 1986 年 8 月 25 日。见江蓝生：《魏晋南北朝小说词语汇释》，北京：语文出版社，1988 年。

⑤ 王谠撰，周勋初校证：《唐语林校证》（卷四），北京：中华书局，1987 年，第 371 页。

⑥ 《明皇杂录》卷上“开元中上急于为理”“苏珽聪悟过人”条等均透露了唐玄宗对优文之士的器重。可以想见这在在唐代应是常态。

础，大抵行用于书面文献，生命力或强或弱，沿用时间或长或短。文人的书面语创作与使用对于汉语词汇化、丰富汉语词库、促使词义变化等方面均有重要作用。因此，对于书面文献极其充盈的汉语而言，除了挖掘其中的口语性材料、探究口语词汇现象外，那些产生于文人笔端、具有书面语色彩的语词也应是汉语词汇史研究的重要的不可或缺的对象。”①唐代公文包含大量的文人新造词，有深入考察之必要。

现阶段，唐代俗语词研究更为充分，而文言文献词语研究相对薄弱，“过去人们的研究，或表现出重‘语’轻‘文’的现象，或着眼于专书词汇的研究，对体裁语言的研究关注得很不够。”②公文语言正是重要的体裁语言。研究唐代公文词语，有利于全面了解唐代语言的整体面貌。

（二）史学研究

史学研究的重要基础就是词语考释。何兹全、陈琳国在评价《魏晋南北朝史札记》的贡献时就提到：“有关魏晋南北朝的十二部‘正史’，由于缺乏考释训诂之作，其中的许多史实、制度、名物、语言等，今人已不甚了了。这种状况给魏晋南北朝史的研究，特别是青年学人的研究工作带来不少的困难。因此，考释十二部‘正史’无疑是一项迫切而又艰巨的任务。如今，这个任务终于由学兼中外的著名史学家周一良先生担当起来，并且部分完成了。”③同样的，历代的公文等也缺乏训诂考释之作。考察唐代公文词语，自然有利于唐代史学研究的深化。

如果没有对词语的准确考释，很容易影响对具体问题的判断。《唐六典》卷九《中书省》“中书舍人”职掌条注云④：

其中书舍人在省，以年深者为阁老，兼判本省杂事；一人专掌画，谓之知制诰，得食政事之食；余但分署制敕。六人分押尚书六司，凡有章表，皆商量可否，则与侍郎及令连署而进奏。其掌画事繁，或以诸司官兼者，谓之兼制诰。

张东光《唐宋的知制诰》认为此“知制诰”是“职”：“唐代前期中书舍人中直接同政事堂、皇帝联系的知制诰，是中书秘书班子中的关键人物，相当于后世翰林学士中的‘承旨’学士。此职独承密命，‘给食于政事堂’，乃学士院出现以前，舍人中掌‘内制’者。”⑤而赖瑞和《唐代三大类型知制诰的特征与区别》“知制诰的双重含义”部分则认为此“知制诰”为动宾短语，犹言“掌制诰”，“此处的‘知制诰’不是这位

① 载于《语言研究》，2014年第1期。

② 张小艳：《敦煌书仪语言研究》，北京：商务印书馆，2007年，第97页。

③ 何兹全、陈琳国：《读周一良教授〈魏晋南北朝史札记〉书后》，《北京大学学报》（哲学社会科学版），1987年第3期。

④ 李林甫等撰、陈仲夫点校：《唐六典》，中华书局，1992年，第276页。“兼制诰”下有校勘记：《新唐书·百官志》“兼”下有“知”字。

⑤ 张东光：《唐宋的知制诰》，《文史知识》，1993年第1期。

中书舍人所带的使职官名，只是他负责的职务”[①]。可见，各家意见并不一致。对此处“知制诰”的理解影响到唐代中央官制的研究问题。其实，唐代知制诰有三种意义，此处“知制诰”是指“中书舍人中专掌制诰者的专称（别名）”。明乎此，才能更准确的研究唐代中央官制。

（三）辞书编纂

“语文辞书的编写以词汇研究为基础，同时，又反过来推动词汇研究的深入。汉语词汇的研究至今还比较薄弱，许多词似懂非懂，或者只知其一不知其二。”[②]研究唐代公文词语，有利于辞书编纂，可补订范围不仅限于一般辞书（如《汉语大词典》），还包括专类辞书（如官制辞典、职官别名词典等）。以下仅举数例说明。

1.增加新词

有些词语在官制辞典、语文辞书等中都未加收释，但又明显属于“字面普通而义别”的新词，理应加以补充。以“十乘”为例，“十乘”本指十辆马车，唐代公文有以下用例：

（1）将有事于四方，且申尔志。俾启行于十乘，式伫其能。（《唐大诏令集》卷三六《奉节郡王适天下兵马元帅制》）

（2）尔其弘樽俎之嘉谋，念折冲之远略。宠膺十乘，位列三台。（《唐大诏令集》卷三六《濮王泽成德军节度制》）

（3）辍于三台，先以十乘。不改岩廊之任，用资垣翰之光。（《唐大诏令集》卷五四《王抟威胜军节度平章事制》）

显然，不能简单以十辆马车索解“十乘”的意义。推敲可知，“十乘”截取《诗经 • 小雅 • 六月》“元戎十乘”而成词，代指“元戎”，义为主帅或先锋。

2.补充新义

有些词语虽然辞书已经收释，但通过唐代公文词语的研究，可以补入新的义项。唐代公文有“刻舟”一词：

（4）刻舟敏遽，牵衣慧早。（《唐大诏令集》卷三二《懿德太子哀册文》）

（5）智有刻舟之妙，辨多对日之奇。（《唐大诏令集》卷三三《封棣王祤等制》）

（6）刻舟志迈于苍舒，占雨识高于沛献。（《唐大诏令集》卷三六《濮王泽成德军节度制》）

---

① 赖瑞和：《唐代三大类型知制诰的特征与区别》，《文史》，2014 年第 4 辑。

② 徐时仪：《〈朱子语类〉词汇研究》，上海：上海古籍出版社，2013 年，第 634 页。

《汉语大词典》收释“刻舟”，其义为“‘刻舟求剑’之省”[①]。但深入推考，此处“刻舟”盖指三国曹冲刻舟秤象事。由于曹冲小小年纪就能设法称取巨象的重量，所以往往以此事比喻人年少聪颖。因此，应增加义项：指三国曹冲刻舟秤象事，喻指人年少聪慧。

3.提前书证

有些词语虽然辞书已经收释，但所举例证时代较晚，可以利用唐代公文提前书证的年代，如“察访”“给付”等。由于电子语料库的普及，进行提前书证的工作较之此前更为便利，本文就不再过多论述。

五、唐代公文词语的研究路径

（一）研究内容

公文词语指产生及主要行用于公文文献的词语。所谓“产生及主要行用于公文文献”，是指：（1）产生于诏令、奏议、关、牒、告身式、计会式、过所等文献；（2）行用后，还见于其他类型的官典政书、骈散文、笔记、诗歌等作品。故在研究中，以公文文书为主，兼涉其他文献。

这类研究的具体内容可以分为两大方面：公文常见词汇现象研究；基于用途的公文词语分类研究。

相较于同期的白话文献，公文有不少独特的词汇现象。包括“典故构词”“对仗成词”“避讳构词”等。典故构词更多地仰赖词语负载的典故信息。我们可以重点考察两类典故词：语典词和事典词。语典词主要从前代典籍的字词凝结而来，许多语典词字面义与词义分离，以“先甲”为例，该词典出《周易》“先甲三日”，指先于甲令发布的日期，此时“先甲”仍是词组。此后逐渐凝结成词，在唐代公文里“先甲”可以表示“出令/颁布政令”，由“出令”进而发展出“政令”义。无论是“出令”还是“政令”，都不能由字面推知。事典词也与“先甲”类似，完全依托于前代故事，虽然字面视而可识，但联系事典才能理解词语的意义。如“刻舟”，字面只是“刻于舟”，习见于唐代公文，多指皇子聪慧。之所以有这样的意义，则是源于《三国志》所载魏曹冲称象事。“对仗成词”“避讳构词”等则是利用对仗、避讳等手段构造成词。

从用途看，公文词语大致包括两类：常用词语、专用词语。公文常用词语使用范围广，如“赋邑”，该词义为“（供纳）赋税之邑”，即封邑。见于册文、神道碑等，主要适用于达官显宦。类似的词语尚有许多，如“审更”“抽差”等。

专用词语主要包括职官词语、法律词语、财政词语等。以“浮造”为例，该词属于财政词语。《唐大诏令集》卷五《改元天复敕》有用例：

---

① 载于《汉语大词典》，第2卷，第674页。

（7）都市之内，屋宇未多。闻浮造之人常须更出地课。将期招葺，宜有指挥。应诸坊于公私地内浮造屋宇每月地课不得更有收征。

文意是叙述民众占用新地“浮造”屋舍，官府征收地基税。从史料看，征收城市地基税是唐代才逐渐产生的新税种①。商民正常的邸店屋舍虽然也会被征收“地课”，但不至于受到打压，其主因正在于“浮造”之屋舍侵占官地，“浮造”与“新造”“多造”有涉。

“浮”有“超过，额外”之义。如《新唐书·独孤及传》“谥吕諲、卢弈、郭知运等无浮美，无隐恶，得褒贬之正”②句“浮美”之“浮”即为此义。“浮造”即“额外建造”。与其构造类似的词语还有一些，如《汉语大词典》即收有“浮收”（额外征收）、“浮索”（额外勒索）、“浮勒”（额外的勒索）、“浮粮”（定额之外的钱粮税款）等。唐代“浮造”似尚未凝结成词，通过长期使用，“浮造”逐渐成为一个专用的财政词语。

又如“殿累”，《唐大诏令集》卷四《改元永泰赦》见此词：

（8）其有理无能政，迹涉赃私，必当重加贬夺，永为殿累。（《唐大诏令集》卷四《改元永泰赦》）

该词义为考课的最下等，属于职官词语。

（二）具体研究方法

在研究方法上，我们可以从词语考释、典制内涵与文献校勘等几个角度对唐代公文进行研究。词语考释重在梳理前贤时彦并未关注的一批公文词语。上节“浮造”“殿累”等均未见到前人详细的考释成果。又如“专车”，该词见于唐代公文：

（9）宜迁掌壶之秩，式懋专车之宠。可守内史。（《唐大诏令集》卷四四《狄仁杰内史制》）

（10）乃申弼亮之谟，式副群公之请。主兹空土，拜以专车。（《册府元龟》卷六六五《恩宠》“李辅国”）

（11）出入五台，周旋三阁。行膺负玺之任，遂服专车之宠。（《文苑英华》卷五七七《让地官尚书表》）

① 有关地基税之介绍可参林立平《唐宋时期城市税收的发展》。

② 欧阳修、宋祁撰：《新唐书》，北京：中华书局，1975 年，第 4993 页。

显然，不能简单以“专门的车辆”义来索解此处“专车”的意思。推敲可知，“专车”从《晋书·和峤传》而来，指称中书令。

在释读的基础上，我们还可以对部分词语进行探源，以考察成词理据、动因等。以“粉田”为例，该词主要见于唐代诏令，表示公主等的封地。进一步考察可知，该词与“脂粉田”类似，属于偏正结构的词语。之所以用“粉田”表示封邑，则是因为文人为了与“汤沐邑”“汤邑”等对仗，而创造这一词组形式，此后逐渐凝结成词，代指封邑。

此外，对于工具书等释义有误的词条，也会有所辨正。如“闻荐、荐闻”，二词见于唐代公文，《中文大辞典》收释。该书解释“闻荐”为“闻知而推荐也”，“荐闻”为“荐举人才以奏闻也”。释义迂曲。“闻”有“奏”义，《正字通·耳部》：“闻，凡人臣奏事于朝，亦曰闻。”[①]从文献用例可知，“闻荐”“荐闻”用在推荐人才的语境中，二者均为“闻奏并推荐”义。

典制内涵则不仅释义，还进一步挖掘部分公文词语的制度内涵。文献校勘则对唐代公文的部分字词加以校订。这都有助于公文词语研究的深化。

六、结语

对于从纵向和横向两个层面研究汉语词汇的思路，学者们都或多或少地提出和践行着具体的操作模式（具体模式则各有不同，如有以历史演变为纵、以通语与方言对比为横的，也有以词汇语义的聚合、组合变化等为纵横两面的）。公文词语主要是用于文言文献的词语，对于它们的研究，也可以有纵横两个层面的观照。纵向方面，可以观察唐代公文词语的来源以及它们在唐代以后的发展演变（如唐代公文里“名下”义的“腹内”在元代公文里发展为“肚皮”），总结其间的演变模式。横向方向，可以以语义场为框架对比分析唐代公文词语与白话词语的异同。充分重视公文词语等文言词语的纵横结合的研究，自然也就有利于拓展汉语词汇史研究的维度和深度。

参考文献

方一新：《中古近代汉语词汇学》，北京：商务印书馆，2010年。

何兹全、陈琳国：《读周一良教授〈魏晋南北朝史札记〉书后》，《北京大学学报》（哲学社会科学版），1987年第3期。

黄永年：《唐史史料学》，上海：上海书店，2002年。

① 张自烈、[清]廖文英：《正字通》，北京：中国工人出版社，1996年，未集，第866页。

江蓝生：《魏晋南北朝小说词语汇释》，北京：语文出版社，1988 年。
刘后滨：《唐宋间选官文书及其裁决机制的变化》，邓小南、曹家齐、平田茂树主编：《文书·政令·信息沟通——以唐宋时期为主》（下），北京：北京大学出版社，2012 年。
吕叔湘著、江蓝生补：《近代汉语指代词》，上海：学林出版社，1985 年。
李希泌主编：《唐大诏令集补编》，上海：上海古籍出版社，2003 年。
李林甫等撰：《唐六典》，北京：中华书局，1992 年。
宋敏求编：《唐大诏令集》，北京：中华书局，2008 年。
王　力：《汉语史稿》，北京：科学出版社，1958 年。
吴　枫：《隋唐历史文献集释》，郑州：中州古籍出版社，1987 年。
徐时仪：《〈朱子语类〉词汇研究》，上海：上海古籍出版社，2013 年。
张小艳：《敦煌书仪语言研究》，北京：商务印书馆，2007 年。
真大成：《中古新词“不涯”考释》，《语言研究》，2014 年第 1 期。
中村裕一：《唐代公文书研究》，东京：汲古书院，1996 年。

A Discussion on the Study of Words in the Official Documents in the Tang Dynasty

ZHANG Futong

（School of Liberal Arts, Nanjing University, Nanjing 210023 China）

Abstract: The words in the official documents in the Tang Dynasty refer to the words produced and mainly used in the official documents of the Tang Dynasty. Based on the existing texts and existing researches in the official documents of the Tang Dynasty, this paper points out that the study of the words in the official documents is conducive to the study of language and the compilation of dictionaries, and it is also helpful to the study of history. Specifically, we need to examine the common words and special words in official documents from the perspectives of word explanation, ancient institutions and collation.

Key words: official documents of the Tang Dynasty; words; classical Chinese

汉代训诂学中的“礼貌”功能释义

——历史社会语用学探源

彭国跃[*]

（神奈川大学外国语学部　日本　横滨　221-8686）

摘　要: 古代中国社会崇尚礼仪，而当时的礼仪如何体现在人们的语言行为中，古代训诂学家们对此又是如何把握和解释的，这些问题至今缺乏一个系统的、综合性的考查。本文主要从历史社会语用学的角度对汉代礼貌训诂的实际内容进行整理分类。在对训释词语的语义内容和被训释的语言行为和表现内容特征进行分析的基础上，阐明近两千年前出现的这些对礼貌功能的解释在当今语言学，特别是历史社会语用学研究中的重要意义。

关键词: 历史社会语用学　礼貌　含义　训诂学　汉代

DOI: 10.14095/b.cnki.jics.2019.01.003

一、导论

训诂学发源于先秦，兴盛于两汉，是中国古代语言研究的一种独特形态。虽然它的研究成果多以解经释义的形式分散在各种经典著作的注释本中，在体现形式上与以论文、论著为主要载体的现代语言学的学术体例有所不同，但它的内容广泛，涉及音韵学、文字学、语法学、语义学、语用学以及社会语言学等各个领域。随着当代语言学的发展，汉代训诂的学术价值正在不断被重新认识。本文主要从历史社会语用学的角度来考察汉代“礼貌”训诂现象，探讨它在历史语言研究中的划时代意义。

先举一个例子作为本文的开启。《孝经・天子章》中有这样一段话，“子曰：爱亲者，不敢恶于人；敬亲者，不敢慢于人。爱敬尽于事亲，而德教加于百姓，刑于四海。盖天子之孝也”。对于孔子在这段话最后一句中使用的副词“盖”字，西汉的孔安国（约

*　彭国跃，神奈川大学外国语学部，研究方向为社会语言学、语用学。邮箱：pengg001@kanagawa-u.ac.jp。

公元前 156～前 74 年在世）作了这样的解释："盖者，称辜较之辞也"。[①] "辜较"即大概、大略的意思。东汉的郑玄（127～200 年）则作了另一种解释："盖者谦辞"。[②] 郑玄的训释引出了后世训诂学家们的一番议论。隋代的刘炫（546～613？年）认为："夫子曾为大夫，于士何谦？而亦盖也，斯侧卿士以上之言，盖者并非谦辞可知也"。也就是说，刘炫认为孔子身份地位比听话者（曾子）高，不应该采取谦逊的态度，所以这里的"盖"也不应该具有谦虚的含义或功能。唐代的孔颖达（574～648）却认为孔子"非是不知，谦为疑辞"，[③] 主张孔子是因为谦虚才使用不确定的说法，并非真的不知道。而唐玄宗李隆基（685～762 年）在注《孝经》时摒弃了郑玄和孔颖达的观点，把"盖"训释为"犹略也"。到了北宋，邢昺（932～1010 年）再次明确否定了郑玄、孔颖达的主张，特意解释："盖非谦也"。[④] 这段延续了上千年的议论就此又沉寂了千年后，清末民初的简朝亮（1852～1933 年）再针对刘炫和邢昺的观点提出："非也。圣人于人，无所不谦也"。[⑤]

从当代语用学理论即对会话含义和说话者意图的研究角度来分析，郑玄、孔颖达一方的观点是可以获得支持的。从意义的性质上看，这里孔安国、李隆基等注释的是"盖"的语义学范畴上的意义，即字面意义；而郑玄、孔颖达等注释的是语用学范畴上的意义，即会话含义或说话人意图。有关礼貌的会话含义属于话语的社会语用功能。"盖"的字面意义和礼貌含义之间并不存在非此即彼的矛盾关系。我们现在也常常可以听到有人就某个问题发言说："大概就是这样一个情况吧"或"我只能粗略地谈一下自己的看法"。在这里说话者针对自己的观点说"大概""粗略"，是为了通过它们的字面意义来传达"我的观点不一定全面，不敢贸然断言"这样一层语用含义，体现一种谦虚谨慎的态度。孔子在"盖天子之孝也"这句话中完全可能通过"盖"来表达一种避免武断的会话含义。对于这样的一种含义，按照当代的语言学理论是完全解释的通的。这种谦虚的表达方式体现的是说话人的一种态度或语气，它并不直接受到交际双方身份的影响。因此，仅以孔子和曾子的身份地位以及副词"盖"的字面意义去否定郑玄注释的语用含义，其实是有失公允的。同样，对于《周礼·地官司徒》中"乡老，二乡则公一人"中的"老"字，郑玄也训释为"老，尊称也"。[⑥] 显然我们也不能用说话人的官职地位或"老"的字面意义去否定郑玄对它的礼貌含义"尊称"做出的解释。

---

① 董治安编：《古文孝经孔氏传》，《两汉全书》（第 3 册），济南：山东大学出版社，2009 年，第 1442 页。《古文孝经孔氏传》在隋唐以后曾被认为是刘炫的伪作。今人胡平生(1996：16)认为："所谓的刘炫伪造《古文孝经》孔传，纯属不实之辞，应当予以推倒"。顾永新(2004：102)也认为："刘炫对汉魏以来流传的所谓'安国之本'作了修订，有所发明，并非伪托"。

② 董治安编：《孝经注》，《两汉全书》（第 27 册），济南：山东大学出版社，2009 年，第 15835 页。

③ 李学勤主编：《礼记正义》，郑玄注，孔颖达疏，北京：北京大学出版社，2000 年，第 228 页。

④ 李学勤主编：《孝经注疏》，李隆基注，邢昺疏，北京：北京大学出版社，2000 年，第 8 页。

⑤ 简朝亮撰：《孝经集注述疏》，周春健校注，上海：华东师范大学出版社，2011 年，第 155 页。

⑥ 李学勤主编：《周礼注疏》，郑玄注，贾公彦疏，北京：北京大学出版社，2000 年，第 264 页。

可见，郑玄的训诂并非是对“盖、老”字面意义的否定，而是站在字面意义之上，针对它们的社会语用功能做出的一种解释。这样的解释在两千年后的今天看来仍然具有很强的说服力和现实意义。

下面首先扼要展示语言礼貌功能研究的学术背景，其次通过观察先秦诸子文献中的有关语言礼貌问题的阐述，追溯汉代礼貌训诂的历史渊源。然后对汉代礼貌训诂的实际内容进行整理分类，把握和揭示汉代训诂学家们对礼貌含义的整体理解和训释状况。在对训释词语的语义内容和被训释语言现象的特征进行分析的基础上，阐明这些礼貌训诂在历史社会语用学研究中的重要意义。

二、学术背景

语用学（pragmatics）主要研究与言语行为、会话含义和说话者的意图等有关的语言交际功能。当代语用学在发展与深化的过程中形成了多条分支，礼貌功能研究是其中的一支。Brown and Levinson（1978、1987）、Leech（1983）分别对有关礼貌含义的结构和体系做出了理论性开拓。礼貌功能在涉及社会语境部分的同时也属于社会语言学的射程范围。Wardhaugh（1986）第 11 章和祝畹瑾（1992）第 5 章中也专门立章阐述了语言的礼貌功能。陈松岑（1989）是汉语社会语言学中专门讨论礼貌问题的早期尝试。20 世纪 90 年代以后作为语用学和社会语言学的学际领域——“社会语用学”（sociopragmatics）应运而生，它主要研究会话含义与其语境、社会文化背景之间的关联。

自上述两种有关礼貌的语用学理论产生后，一方面，出现了一批从比较和验证的角度针对非英美语言的横向性拓展研究。如针对汉语的礼貌现象，Gu（1990）、顾曰国（1992）从 Leech 的“礼貌原理”（politeness principle）的角度对如何描写适应汉语社会的礼貌语用准则进行了探索。而 Mao（1994）则根据 Brown and Levinson 的理论考察了汉语社会中的“面子”（face）观念和礼貌行为的特点。另一方面，出现了一批针对历史语言的纵向性应用研究。Jucker（1995）是历史语用学（historical pragmatics）领域中的一个里程碑。该书中 Kopytko 根据 Brown and Levinson 的理论框架对 16 至 17 纪莎士比亚戏剧中的英语礼貌策略的运用作了分析考察。关于汉语历史语言中的礼貌现象，彭国跃（1993、1995）分别考察了近代汉语的隐喻性礼貌策略和《金瓶梅》中特定言语行为的社会变异与礼貌功能之间的关联。另外 Skewis（2003）针对《红楼梦》、Kádár（2007）针对《水浒传》也分别做过专题讨论。

但是，在历史语用学研究过程中，我们不仅需要关注 20 世纪语用学理论形成以后出现的对历史语言的应用分析，而且还应当关注语用学理论产生之前人们针对语言中的语用现象所做的分析和解释。值得欣慰的是，古代中国的训诂学为我们提供了丰富的研究史料。陆宗达（1980）曾经指出：“传统的训诂学着重研究词语的思想内容和感情色彩、词的意义系统和词语之间分化派生的关系、词的产生和发展变化。当语法学和修辞学还没有独立出来的时候，这两个门类的内容，也是包含在训诂学中的”。① 陆宗达的这一观点同样适用于语用学、社会语言学等当代新兴的语言学领域。关于语言的礼貌问题的研究，在一部分礼貌功能形态化、语法化了的语言（如日语、韩语等）中，从词法或句法角度研究敬语（honorifics）的现象早在 20 世纪初随着语法学的兴起而受到关注。在一些具有非语法性礼貌功能的语言（如汉语、英语等）中，从语用学、社会语言学角度观察礼貌功能的研究起步于 20 世纪七八十年代。然而，在中国传统的训诂学当中，对语言的礼貌功能的关注和解释的历史却源远流长。

三、先秦诸子与语言礼貌功能的发现

早在春秋战国时期，诸子百家的典籍中就已经出现了有关语言礼貌功能的阐释。在《论语・季氏》中，孔子曾经提到：“邦君之妻，君称之曰夫人，夫人自称曰小童，邦人称之曰君夫人，称诸异邦曰寡小君，异邦人称之亦曰君夫人也”，② 指出了称呼对象和说话人之间的身份高低，内外亲疏等社会关系与语言的礼貌得体性之间的相互关联。在《礼记・坊记》中孔子还指出“君子贵人而贱己，先人而后己，则民作让。故称人之君曰君，自称其君曰寡君”，③ 揭示了“寡君”一词表示谦让的背后存在着“贵人贱己”的礼仪准则。这两段话显示出孔子对于语言的礼貌功能及与其相关人物的社会属性之间的关联有着相当清醒的认识。孟子在《孟子・尽心》中提出“人能充无受尔汝之实，无所往而不为义也”，④ 意识到了古汉语中第二人称代词“尔、汝”具有粗鲁、非礼的含义。

老子也对古代自称词礼貌功能有过精辟的阐述。“贵以贱为本，高以下为基，是以侯王自谓孤、寡、不谷”（《老子・三十九章》），“人之所恶，唯孤、寡、不谷，而王公以为称，故物或损之而益，或益之而损”（《老子・四十二章》）。⑤ 老子在指出“孤、寡、不谷”的自谦功能的同时，还概括了这些自称词使用者具有“侯王、王公”的社会属性，并且阐明了社会地位高的人反而使用贬义性强的称谓这一现象的辩证关系。文子在继承老子思想的基础上也指出“王公有功名，孤寡无功名，故曰圣人自谓孤寡，归其根本”（《文子・道原》）。⑥

《礼记・玉藻》中提到：“（大国之君）其于敌以下，曰寡人。小国之君曰孤。”⑦ 阐明了国家规模的大小影响当时诸侯国之间的地位高低，而这种地位差异作为一种社会

---

① 陆宗达：《训诂简论》，北京：北京出版社，1980 年，第 11 页。

② 李学勤主编：《论语注疏》，何晏注，邢昺疏， 北京：北京大学出版社，2000 年，第 262 页。

③ 李学勤主编：《礼记正义》，郑玄注，孔颖达疏，北京：北京大学出版社，2000 年，第 1641 页。

④ 李学勤主编：《孟子注疏》，赵岐注，孙奭疏，北京：北京大学，2000 年，第 470 页。

⑤ 朱谦之撰：《老子校释》，北京：中华书局，1984 年，第 158-159 页、第 175-176 页。

⑥ 王利器撰：《文子疏义》，北京：中华书局，2000 年，第 53 页。

⑦ 李学勤主编：《礼记正义》，郑玄注，孔颖达疏，北京：北京大学出版社，2000 年，第 1080 页。

属性也制约了各国君王对自称变异“寡人、孤”的选择。《左传》中关于语境对称呼的影响有两处具体的解说：“且列国有凶，称孤，礼也”（《左传·庄公》），“凡在丧，王曰小童，公候曰子”（《左传·僖公》），[①] 指出了平时自称“寡人”的诸侯在国家有大难的时候降低身份自称“孤”，平时称“孤”的王、公侯等在吊丧期间降级自称“小童、子”这一称呼的变异习俗，揭示了自称词在调节礼貌得体程度时，不仅受到相对稳定的社会身份的制约，而且还受到“有凶”“在丧”等动态语境变化因素制约的这样一个事实。

《公羊传》中针对《春秋·僖公》中“公子遂如楚乞师”一文中的动词“乞”的运用，解释道：“乞者何？卑辞也”。[②]《谷梁传》中针对《春秋·哀公》中“公会晋侯及吴子于黄池”一文，解释道：“王，尊称也。子，卑称也。辞尊称而居卑称，以会乎诸侯，以尊天王”；针对《春秋·隐公》中“公及邾仪父盟于昧”一文，解释道：“父犹傅也，男子之美称也”；针对《春秋·僖公》中“宋杀其大夫”一文，解释道：“其不称名姓，以其在祖之位，尊之也”；针对《春秋·文公》中“齐人来归子叔姬”一文，解释道：“其曰子叔姬，贵之也”；针对《春秋·僖公》中“九月，戊辰，诸侯盟于葵丘”一文，解释道：“桓盟不日，此何以日？美之也。”[③]这些释例明确显示《公羊传》和《谷梁传》在解释具有礼貌功能的语言现象时，比上述先秦诸子更进了一步，创造出了新的概念和表述方式，即“卑辞、尊称、卑称、美称、尊之、贵之、美之”。关于《公羊传》和《谷梁传》的形成年代，学界一般推测口授于战国，成书于西汉初期。虽然两传的成书年代和这些训诂术语形成的具体时期无法考证，但是只要把它们与后来的汉代训诂资料的时代作一比较，我们就不难发现《公羊传》和《谷梁传》中上述词汇的使用，特别是“～辞、～称、～之”等造词法的运用开创了以专用词语来训释语言礼貌功能的先河。

以上先秦文献中出现的有关语言的礼貌功能、社会语境条件的阐述及其专用词语的创造与运用所涉及的现象虽然范围有限，但已足以说明先秦诸子已经开始认识到了语言所具有的社会语用功能，并把这种认识运用到了自身的学术思想和解经实践中。这些观点无疑给汉代的训诂学家们提供了一个解释语言礼貌功能的认识基础。

四、汉代训诂学家的礼貌功能释义

在古汉语中“礼貌”一词最初出现在《孟子·告子》“礼貌未衰，言弗行也，则去之”[④]一文中。赵岐（110～201 年）把它训为“礼者，接之以礼也。貌者，颜色和顺，

① 李学勤主编：《春秋左传正义》，杜预注，孔颖达正义，北京：北京大学出版社，2000 年，第 280 页、第 408 页。

② 李学勤主编：《春秋公羊传注疏》，何休解诂，徐彦疏，北京：北京大学出版社，2000 年，第 294 页。

③ 李学勤主编：《春秋谷梁传注疏》，范甯集解，杨士勋疏，北京：北京大学出版社，2000 年，第 397 页、第 3 页、第 167 页、第 210 页。

④ 李学勤主编：《孟子注疏》，赵岐注，孙奭疏，北京：北京大学，2000 年，第 406 页。

有乐贤之容”，指出了“礼貌”一词在此文中表示以礼待人、乐以纳贤的态度与容貌的意思。在现代汉语中“礼貌”泛指对人客气恭敬的言行举止。作为现代语用学的专用术语,“礼貌”（politeness）这一概念是指语言在使用中所产生的调节人际关系的功能之总称。这种礼貌功能不仅包括表示尊敬他人、自我谦虚的语用含义，还包括对他人表示赞美、亲密，在广义上甚至还包括不符合礼仪的粗鲁、非礼（rudeness、impoliteness）等的相关语用含义。

由于汉代礼貌含义的训诂大都分散出现在随文释经的文献中，因此汉代训诂学家们对语言礼貌功能的理解和对其内在结构的把握很难被观察到，因而至今也没有一个比较系统的综合性分析。这里我们根据汉代训诂学家们实际使用的训释词语的语义内容把汉代礼貌训诂归纳成以下六种情况：（1）对尊敬含义的训释；（2）对谦虚含义的训释；（3）对赞美含义的训释；（4）对亲密含义的训释；（5）对贬损含义的训释；（6）对其他相关礼貌含义的训释。

下面我们对这六种礼貌含义的训释内容作一次综合性的实例展示，观察汉代有哪些训诂学家，用什么样的方式来训释哪些礼貌语言现象。[①]

（一）对尊敬含义的训释

这一类是指那些表示尊敬、恭敬、尊重等语用含义的训释。如：[②]

（1）父义和。《尚书·文侯之命》孔安国注：不称名，尊之。(《尚书正义》第 657 页）

（2）我友邦冢君。《尚书·泰誓上》孔安国注：冢，大。友诸侯，亲之。称大君，尊之。(《尚书正义》第 321 页）

（3）傻、艾，长老也。东齐鲁卫之间凡尊老谓之傻，或谓之艾。(《方言校笺》第 45 页）

（4）轲也请无问其详。《孟子·告子》赵岐注：孟子敬宋牼，自称其名轲。(《孟子注疏》第 383 页）

（5）滕文公。《孟子·滕文公》赵岐注：公者，国人尊君之称也。(《孟子注疏》第 152 页）

（1）中孔安国指出《尚书》中周平王不称晋文侯的名“仇”而称其字“义和”

① 汉代训诂中有一部分是训释对天帝、神灵等使用的礼貌语言。本文集中讨论作为调节人际关系功能的礼貌问题，因此这里不包括那些对神的礼貌语言。关于古代宗教信仰与礼仪习俗、礼貌语言的渊源关系我们将另行撰文讨论。

② 本文把各种文献中不同的标注形式“注、传、笺、曰、云、疏、章句、解诂”等统称为“某注”。例句顺序以训诂学家的出生年代先后为准，同一训诂学家的例句则根据语义相近的训诂内容和分析需要排列。对例中文字的繁简体和标点形式作了必要的统一和调整。

是为了表示对他的尊重。（2）中孔安国指出周武王伐纣时对联合出兵的诸侯称“冢君”是因为“冢”有“大”的意思，面对方国诸侯称“大君”是为了表示对他们的尊重。（3）中扬雄（公元前 52～18 年）把“傻、艾”解释为“长老”，并说明东齐鲁卫国一带这两个词有尊老的含义。（4）中赵岐指出孟子对宋经说话时自称其名是为了表达对对方的敬重。（5）中赵岐指出《孟子》中所称“滕文公”的“公”是滕国人对本国君表示尊敬的称呼。

（6）维师尚父。《诗经・大明》郑玄注：尚父，吕望也，尊称焉。（《毛诗正义》第 1144 页）

（7）畏子不敢。《诗经・采葛》郑玄注：子者，称所尊敬之辞。（《毛诗正义》第 314～315 页）

（8）赐灌。《大戴礼记・投壶》郑玄注：言赐灌者，服而为尊敬辞也。（《大戴礼记》第 242 页）

（9）曾子曰唯。《论语・里仁》郑玄注：唯者，应敬之辞。（《唐写本论语郑氏注》第 418 页）

（10）先生召无诺，唯而起。《礼记・曲礼》郑玄注：唯恭于诺。（《礼记正义》第 53 页）

（11）陈侯使女叔来聘。《公羊传・庄公》何休注：称字者，敬老也。（《春秋公羊传注疏》第 199 页）

在（6）中郑玄把《诗经》中称吕望为“尚父”的现象解释为是一种尊称，在（7）中指出诗句“畏子不敢”中的“子”是对对方表示尊敬的说法，在（8）中把《大戴礼记》中玩投壶游戏时负者对胜者说“赐灌”一句解释为是一种佩服并尊敬对方的说法。郑玄在（9）中指出《论语》中的感叹词“唯”具有应答和表敬功能，而在（10）中针对《礼记》中“先生召无诺，唯而起”这句话中的两个感叹词，用对比的方式指出“唯”在表示恭敬的程度上要高于“诺”。（11）中针对《公羊传》春秋经文中提到的陈宣公派大夫“女（氏）叔（字）”来访一句，何休（129～182 年）指出称字是对这位高龄大夫的尊敬。

从实际用例上看，这里所说的表示尊敬含义的现象除了一部分指说话者对话题中出现的人物的尊敬，如（5）（6）之外，其他都指说话者对听话者的尊敬。

（二）表示谦虚含义的训释

这一类是指那些表示谦虚、谦让、谦卑等语用含义的训释。如：

（12）予小臣，敢以王之雠民百君子。《尚书・召诰》孔安国注：言我小臣，谦辞。（《尚书正义》第 474 页）

（13）眇眇予末小子，其能而乱四方，以敬忌天威？《尚书·顾命》孔安国注：谦辞，讬不能。(《尚书正义》第 603 页)

（14）若圣与仁，则吾岂敢？《论语·述而》孔安国注：孔子谦，不敢自名仁圣也。(《论语注疏》第 108 页)

（15）赤也为之小，熟能为之大？《论语·先进》孔安国注：赤谦言小相耳，谁能为大相？（《论语注疏》第 173 页）

（16）今日之战，不谷亲伤，所恃者司马也。《淮南子·人间训》许慎注：不谷，不禄也。人君谦以自称也。(《淮南子集解》第 1249 页)

（17）浅智褊能兮，闻见有寡。《楚辞·七谏》王逸注：褊，狭也。寡，少也。屈原多才有智，博闻远见，而言浅狭者，是其谦也。(《楚辞集校集释》第 2344 页)

孔安国在（12）中把《尚书》中太保召公对周公使用的自称词“予小臣”训释为谦辞；在（13）中针对康王关于怎么能如父辈那样治理国家，顺应天意这一句自问，解释道:因为谦虚才推托说自己“不能”；在（14）中针对孔子说“吾岂敢”指出这是因为孔子谦虚才称自己怎么敢，即不敢自名仁圣；在（15）中针对孔子提及公西赤自称“小”而谁能称“大”一句，指出：公西赤因为谦虚才称自己为“小相”（小司仪）。（16）中许慎（58?～147?）针对《淮南子》中恭王对司马子反使用的自称词“不谷”先是从语义层面上指出它的字面意义是“不禄”即不富裕，然后从社会语用层面上指出了说话者的社会属性“人君”和语用含义“谦以自称”。（17）中王逸（生卒不详 126～144 年在职）针对屈原评价自己时使用的形容词“褊、寡”先给出了字面意义“狭、少”，然后指出屈原事实上“多才有智，博闻远见”这样一个语境条件，最后揭示了屈原这样说的意图即语用含义是谦虚。

（18）昔者窃闻之。《孟子·公孙丑》赵岐注：丑方问欲知孟子之德，故谦辞言窃闻也。(《孟子注疏》第 94 页)

（19）寡人不佞。《左传·昭公》服虔注：佞，才也。不才者，自谦之辞也。(《春秋传服氏注》第 13551 页)

（20）某有枉矢峭壶。《大戴礼记·投壶》郑玄注：枉、哨，不正貌，为谦辞也。(《大戴礼记解诂》第 240 页)

（21）岂曰无衣六兮？《诗经·唐风》郑玄注：变七言六者，谦也。(《毛诗正义》第 466 页)

（22）夫人曰寡小君不禄。《礼记·杂记》郑玄注：君夫人不称薨，告他国君，谦也。(《礼记正义》第 1348 页)

（23）为人祭曰致福，为己祭而致膳于君子曰膳。《礼记·少仪》郑玄注：自祭言膳，谦也。(《礼记正义》第 1221 页）

（18）中赵岐指出了孟子使用“窃闻”这样的表达方式是一种谦辞。“窃”在《说文解字》中的语义解释是“盗自中出”。而从“窃”的字面意义中可以引申出“偷偷地”“不敢贸然”的语义。赵岐训释的是这个引申意义在运用时产生的谦虚的语用含义。(19) 中服虔（生卒不详，东汉）把晋国大夫吕相称自己“不佞”即不才的自贬行为训释为“自谦之辞”。(20) 中针对介绍自己拥有“枉矢峭壶”一句，郑玄指出：枉、峭（哨）都表示形状歪曲，是对自身财物的一种谦辞。(21) 针对晋武公称自己有天子赐予的六套命服，郑玄训释说，其实是七套，晋武公少称一套，目的是降低一级身份以表示谦虚。《礼记·曲礼》中记载了古代汉语中表示死亡意义词汇的社会变异“天子死曰崩、诸侯曰薨、大夫曰卒、士曰不禄、庶人曰死”。这段阐述反映了古汉语中使用死亡变异的社会语用规范。[①] 例（22）中郑玄针对《礼记》中“夫人曰寡小君不禄”一句解释认为，这里君夫人之死不称“薨”是因为讣告他国国君需要表示谦卑。也就是说按国内礼俗应该称“薨”，而在外交上必须以降低身份称“不禄”来表示对他国的礼貌。这段关于礼貌功能与语言使用内外有别的训释和上述第三章中孔子在《论语·季氏》中指出的“称诸异邦曰寡小君”的内容是一脉相承的。(23) 中针对《礼记》中指出的为他人主祭送胙肉时说“致福”（送福分），为自己祭祀而赠送胙肉时说“膳”（送食物）这一现象，郑玄明确指出：说“膳”是表示谦虚。

（24）寡人无良边垂之臣。《公羊传·宣公》何休注：良，善也。无善，喻有过。言已有过于楚边垂之臣，谦不敢斥庄王。(《春秋公羊传注疏》第 406 页）

（25）君如矜此丧人，锡之无毛之地。《公羊传·宣公》何休注：谦不敢求肥饶。(《春秋公羊传注疏》第 406 页）

（26）使帅一二耋老而绥焉。《公羊传·宣公》何休注：谦不敢多索丁夫。(《春秋公羊传注疏》第 406 页）

（27）寡人有不腆先君之服，未之敢服。《公羊传·昭公》何休注：言未敢服者，见鲁侯乃敢服之，谦辞也。(《春秋公羊传注疏》第 606 页）

（28）南面称寡而不以侈大。《吕氏春秋·士容论》高诱注：孤寡，谦称也。(《吕氏春秋新校释》第 1702 页）

① 《礼记》中记载的是一种基本规范，但在实际的语言运用层面中情况要更为复杂。如“崩”的使用对象事实上不仅限于天子，也包括一部分在亲属身份上高于或等同于天子地位的人物。《史记》中对于秦始皇帝母太后、汉高祖太上皇、汉吕太后等的死都使用“崩”。另一方面，哪怕是天子，无德者不称“崩”。《史记》中对暴君桀、武乙、纣则不用“崩”，用“死”。说明“崩”不仅是一种死亡的社会身份变异，还具有道德评判变异的性质。详见彭国跃(2003)。

何休在（24）中指出《公羊传》中郑襄公对楚庄王自称“无良边垂之臣”是谦虚，在（25）中针对郑襄公称自己国家是“不毛之地”，指出其意图是避免提及“肥饶”以表示谦让，在（26）中针对郑襄公说要“使帅一二耋老”（让我带领几个老者）一句解释说：这是因为谦虚不敢向楚庄王索要大量健壮男子，在（27）中针对齐景公对鲁昭公说虽有祖上留下的衣服但不敢轻易穿上一句，指出景公说见了鲁昭公才敢穿是一种谦虚的说法。（28）中高诱（生卒不详，205 年在职）针对《吕氏春秋》中士人“南面称寡”一句指出自称词“孤、寡”是谦称。

尊敬他人和自我谦卑是一对互为表里的礼貌概念。孔子指出“君子贵人而贱己”也就是揭示了两者之间的对立统一关系。在守礼仪、讲礼貌的前提下，当话题谈及他人时表现为贵人即尊他，谈及自己时表现为贱己即自谦。尊他与自谦之间在不同行为层次上存在互为隐含的语义关系。正是因为这层关系，例（4）中赵岐把孟子对己称名的自谦行为训释为“孟子敬宋经”。另外，针对《诗经・思齐》中的“思齐大任”一句，郑玄也注为“大任言京，见其谦恭，自卑小也”[①]，指出尊他的背后隐含自我谦卑的含义。

（三）对赞美含义的训释

这一类是指那些表示赞美、赞誉、美誉等语用含义的训释。如：

（29）彼其之子，邦人彦兮。《诗经・羔裘》毛亨注：彦，士之美称。（《毛诗正义》第 342 页）

（30）汝克昭乃显祖。《尚书・文侯之命》孔安国注：言汝能明汝显祖唐叔之道，奖之。（《尚书正义》第 657 页）

（31）愿吾子之教之也。《仪礼・士冠礼》郑玄注：子，男子之美称。（《仪礼注疏》第 55 页）

（32）曰伯某甫。《仪礼・士冠礼》郑玄注：甫是丈夫之美称。（《仪礼注疏》第 58 页）

（33）予一人嘉之。《仪礼・觐礼》郑玄注：嘉之者美之辞也。（《仪礼注疏》第 597 页）

（34）请君之玉女，与寡人共有敝邑。《礼记・祭统》郑玄注：言玉女者，美言之也。（《礼记正义》第 1572 页）

（29）中毛亨（生卒不详，西汉）把《诗经》中出现的“彦”字训为“士之美称”。（30）中孔安国指出周平王对晋文侯说“汝克昭乃显祖”（你能够发扬光大你显赫的先

---

① 李学勤主编：《毛诗正义》，毛亨传，郑玄笺，孔颖达疏，北京：北京大学出版社，2000 年，第 1183 页。

祖唐叔的功业）[①]是在赞美他，实施一种赞誉行为“奖之”。（31）（32）中郑玄分别把“子”“甫”训释为对男子的美称。郑玄在（7）中把“子”训释为“称所尊敬之辞”。虽然在（7）和（31）这两种不同语境中“子”都具有礼貌含义，但郑玄针对同一个词“子”指出了它在不同语境中产生的不同礼貌含义。（33）中郑玄针对天子的话“予一人嘉之”指出这是一种赞美对方的说法。（34）中郑玄把求婚者对女方父亲称其女儿为“玉女”的现象注释为是一种对对方的赞美。

（四）对亲密含义的训释

这一类是指那些表示亲密、亲近、亲爱等语用含义的训释。如：

（35）父义和。《尚书·文侯之命》孔安国注：重称字，亲之。（《尚书正义》第656～657页）

（36）某以非他故。《仪礼·士昏礼》郑玄注：非他故，弥亲之辞。（《仪礼注疏》第124页）

（37）非他，伯父实来。《仪礼·觐礼》郑玄注：言非他者，亲之辞。（《仪礼注疏》第597页）

（38）某得以为昏姻之故，不敢固辞。《仪礼·士昏礼》郑玄注：不言外，亦弥亲之辞。（《仪礼注疏》第124页）

（39）愿吾子之教之也。《仪礼·士冠礼》郑玄注：吾子，相亲之辞。（《仪礼注疏》第55页）

（40）宜言饮酒，与子偕老。《诗经·唐风·羔裘》郑玄注：亲爱之言也。（《毛诗正义》第345页）

（35）中孔安国指出周平王反复称呼晋文侯的字“义和”是对他表示亲近。在（2）中针对周平王称诸侯为“我友邦”，孔安国也指出这是以诸侯为友表示“亲之”。（36）中郑玄针对女婿上门拜访，岳父母客气推辞，女婿恳求说“非他故”这句话指出是“弥亲之辞”，以表示“不是外人、都是自家人”来传达一种亲密的含义。（37）中指出天子对年长的来客说“非他”这句话是“亲之辞”，即表示亲密的说法。（38）中指出天子对“外昏姻”关系的来访者不提及“外”只说“昏姻”也是为了表示亲密。（39）中把主人对为儿子行加冠礼的来宾称“吾子”（咱们的老师）解释为是“相亲之辞”，即一种表示相互亲密的说法。（40）中郑玄把《诗经》中“宜言饮酒，与子偕老”一句解

---

① 李　民、王　健撰：《尚书译注》，上海：上海古籍出版社，2000年，第415页。

释为“亲爱之言”，即相亲相爱的表达方式。

（五）对贬损含义的训释

这一类是指那些表示贬损、粗鲁、非礼等语用含义的训释。如：

（41）亡奴谓之臧，亡婢谓之获。皆异方骂奴婢之丑称也。（《方言校笺》第 19 页）

（42）臧、甬、侮、获，奴婢贱称也。（《方言校笺》第 23 页）

（43）辟，商人丑称也。（《方言校笺》第 23 页）

（44）嗟，来食!《礼记·檀弓下》郑玄注：虽悯而呼之，非敬辞。（《礼记正义》第 370 页）

（45）列事未尽不问。《礼记·文王世子》郑玄注：错尊者之语，不敬也。（《礼记正义》第 357 页）

（46）治家者不敢失于臣妾。《孝经·孝治章》郑玄注：臣，男子贱称；妾，女子贱称。（《孝经注》第 15842 页）

（47）八曰臣妾。《周礼·天官》郑玄注：臣妾，男女贫贱之称。（《周礼注疏》第 38 页）

（48）何以不言及仲子？《公羊传·隐公》何休注：据及者，别公夫人尊卑文也。仲子即卑称也。（《春秋公羊传注疏》第 26 页）

（49）杞子来盟。《公羊传·襄公》何休注：贬称子者，微弱不能自城。（《春秋公羊传注疏》第 533 页）

扬雄在（41）（42）中把对奴婢的各种带有贬义的称呼现象训释为“奴婢之丑称”“奴婢贱称”，在（43）中把“辟”解释为“商人丑称”。扬雄使用的“丑称”和“贱称”基本上是同一个意思。汉代训诂中使用的表示贬损含义的释词另外还有“卑称”“贬称”等。与其他的礼貌含义一样，汉代的训诂学家们虽然明确意识到了这些社会语用功能，但在表述方式上并没有形成统一的说法。（44）中针对齐国的黔敖对求食者叫喊“嗟，来食!”（喂，过来吃!）一句，郑玄指出尽管是出于怜悯，这种不加修饰，直截了当地指使他人的行为具有对听话人不礼貌、不尊重的含义。（45）针对《礼记》中“列事未尽不问”一句，郑玄指出在尊者还没有说完就插话询问会产生对对方失礼、不敬的含义。（46）（47）是郑玄针对不同文献中出现的“臣、妾”分别做出的“贱称”“贫贱之称”的训释。（48）中针对《公羊传》中“何以不言及仲子”一句，何休训释为“仲子即卑称也”，并解释说是为了区别与公夫人的不同地位。（49）中针对《公羊传》中的“杞子来盟”，何休指出这是对杞子的“贬称”，并说明其理由是因为杞子没有能力保卫自己的国土。

（六）对其他相关礼貌含义的训释

其他相关礼貌含义的训释主要是指那些涉及地位、年龄等社会属性和冒昧、殷勤等与礼貌相关含义的训释。这类训释词语虽然在语义上难以归入以上各类，但它们都涉及社会语用功能和礼貌含义，这点是毫无疑问的。如：

（50）荃不揆余之中情兮。《楚辞·离骚》王逸注：荃，香草，以谕君也。人君被服芬香，故以香草为谕。不敢指斥尊者，故变言荃也。[①]（《楚辞集校集释》第 11092 页）

（51）自称曰“老夫”。《礼记·曲礼》郑玄注：老夫，老人称也。（《礼记正义》第 23 页）

（52）童子之节也。《礼记·玉藻》郑玄注：童子，未冠之称也。（《礼记正义》第 1069 页）

（53）凡王吊临、共介鬯。《周礼· 鬯人》郑玄注：以尊适卑曰临。（《周礼注疏》第 604 页）

（54）其以乘壹酒、束修、一犬赐人。《礼记·少仪》郑玄注：于卑者曰赐，于尊者曰献。（《礼记正义》第 1205 页）

（55）宾辞、坐取觯以兴。……介坐受以兴。《仪礼·乡饮酒礼》郑玄注：宾言取、介言受、尊卑异文。（《仪礼注疏》第 183 页）

（50）中王逸把《楚辞》中出现的“荃”训释为“香草”，并说明以香草比喻君王的目的是为了避免直接指称“尊者”。郑玄在（51）中把自称词“老夫”训为“老人称”，在（52）中把“童子”训为“未冠之称”，明确训释了指示对象的年龄属性。（53）中郑玄把移动动词“临”训释为“以尊适卑”，指出了身份地位高的人向地位低的人方向移动这样一层社会语用信息。（54）中针对同样表示“送给”意义的动词“赐”和“献”，郑玄指出两者之间在授受双方的身份地位上存在差异，即送给比自己地位低的人说“赐”，送给比自己地位高的人说“献”。（55）中针对《仪礼》中出现的两个动词“取”和“受”，郑玄指出同样一个接拿酒杯的动作，宾客接拿称“取”，仆人接拿称“受”，并附加说明“尊卑异文”，指出社会身份不同说法也不一样。

---

① 这里的“不敢”在《楚辞集校集释》（上）(崔富章、李大明主编，湖北教育出版社，2003 年，第 151 页)中为“恶数”。

（56）敢用絜牲交刚鬣。《仪礼·士虞礼》郑玄注：敢，昧冒之辞。（《仪礼注疏》第 950 页）

（57）国君去其国，止之曰：奈何去社稷也?大夫，曰：奈何去宗庙也？士，曰：奈何去坟墓也？《礼记·曲礼》郑玄注：皆臣民殷勤之言。（《礼记正义》第 142 页）

（58）祭，称孝子、孝孙。丧，称哀子、哀孙。《礼记·杂记》郑玄注：各以其义称。（《礼记正义》第 1373 页）

（59）谢子山东辩士。《淮南子·修务训》高诱注：子，通称。（《淮南子集释》第 1356 页）

（56）中郑玄把《仪礼》中出现的副词“敢”训释为“昧冒之辞”，即表示“不敢冒昧行事”这一层礼貌含义。（57）《礼记》中记载了百姓对流亡国外的国君、大夫、士进行规劝的不同提问方式。郑玄把这类言语行为训释为“皆臣民殷勤之言”，即都是百姓对不同身份的人物以礼相劝的言语行为。（58）中针对《礼记》中祭祀和丧葬时使用的不同自称词，郑玄指出需要根据场合的不同而改变称呼，揭示了自称词的礼貌得体性与语境的关联。（59）中高诱把“谢子”中的“子”训释为“通称”，即一般的称呼，不尊不卑。之所以要特意这么解释是因为“子”在不同的语境条件下既可以成为“称所尊敬之辞”如（7），也可以成为“卑称”“贬称”如（48）（49）。礼貌的尺度并不是与特定的语言形式直接挂钩的，它是相对于指示对象的实际身份而言的。因此“通称”也是语言调节人际关系功能的一个部分。

五、汉代礼貌训诂的分布与体例

（一）训诂学家分布

从以上列举的实例中我们可以看到，汉代有关礼貌含义的训释，不管从释例的内容、数量，训诂术语的多样化上还是从涉及的训诂学家人数上，都是前所未有的。解释礼貌功能的专用词汇已发展成了一个结构庞大、内容丰富的术语群。笔者对《两汉全书》中的训诂释例做了穷尽性调查，并对《两汉全书》中没有收录而《十三经注疏》《儒藏》《道藏》等各种版本的文献中出现的一部分内容做了必要的补充。根据调查结果，把汉代训诂学家所使用的所有可能查阅到的与礼貌功能、社会身份等语境信息有关的训诂词语归纳如下，见表 1。（表中词例按字数排列，同一字数内按上述礼貌含义分类排列。）

表 1 训释词语的时代与训释者分布

时代	训释者	训释词语
西汉	毛亨	尊而君之 / 士之美称
	孔安国	谦 / 尊之 / 谦辞 / 奖之 / 亲之 / 祝辞 / 通称 / 谦之辞 / 美之辞 / 谦不敢自名仁圣 / 谦不欲尽诬时人 / 役人贱者男曰臣，女曰妾
	张禹	谦 / 尊称
	扬雄	尊老 / 商人丑称 / 奴婢贱称 / 奴婢之丑称 / 农夫之贱称
东汉	许慎	谦 / 人君谦以自称
	王逸	谦 / 以卑说尊 / 不敢指斥尊者
	马融	谦 / 男子之通称
	赵岐	敬 / 谦辞 / 通称 / 尊君之称 / 长老之称 / 野人之称 / 男子之通称
	服虔	尊之 / 贱之 / 自谦之辞 / 妇人之卑称
	郑玄	恭 / 谦 / 尊称 / 尊之 / 敬之 / 谦称 / 谦辞 / 谦恭 / 美言 / 卑称 / 不敬 / 庆辞 / 尊敬辞 / 言之谦 / 谦远之 / 美之辞 / 亲之辞 / 非敬辞 / 序殷勤 / 老人称 / 尊严之称 / 应敬之辞 / 唯恭于诺 / 自谦之辞 / 相亲之辞 / 弥亲之辞 / 亲亲之辞 / 男子贱称 / 女子贱称 / 昧冒之辞 / 兄弟之称 / 有德之称 / 未冠之称 / 幼少之称 / 亲爱之言 / 殷勤之言 / 殷勤之意 / 男子之美称 / 丈夫之美称 / 妇女之美称 / 妇人之卑称 / 男子之通称 / 未成人之称 / 各以其义称 / 尊神异于人 / 以尊适卑曰临 / 称所尊敬之辞 / 男女贫贱之称 / 臣民殷勤之言 / 于卑者曰赐，于尊者曰献 / 宾言取，介言受，尊卑异文
	何休	谦 / 卑 / 敬老 / 谦辞 / 自谦 / 执谦 / 卑称 / 贬称 / 卑其辞 / 大人称 / 谦不敢斥庄王 / 谦不敢斥鲁侯 / 谦不敢求肥饶 / 谦不敢多索丁夫 / 谦不斥郑伯之辞
	高诱	谦称 / 美称 / 通称 / 长老称 / 长老之称 / 以贱为号 / 人君之谦称 / 长者有德称
	刘熙	尊称 / 老者称 / 长老之称

从表 1 分布显示，汉代最具代表性的训诂学家，包括西汉的毛亨、孔安国、张禹、扬雄和东汉的许慎、王逸、马融、赵岐、服虔、郑玄、何休、高诱、刘熙都对语言的礼貌功能做过不同程度或不同角度的训释。值得指出的是其中郑玄的礼貌训诂数量最多，在表现形式上也最丰富、最具有独创性。他在术语的使用上既继承了前人的观点和方法，比如沿用了《谷梁传》中最初出现的"尊称、卑称、美称、尊之"、孔安国使用过的"谦辞"和扬雄使用过的"贱称"等，同时又创造了大量新的视角和概念，如"尊敬辞、非敬辞、序殷勤、应敬之辞、有德之称、未冠之称、亲亲之辞、昧冒之辞、以尊适卑曰临"等等。汉代以后，晋代的杜预（222～284 年）针对《左传 • 桓公》中"齐仲年来聘，致夫人也"一句注释"存谦敬，序殷勤也"。[①] 唐代孔颖达针对《礼记 •文

① 李学勤主编：《春秋左传正义》，杜预注，孔颖达正义，北京：北京大学出版社，2000 年，第 184 页。

王世子》中“其在军，则守于公祢”一句注释“既在国外，却依亲亲之辞”。① 北宋邢昺针对《论语·子张》中“士见危致命”一句注释“士者，有德之称”。② 元代的陈澔（1260～1340 年）针对《礼记·玉藻》中的“父命呼‘唯’，而不‘诺’”指出“应辞，‘唯’速而恭，‘诺’缓而慢”。③ 清代刘淇（17 世纪末至 18 世纪初）例举《汉书·文帝纪》中的“臣伏计之”一句解释为“凡云伏者，以卑承尊之辞也”。④ 从上述汉代以降的历代训诂学家们使用的训释词语中，我们可以发现郑玄的礼貌训诂不仅在汉代乃至在整个训诂史上都起到了一个承前启后的作用。

（二）礼貌训诂中的语境信息

在汉代礼貌训诂中出现了大量与话语相关人物（说话者、听话者及话中人物）有关的语境信息。包括他们的社会经济地位信息，如“公、王、侯、人君、圣人、尊者、有德、士、臣民、卑者、奴婢、野人、贫贱”；年龄信息，如“长老、老而杖于人者、老人、大人、未冠、未成人、幼少”；性别信息，如“男子、丈夫、女子、夫人、妇人”；职业信息，如“役人、农夫、商人”等等。这些信息显示了汉代训诂学家们对词语的社会属性的关注，为我们了解古汉语的社会变异和语境条件提供了有益的注解。

（三）礼貌训诂的方法与形式

我们可以根据词性特征把礼貌训诂术语的形式分为两大类和五小类。两大类为“名词”和“动词”。其中名词类中包括“复音词”和“词组”两种形式，动词类中包括“单音词”“复音词”和“词组”三种形式，见表 2。（表中省略基本体例前部分修饰成分，如“商人丑称”中的“商人”等）。表 2 显示礼貌训诂中使用的表述方式既呈现出多样化的状态，同时也形成了一些格式化的趋势。从整体上看名词类中的“～称”“～辞”“～之称”“～之辞”和动词类中的“～之”这五种格式的使用相对频繁，成为汉代礼貌训释词语中的基本体例。这一现象同时也验证了前述《公羊传》《谷梁传》中的“卑辞、尊称、美之”等训诂术语在体例上所具有的开创性意义。

---

① 李学勤主编：《礼记正义》，郑玄注，孔颖达疏，北京：北京大学出版社，2000 年，第 750 页。

② 李学勤主编：《论语注疏》，何晏注，邢昺疏，北京：北京大学出版社，2000 年，第 202 页。

③ 陈澔集说：《礼记集说》，《儒藏·精华编》（55），北京：北京大学出版社，2009 年，第 292 页。

④ 刘淇著：《助字辨略》（5），章锡琛校注，北京：中华书局，1954 年，第 237～238 页。

表 2　训释词语的形式分布

训释形式		训释词语
名词	复音词	[～称] 尊称 / 谦称 / 美称 / 卑称 / 贱称 / 贬称 / 丑称 / 通称 / 长老称 / 老人称
		[～辞] 谦辞 / 庆辞 / 祝辞 / 尊敬辞 / 非敬辞
	词组	[～之称] 尊君之称 / 尊严之称 / 有德之称 / 长老之称 / 未冠之称 / 幼少之称 / 兄弟之称 / 野人之称 / 未成人之称
		[～之辞] 谦之辞 / 美之辞 / 亲之辞 / 应敬之辞 / 自谦之辞 / 相亲之辞 / 弥亲之辞 / 亲亲之辞 / 昧冒之辞 / 称所尊敬之辞
		[～之言] 亲爱之言 / 殷勤之言
		[～之意] 殷勤之意
动词	单音词	尊 / 敬 / 恭 / 谦
	复音词	谦恭 / 殷勤
	词组	[～之] 尊之 / 敬之 / 亲之 / 奖之 / 贱之 / 谦远之 / 美言之
		敬老 / 自谦 / 执谦 / 不敬 / 贬称～ / 卑其辞 / 序殷勤 / 以卑说尊

六、汉代礼貌训诂对象的表现特征

这里我们从“语法特征”和“超语法特征”两个角度来观察汉代训诂学家们训释的礼貌语言现象。“语法特征”中包括各种不同词性的词汇，如名词、动词、形容词、副词、感叹词，“超语法特征”中包括对句子、言语行为、修辞法（隐喻法、减省法）以及姓名称呼现象的训释。

（一）语法特征

1.名词

训释对象中出现最多的是名词类（包括单复音词、复合词和词组），共有如下 49 种。（以下按字数笔画排列）

士、子、公、父、艾、外、奴、君、臣、甫、甬、妾、孤、荃、彦、叟（傻）、侮、获、婢、嫂、童、舅、辟、嫔、臧/不谷、公子、从者、友邦、玉女、兄弟、老夫、先王、吾子、孝子、孝孙、伯舅、伯父、非他、哀子、哀孙、童子、寡人、寡君/予一人、予小子、予小臣、寡小君/一二耋老

这些名词性词汇在语义上除了一部分指称远亲关系的“外”和指称国家的“友邦”以外都直接指称人物。这反映出称呼在古代汉语礼貌语言中具有的重要地位。本文列

举的训诂实例中（3）（5）（6）（7）分别训释了“傁、艾、公、父、子”的尊敬含义，（12）（16）（26）分别训释了“予小臣、不谷、一二耋老”的谦虚含义，（29）（31）（32）（34）分别训释了“彦、子、甫、玉女”的赞美含义，（2）（36）（37）（39）分别训释了“友邦、非他、吾子”的亲密含义，（41）（42）（43）（46）（47）（48）分别训释了“臧、侮、甬、获、辟、奴、婢、臣、妾、子”的贬损含义。（50）指出“荃”对尊者的间接指称功能，（51）（52）指出了“老夫、童子”的年龄属性，（58）指出了自称词“孝子、孝孙、哀子、哀孙”与社会语境（祭祀、丧葬）的关联，（59）指出了“子”在礼貌尊卑上的中性含义。

2.形容词

训释对象中出现的形容词（包括单音词、复合词和词组）共有如下 13 种。

大、小、老、枉、佳、冢、峭、褊、寡／不佞、无毛、无良、边垂

这些形容词在字面上分别表示年“老”，规模“大、冢、小、寡”，知识才能“褊、不佞”，财物性状“枉、峭、无良”，地理位置“边垂”和自然环境“无毛”等的评价性意义。在本文导论中例举了“老”的尊敬含义。（2）训释了“冢”的尊敬含义，（12）（15）（17）（19）（20）（24）（25）分别训释了“小、褊、寡、不佞、枉、峭、边垂、无毛”的谦虚含义。

3.动词

训释对象中出现的动词类（包括单音词、复合词和词组）共有如下 9 种。

取、受、临、赐、献、膳／不禄、赐灌、嘉之

这些动词的语义主要分布于表示给予“赐、献、赐灌”、接受“取、受”、移动“临”、赠食物“膳”、赞扬“嘉之”和死亡“不禄”的动作行为。（8）训释了“赐灌”的尊敬含义，（22）训释了“不禄”用于对异邦称本国君夫人之死时所产生的谦逊含义，（23）训释了“膳”的谦虚含义，（33）中训释了动词词组“嘉之”具有的赞美含义，（53）（54）（55）分别训释了动词“临、赐、献、取、受”中隐含的与人和物移动的起点和终点相关人物之间的社会身份差异。汉代关于动词礼貌功能的训诂都出自郑玄一人。这体现了他对语言现象的观察有独特而宽阔的视野。

4.副词

被训释的礼貌语言现象中副词（包括单音词、复合词和词组）共出现了如下 7 种。

窃、敢、盖／不敢、岂敢、其能／未之敢

在本文的导论中例举了“盖”的谦虚含义。(13)(14)(18)(27)训释了“其能、岂敢、窃、未之敢”的谦虚含义。(56)训释了“敢”具有的不敢冒昧行事的礼貌含义。

5.感叹词

在整个汉代礼貌训诂中有关感叹词的释例仅出现了两例。两例都是郑玄对表示应答的感叹词“唯”的注释。(9)中指出“唯”是“应敬之辞”,(10)中用对比的方法指出“唯”要比“喏”更恭敬。

(二)超语法特征

1.句子、言语行为

汉代的训诂学家对一个句子(包括单复句)或由该句子构成的言语行为所具有的礼貌功能也给予了明确的训释。如孔安国在(30)中指出“汝克昭乃显祖”这句话是一种对对方的赞美。郑玄在(40)中把“宜言饮酒,与子偕老”这句诗句解释为“亲爱之言”,在(44)中指出“嗟,来食!”这个句子所实施的指使他人的言语行为是一种不礼貌的“非敬辞”。在(45)中把打断长辈说话的提问行为解释为是对尊者的“不敬”。在(56)中把百姓向不同身份的流亡者询问出国理由的言语行为训释为是一种以礼相劝的“殷勤之言”。

2.修辞法

礼貌语言现象与修辞法有着密切的关联。礼貌语言中有些词来源于修辞法而在古汉语中使用时已经作为一种多义词固定了下来,如“薨”(词源意义:山崩的声音)、“孤”(词源意义:孤独一人),这些词曾经是一种修辞法,而东周时已经固定下来成了表示死亡、自称的一种变体。但是有些词语在东周时修辞性还很明显。这里举两种汉代训诂学家们指出的具有修辞效果的礼貌现象。

A.隐喻法

(25)中郑玄指出用“玉女”来称呼对方女儿的行为是对对方的一种赞美。(50)中王逸指出“荃”是以香草比喻君王,是对尊者的间接指称。“玉、荃”从词性上看是名词,从修辞法上看是一种以隐喻的方式来传递礼貌功能的表现手法。

B.减省法

郑玄在(21)中指出晋武公其实有七套命服而却称自己有六套是一种谦虚。在(38)中指出把与对方的外婚姻关系说成是婚姻关系,即省去表示远亲的“外”是一种表示对对方亲密、亲近的说法。这些表达方式在语义内容上看似与事实不符,而实际是一种以削减、省略某些信息来传递礼貌含义的表现手法。

C.姓名的使用与回避

古汉语中人的姓、氏、名、字的使用和回避与语言的礼貌功能有直接的关联。《礼记》中记载了“父前子名，君前臣名”“诸侯不生名”等与姓名称呼有关的语言规范。[①]《谷梁传》针对《春秋》经文“宋杀其大夫”一文训释道:“其不称名姓，以其在祖之位，尊之也”，[②] 明确指出了对被杀的大夫不称姓名的原因是因为他是孔子的祖先，需要对他表示尊敬。汉代的训诂学家们在继承了先秦诸子的礼貌意识的基础上，对姓名等称呼的使用和回避所传递的礼貌含义也给予了关注和具体的训释。孔安国在（1）中指出周平王对晋文侯不称名而称字是表示对他的尊敬，在（35）中指出周平王对晋文侯反复称字是一种亲密的表示。赵岐在（4）中指出孟子自称名“轲”是表示对对方宋经的尊敬，即因自谦而达到尊人的效果。何休在（11）中指出对年长的大夫称其字“叔”是为了表示对他的尊敬。

七、结语

古代中国社会崇尚礼仪，而当时的礼仪如何体现在人们的言语行为中，古代训诂学家们对此又是如何把握和解释的，这些问题至今缺乏一个系统的、综合性的考查。本文通过对汉代训诂释例的穷尽性调查和从中选取足以概观全貌的 59 个训诂实例，为礼貌含义的历史研究提供了一个比较可靠的参照系。从这些礼貌功能的释例中我们发现汉代训诂学家们具有一种不拘形式，注重功能的开放性训诂理念。尤其是郑玄，他既打破了当时古今文学之间的藩篱，同时也不受犹如当今不同学科间屏障的束缚，相对自由地去解释不同文本、不同语境中体现出的不同层次、不同形态的礼貌语言现象。汉代训诂中的礼貌功能释义对以后两千年间的训诂学研究产生过积极的影响，同时也为当今历史社会语用学和语言学史研究留下了一份宝贵的学术遗产。

参考文献

陈奇猷校释:《吕氏春秋新校释》，上海：上海古籍出版社，2002 年。

陈松岑:《礼貌语言初探》，北京：商务印书馆，1989 年。

崔富章、李大明主编:《楚辞集校集释》（上、下），武汉：湖北教育出版社，2003 年。

董治安编:《古文孝经孔氏传》,《两汉全书》（第 3 册），济南：山东大学出版社，2009 年。

董治安编:《楚辞章句》,《两汉全书》（第 19 册），济南：山东大学出版社，2009 年。

董治安编:《春秋传服氏注》,《两汉全书》（第 23 册），济南：山东大学出版社，2009 年。

董治安编:《孝经注》,《两汉全书》（第 27 册），济南：山东大学出版社，2009 年。

段玉裁注:《说文解字注》（18 世纪，经韵楼藏版），上海：上海古籍出版，1981 年。

---

① 李学勤主编:《礼记正义》，郑玄注，孔颖达疏，北京：北京大学出版社，2000 年，第 64 页、第 174 页。

② 李学勤主编:《春秋谷梁传注疏》，范甯集解，杨士勋疏，北京：北京大学出版社，2000 年,第 167 页。

顾永新：《日本传本〈古文孝经〉回传中国考》，《北京大学学报》（哲学社会科学版），2004 年，第 41 卷第 2 期。
顾曰国：《礼貌、语用与文化》，《外语教学与研究》，北京：北京外国语学院语言研究所，1992 年，第 4 期。
何　宁撰：《淮南子集释》，高诱注，北京：中华书局，1998 年。
何自然：《语用学概论》，长沙：湖南教育出版社，1988 年。
胡平生：《孝经是怎样的一本书》，《孝经译注》，北京：中华书局，1996 年。
简朝亮撰：《孝经集注述疏》，周春健校注，上海：华东师范大学出版社，2011 年。
李　民、王　健撰：《尚书译注》，上海：上海古籍出版社，2000 年。
李学勤主编：《尚书正义》，孔安国传，孔颖达疏，北京：北京大学出版社，2000 年。
李学勤主编：《毛诗正义》，毛亨传，郑玄笺，孔颖达疏，北京：北京大学出版社，2000 年。
李学勤主编：《周礼注疏》，郑玄注，贾公彦疏，北京：北京大学出版社，2000 年。
李学勤主编：《仪礼注疏》，郑玄注，贾公彦疏，北京：北京大学出版社，2000 年。
李学勤主编：《礼记正义》，郑玄注，孔颖达疏，北京：北京大学出版社，2000 年。
李学勤主编：《春秋左传正义》，杜预注，孔颖达正义，北京：北京大学出版社，2000 年。
李学勤主编：《春秋公羊传注疏》，何休解诂，徐彦疏，北京：北京大学出版社，2000 年。
李学勤主编：《春秋谷梁传注疏》，范甯集解，杨士勋疏，北京：北京大学出版社，2000 年。
李学勤主编：《论语注疏》，何晏注，邢昺疏，北京：北京大学出版社，2000 年。
李学勤主编：《孟子注疏》，赵岐注，孙奭疏，北京：北京大学，2000 年。
李学勤主编：《孝经注疏》，李隆基注，邢昺疏，北京：北京大学出版社，2000 年。
刘　淇：《助字辨略》（1711 年），章锡琛校注，北京：中华书局，1954 年。
陆宗达：《训诂简伦》，北京：北京出版社，1980 年。
毛远明主编：《礼记集说》（陈澔集说），《儒藏・精华编 55》，北京：北京大学出版社，2009 年。
庞朴主编：《唐写本论语郑氏注》，《儒藏・精华编 281》，北京：北京大学出版社，2007 年。
彭国躍：《近代中国語敬語の語用論的考察》，《言語研究》，东京：日本言語学会，1993 年，第 103 号。
彭国躍：《〈金瓶梅詞話〉の“年齡質問”発話行為と敬語表現－社会言語学的アプローチ》，《言語研究》，东京：日本言語学会，1995 年，第 108 号。
彭国躍：《中国語敬辞体系の衰退プロセス－言語と社会の通時的共振性》，《計量国語学》，东京：日本計量国語学会，1997 年，第 21 巻第 3 号。
彭国躍：《近代中国語の敬語システム－「陰陽」文化認知モデル》，东京：白帝社，2000 年。
彭国躍：《古代中国語における呼称の社会的変異－『禮記』言語規範の研究》，《社会言語科学》，东京：日本社会言語科学会，2002 年，第 5 巻第 1 号。
彭国躍：《古代中国語における〈死亡〉の社会的変異－《史記》言語運用の研究》，《社会言語科学》，

东京：日本社会言語科学会，2003 年，第 5 卷第 2 号。

彭国躍：《漢代鄭玄が訓釈した古代中国語の対人関係機能について－歴史語用論のアプローチ》，《語用論研究》，东京：日本語用論学会，2007 年，第 9 号。

彭国躍：《古代中国語のポライトネス－歴史社会語用論研究》，东京：ひつじ書房，2012 年。

孙希旦：《礼记集解》（十三经注疏），北京：中华书局，1989 年。

王　力：《汉语史稿》，北京：科学出版社，1958 年。

王利器撰：《文子疏义》，北京：中华书局，2000 年。

王聘珍撰：《大戴礼记解诂》，北京：中华书局，1983 年。

周祖谟校笺：《方言校笺》，北京：中华书局，1993 年。

朱谦之撰：《老子校释》，北京：中华书局，1984 年。

祝畹瑾：《社会语言学概论》，长沙：湖南教育出版社，1992 年。

Brown, P. & Levinson, S. Universals in language usage: politeness phenomena, in Goody, E.N.(ed.) *Questions and Politeness:Strategies in Social Interaction.* Cambridge: Cambridge University Press. 1978.

Brown, P. & Levinson, S. *Politeness: Some Universals in Language Usage,* Cambridge: Cambridge University Press. 1987.

Gu, Yueguo. Politeness phenomena in modern Chinese, *Journal of Pragmatics*, Amsterdam：Elsevier. 1990.

Kádár, Dániel Z. Terms of (Im) politeness: *A Study of the Communicational Properties of Traditional Chinese (Im) polite Terms of Address.* Budapest: Eötvös Loránd University. 2007.

Kopytko, Roman. Linguistic politeness strategies in Shakespeare's plays. Jucker, A.H.（ed.）, *Historical Pragmatics*. Amsterdam/Philadelphia: Benjamins. 1995.

Leech, G.N. *Principles of Pragmatics*. London: Longman, 1983.

Mao, Lu Ming Robert. Beyond politeness theory: 'Face' revisited and renewed, *Journal of Pragmatics 21.* Amsterdam: Elsevier. 1994.

Skewis, Malcolm. Mitigated directness in *Honglou meng*: Directive speech acts and politeness in eighteenth century Chinese, *Journal of Pragmatics* 35, Amsterdam: Elsevier. 2003.

Wardhough, R. *An Introduction to Sociolinguistics,* Oxford: Basil Blackwell. 1986.

A Study of Ancient Chinese Exegeses on Politeness during the Han Dynasty: From the Perspective of Historical Sociopragmatics

PENG Guoyue

（Faculty of Foreign Languages, Kanagawa University, Yokohama 221-8686 Japan）

Abstract: Ancient Chinese society was well known for its rites and etiquettes. But so far we have not found any systematic and comprehensive study which shows how the fact reflected to the ancient Chinese language and how those polite expressions were understood and annotated by Chinese ancient exegesis interpreters. This paper mainly deals with the exegeses on politeness done by ancient Chinese scholars during the Han Dynasty （206BC-220） from the perspective of sociopragmatics. Through the classification and analysis of the various implicatures of the old annotations on politeness and the characteristics of the linguistic phenomena that were annotated in classical documents, we clarified that these interpretations of politeness appeared about two thousand years ago still have great significance in contemporary studies of historical sociopragmatics.

Key words: historical sociopragmatics; politeness; implicature; exegesis; Han dynasty

海峡两岸介词框架"在X下"对比分析

刘吉力*

（长沙师范学院师范预科部　中国　长沙　410100）

摘　要： 两岸"在X下"一方面有较为明显的差异，体现在X的结构类型和"在"的隐现与替换上，以X的结构类型差异为主；另一方面有一定程度的融合，具体表现在大陆普通话出现一些谓词性X。两岸"在X下"差异的原因是普通话经过语言规范化，与早期现代汉语拉开距离，而台湾地区普通话则没有经历这种规范化，继承并发展了早期现代汉语的用法；融合的原因是部分谓词性X符合明确原则和经济原则，大陆受到台湾、香港等华语社区的影响。充分考察两岸"在X下"，展现两岸语法实质性差异，即规则是否追求精密，此外还预测大陆谓词性X有可能增多，两岸X的融合程度会进一步提高。

关键词： 海峡两岸　"在X下"　对比

DOI: 10.14095/b.cnki.jics.2019.01.004

一、引言

"在X下"是由前置介词"在"与后置方位词"下"组合，其间嵌入X形成的介词框架。权正容（1995）指出"在X下"有基本用法和引申用法两种，前者以X为参照物，表示方位处所；后者表示在某种情况或某种制约下将会产生某种结果。这里的引申用法表示某种情况、状态、条件等抽象义。本文只讨论表抽象义的"在X下"。

两岸"在X下"使用广泛，但用法差异较为明显，当前在差异的基础上出现了一定程度的趋同现象，值得深入研究。刁晏斌（2000：151-153）描写了台湾地区"在X下"与大陆的差异，即台湾地区X可以是动词性成分，有些名词性X与大陆不同，

* 刘吉力，长沙师范学院师范预科部，主要研究方向为现代汉语共时状况及历时演变研究。邮箱：ljlzff@163.com。
拙作是本人博士学位论文的一部分，得到导师刁晏斌先生的悉心指导，初稿曾在第七届语义功能语法学术研讨会（2016年8月，北京）上报告，得到王振来教授的指教，《国际汉语学报》匿名审稿专家给本文提出了详实而中肯的修改意见，谨此一并致谢。文责自负。

“在”有时隐去。本文对比分析两岸“在X下”，力图深入考察其差异与融合，语料调查主要基于大陆《人民日报》图文数据库（简称“数据库”）和台湾联合知识库（简称“知识库”）[①]，兼及其他。如无说明，文中检索用的《人民日报》和《联合报》，时间区间分别为1946年5月—2015年12月，1951年9月—2015年12月。

二、两岸“在X下”的差异

（一）两岸X的结构类型

随机搜集两岸各300条“在X下”，分析两岸X的结构类型，数据如下：[②]

表1　两岸X结构类型数据表

<table>
<tr><th rowspan="2">地区</th><th colspan="3">体词性成分</th><th colspan="6">谓词性成分</th><th rowspan="2">合计</th></tr>
<tr><th>抽象名词</th><th>定中结构</th><th>“N（的）V”结构</th><th>主谓结构</th><th>述宾结构</th><th>联合结构</th><th>状中结构</th><th>四字格</th><th>动词</th></tr>
<tr><td rowspan="2">大陆</td><td>0</td><td>177/59%</td><td>120/40%</td><td>0</td><td>0</td><td>0</td><td>0</td><td>1/0.33%</td><td>2/0.67%</td><td rowspan="2">300/100%</td></tr>
<tr><td colspan="3">297/99%</td><td colspan="6">3/1%</td></tr>
<tr><td rowspan="2">台湾</td><td>1/0.33%</td><td>99/33%</td><td>159/53%</td><td>17/5.67%</td><td>7/2.33%</td><td>6/2%</td><td>4/1.33%</td><td>5/1.67%</td><td>2/0.67%</td><td rowspan="2">300/100%</td></tr>
<tr><td colspan="3">259/86.33%</td><td colspan="6">41/13.67%</td></tr>
</table>

表1显示，大陆X一般是体词性的，谓词性的极少，仅占1%；台湾地区X大多是体词性的，另有少部分谓词性的，其中动词、主谓结构、述宾结构、联合结构、状中结构、四字格等共占13.67%。

以下对比考察两岸体词性、谓词性和四字格X。四字格X大多是谓词性的，少数是体词性的，较为特殊，本文单列一类。

1. X为体词性成分

此类X主要包括定中结构和“N（的）V”结构两种，两岸大同小异。

首先是X为定中结构。先看该结构的定语，一般能作定语的成分都能在这里出现，以下对应性地略举几例：

（1）a.在西方国家推行新自由主义的压力下，（一些国家）推进贸易自由化。（《人民日报》2014年6月3日）

① 数据库收录了《人民日报》1946年5月15日至今70余年的全部报纸语料。知识库之全文报纸资料库收录了1951年9月16日至今60多年的台湾《联合报》等资料。

② 例句出自两岸报纸（2014.6-2015.7），大陆有《人民日报》（150例）、《新京报》（95例）、《中国青年报》（55例）；台湾有《联合报》（161例）、《中国时报》（94例）、《国语日报》（45例）。下文调查或使用的例句不限于此。

b.机师在飞机失去动力情况下，仍尽力想保持飞行高度。(《中国时报》2015 年 2 月 8 日)

(2) a.在承认现实的前提下，可以本着先易后难的原则，小步快走。(《人民日报》2014 年 1 月 2 日)

b.在尊重多元文化的前提下多包容。(《联合报》2014 年 8 月 4 日)

(3) a.在经济发展进入新常态、财政收入增速放缓的背景下，国务院决定统一提高全国城乡居民基础养老金最低标准。(《中国青年报》2015 年 1 月 17 日)

b.在以色列不愿参加、哈玛斯无法参加的情况下，(和谈)形同流会。(《联合报》2014 年 8 月 3 日)

再看定中结构的中心语，常由“情况、情形、背景”等抽象名词充当。不过，台湾用作中心语的名词比大陆多，如“技巧、选项、经费、巧合、机缘”，数据库里均未见其用作 X 的中心语。下面举两个台湾用例：

(4) 在达文西独特绘画技巧下，不管从何角度看，都会觉得她在对你微笑。(《联合报》2009 年 12 月 31 日)

(5) 在“都是烂苹果”选项下，选民含泪投给自民党。(《联合报》2014 年 12 月 15 日)

其次是×为“N(的)V”结构。该结构包括“N的V”和“NV”两种。陆俭明(2003)指出“N的V”是名词性结构。两岸“在N的V下”相似度比较高，例如：

(6) a.在家人的支持下，陈杨终于迈开了“任性”的一步。(《中国青年报》2015 年 1 月 18 日)

b.俊宏在志工的引导下，用手感受协力车的模样。(《中国时报》2015 年 2 月 22 日)

两岸“在NV下”一致程度也比较高，如：

(7) a.在家人支持下，任影在村子里开办了学前班。(《人民日报》2011 年 5 月 31 日)

b.(大小朋友)在志工引导下，靠自己的能力制作卡片、录制声音档。(《中国时报》2014 年 8 月 9 日)

形式上“NV”是谓词性主谓短语，但进入“在……下”后，却相当于体词性成分。N与V之间可加入“的”，形成“N的V”，试比较例（7）a“在家人支持下”与例（6）a“在家人的支持下”，前者可看成后者简省“的”后的形式。这种看法与一些学者的一致，如屈哨兵（2006）把“在NV下”看作“在+NP+（的）+VP+下”的简称。

不过，台湾有少部分四字格用于“在N（的）V下”，相当于V，例如：

（8）坪濑玻璃吊桥在游客千呼万唤下，将在25日试营运。（《联合报》2014年8月8日）

（9）在朋友口耳相传下，她的道号“静心”慢慢打开来。（《联合报》2010年10月13日）

检索数据库和知识库，《人民日报》用作V的“千呼万唤”“口耳相传”分别为1、0例，而《联合报》它们分别有36、43例，差别明显。

以上比较了两岸定中结构和“N（的）V”结构X的异同。此外，据我们调查，台湾还有少部分名词X很少用于大陆，如“现状、内阁制、WTO”，这里不赘述。

2. X为谓词性成分

吕叔湘、朱德熙（1951/2013：115-116）论述“在……（之）下”时有如下一段话：

> 就形式说，嵌在中间的有名词，最普通的是“情况”和“条件”，……这些名词前面常有或长或短的附加语……又有由动词转变过来的名词，如“领导”……其中有许多还只能算是主谓短语的谓语动词，还没有完全变成名词。最后还有短语或句子形式，……“在忍无可忍之下”这种说法显然是不对的，可是只要在这里头加上“的情况”，也就符合于第一种格式了。

按，此书主谓短语的定义是一个主语加上一个谓语，中间用“的”字连接，如“中国的解放”。（吕叔湘、朱德熙，1951/2013：7）

不难看出，书中指出进入“在……（之）下”的X即定中结构和“N的V”结构等体词性成分，谓词性X不能用于“在……（之）下”。

北京大学中文系1955/1957级语言班（1960/1982：619）指出“在渔民们起早睡晚，终日劳动下”为病句，认为嵌入“在……下”的应是名词性成分。

黄伯荣、廖序东（1981：323）明确指出X应该是名词或名词性词组，不是动词或动词性词组。

据陈昌来、段佳佳（2007），现代汉语介词框架的中间项一般是名词或名词性词语，即功能上是体词性的。

考察两岸语料，我们发现大陆 X 一般都是体词性的，谓词性的很少见，[①] 台湾谓词性 X 却较为多见，其中绝大多数都很少用于大陆，由此构成两岸“在 X 下”的最大差异。下面分类描写台湾谓词性 X。

首先，X 为主谓结构。先看该结构谓语动词带宾语。权正容（1995）认为“在他们帮助小王下”不能成立，“帮助”后不能带上宾语。这说的是普通话的规则，下面是台湾地区“国语”的用例：

（10）在感恩节、圣诞节传统节日刺激买气下，12 月单月出口值将超过 250 亿美元。(《联合报》2013 年 1 月 7 日）

（11）在政府不断祭出打房措施下，台北房市已开始涌现让价效应。(《联合报》2014 年 8 月 2 日）

台湾此类 X 并不少见，大陆相应的表述可以是以 X 为定语、抽象名词为中心语的定中结构，如例（1）a“在西方国家推行新自由主义的压力下”。

再看 X 的谓语是形容词或形容词性短语，两岸差异明显，台湾用例如：

（12）在灯光昏暗下，(张爷爷）不慎被床边的垃圾桶绊倒。(《联合报》2014 年 5 月 7 日）

（13）在景气不佳下，业者不得不提高服务质量。(《联合报》1993 年 6 月 9 日）

“在灯光昏暗/景气不佳下”《人民日报》均不见，《联合报》分别有 5、20 例，大陆的类似表述可以是后加“的情况”之类。

其次，X 为述宾结构。此类 X 也并不少见，如：

（14）在没有其他选择下，她也只能勉为其难。(《联合报》1997 年 12 月 27 日）

（15）经济较为弱势的族群在缺乏资源下，要脱贫的机会也越来越少。(《工商时报》2014 年 8 月 16 日）

大陆如要有类似表达，可在 X 后加上作为中心语的抽象名词，如例（2）a“在承认现实的前提下”。黄理秋、施春宏（2010）认为“在没有其他选择下”属“偏误”。据我们调查，《人民日报》“在没有其他选择下”没有用例，“在没有其他选择的情况下”

---

① 我们用“在$15 下”检索，考察 CCL 现代汉语语料库头 500 条“在 X 下”，谓词性 X 仅有 1 例。

有1例，二者在《联合报》各有2例。

再次，X为联合结构。此类X以两个短语的联合较为多见，有时还有三个甚至三个以上短语并列的，例如：

（16）在医疗技术提升、治疗方式愈来愈进步下，全癌症5年存活率达54.2%。（《中国时报》2015年5月8日）

（17）在欧美需求增温、出口逐月转强，带动第三季企业营收爆发性增长，与iPhone 6等新品推出题材无缝接轨下，新一波多头攻势很快就会来临。（《联合报》2014年7月24日）

这类X大陆与此类似的表达可以是“X+（的）+抽象名词”，如例（3）a“在经济发展进入新常态、财政收入增速放缓的背景下”。

最后，X为状中结构。较之前面几类，此类相对少见，例如：

（18）在精心策划下，……社区改造的方案在居民参与下也陆续出炉。（《中国时报》1996年6月3日）

（19）生产人员在严密防护下，工作安全无虞。（《联合报》2012年5月12日）

权正容（1995）认为，单纯描写性的修饰语不能修饰X中的动词，如“*在精心策划下”，但X前加领属性或指代性成分则可说，如“在他的精心策划下”。上举两例都是单纯描写性的修饰语修饰X中的动词，例（18）中被认为有误的“在精心策划下”。

总的说来，台湾谓词性X结构类型复杂，包括主谓、述宾、联合、状中等多类，这些X在大陆一般可后加中心语或前加成分（以前者为主）使之成为体词性的。

3. X为四字格

以上分别从“词性”的角度对X作了分类。另外，能反映台湾地区“国语”中本结构特点的，还有某些固定短语或类固定短语的经常性使用，它们一般是四字格。

吕叔湘、朱德熙（1951）指出“在忍无可忍之下”不合规范。但是，台湾的“在忍无可忍之下”不乏其例：

（20）她在忍无可忍之下，乃于八月三十一日投诉高市妇女会。（《联合报》1953年9月2日）

这里“之下”都可换成“下”，如：

（21）吕火注在忍无可忍下，终于登报启事。(《联合报》1955 年 4 月 11 日）

对比考察两岸“在忍无可忍下/在忍无可忍的情况下/在忍无可忍之下/在忍无可忍的情况之下”，以下是调查结果：

表 2　两岸“在忍无可忍下”等使用对比

媒体	在忍无可忍下	在忍无可忍的情况下	在忍无可忍之下	在忍无可忍的情况之下
《人民日报》	0	134	4*	2
《联合报》	59	78	81	2

*其中 2 例为《语法修辞讲话》(1951）发表之前的用例

表 2 显示，《人民日报》“在忍无可忍下”未见用例，“在忍无可忍之下”很少见，与之相应的“在忍无可忍的情况（之）下”共 136 例；而《联合报》“在忍无可忍（之）下”共 140 例，较之“在忍无可忍的情况（之）下”（80 例），前者更为常见。

除了“忍无可忍”，台湾四字格 X 还有不少，以下是我们收集到的用例对比：

表 3　两岸四字格 X 使用对比

四字格 X	《人民日报》	《联合报》
众目睽睽	24	556
万众瞩目	6	18
无可奈何	2	52
供不应求	1	20
内外夹击	1	8
无计可施	0	59
口耳相传	0	47
半信半疑	0	16
大势所趋	0	15
分身乏术	0	9
万不得已	0	6
债台高筑	0	4
众所期待	0	3
内外交困	0	2
深思熟虑	0	2
威逼利诱	0	2
大庭广众	9	241
群情激愤	5	11

续表

四字格X	《人民日报》	《联合报》
耳濡目染	1	220
风吹雨打	1	11
因缘际会	0	136
走投无路	0	56
僧多粥少	0	35
身心俱疲	0	16
软硬兼施	0	10
能力所及	0	8
暗无天日	0	4
循序渐进	0	3
风调雨顺	0	2
千钧一发	0	2
同病相怜	0	2
依依不舍	0	2

从表3看，《人民日报》四字格X有“众目睽睽”等9个，其中“耳濡目染”等4个仅1例；与此形成鲜明对比的是，表3中32个四字格均用于台湾地区，其中“因缘际会”等23个都不见于《人民日报》，占此表调查总数的71.9%。此外，两岸四字格X的使用频率也存在较大差别。表3的对比体现了两岸的差异，即台湾四字格X的数量远多于大陆，使用频率也相对较高。

为了考察早期现代汉语X的结构类型，我们依托台湾新闻智慧网，共收集20世纪二三十年代《中央日报》80个“在X下”，统计分析如下：

表4　早期现代汉语X的结构类型

体词性成分			谓词性成分				合计
抽象名词	定中结构	“N（的）V”结构	动词	主谓结构	述宾结构	状中结构	
5/6.25%	25/31.25%	45/56.25%	2/2.5%	1/1.25%	1/1.25%	1/1.25%	80/100%
75/93.75%			5/6.25%				

由表4可知，早期现代汉语X绝大多数是体词性的，包括抽象名词、定中结构、“N（的）V”结构等；另有少部分为谓词性成分，包括动词、主谓结构、述宾结构、状中结构等，实例如下：

（22）陆军在掩护下渡马勒白河。（1935年10月4日）

（23）在全世界不景气下，从事节俭无补时艰。（1931 年 1 月 25 日）

（24）在保存主权下促进帮交。（1935 年 12 月 19 日）

（25）陈觉生与今井交涉结果，在相互谅解下正式解决。（1936 年 7 月 5 日）

对比表 1 和表 4 来看，台湾继承和延续了早期现代汉语 X 既可以是体词性的也可以是谓词性的用法，不过台湾谓词性 X 所占比重（13.67%）高于早期现代汉语（6.25%），说明它可能已有新的发展变化；大陆没有延续早期的谓词性 X 用法，X 一般限定为体词性成分。上文所引如《语法修辞讲话》（1951）、《现代汉语虚词例释》（1960）、《现代汉语》（1981）都指出 X 应为体词性成分，这些说明实际上都带有明显的规范性质。因此，大陆 X 与早期现代汉语拉开距离，应该与语言规范化有关。

从语义上看，表情况、状态、条件等抽象义的“在 X 下”，“在”与“下”（尤其“下”）是表达此种语义的标记形式，两岸“在”在一定条件下可能隐去或替换，但“下”一般都不能。正因为有语义标记，谓词性 X 置于“在……下”，依靠框架的作用，并结合上下文，“在 X 下”表义的明确性一般都不会受到影响，这是谓词性 X 能够存在的重要基础。从形式上看，谓词性 X 比后加或前加成分而成的体词性 X 简洁。周绍珩（1980）认为经济原则是支配人们言语活动的规律。刁晏斌（2012）认为语言的效率诉求表现在不影响意思表达的前提下尽可能地趋于简化。由此看来，台湾谓词性 X 的较多使用还与经济原则及其效率诉求有关。[①]

（二）两岸“在”的隐去与替换

1.“在”的隐去

两岸“在”有时都能隐去，如：

（26）a.市场不景气的背景下，公司主营业务收入达 39 亿元。（《人民日报》2014 年 6 月 3 日）

b.你丢我捡的情况下，可预见的是陆客团来台旅游品质，只会愈来愈差。（《联合报》2014 年 8 月 1 日）

权正容（1995）认为，“在 N 的 V 下”用作状语，“在”不能省去。考察两岸各 50 例“X 下”，[②] 未见大陆用作状语的“N（的）V 下”，而台湾有 5 例，占 10%，如：

① 徐燕青（2012）从表义的明确性和形式的简洁性两个方面来解释为何一些动词能够进入“在……下”。此文的观点对本文具有重要的启发意义。

② 大陆例句均出自《人民日报》（2013.1-2014.6）；台湾例句出自《联合报》（36 例）、《经济日报》（10 例）、《中国时报》（1 例）、《国语日报》（1 例）、《联合晚报》（1 例）、《台湾立报》（1 例），时间为 2012.8-2015.7。

（27）好奇心的驱使下，我们忍不住隔着一小段距离观察。（《联合报》2000年3月29日）

（28）地方的争取下，水保局陆续补助经费。（《联合报》2013年1月2日）

2.“在”的替换

大陆“在”被替换的情形相对较少，如：

（29）一名女子于众目睽睽下被人凶残殴打致死。（《人民日报》2014年6月4日）

上例“于”替换“在”，台湾并不少见，例如：

（30）金管会将于兼顾金融稳定及消费者权益的前提下，积极透过法规松绑。（《经济日报》2015年6月25日）

台湾有时还有“从/经/经过……下”，大陆一般不用，例如：

（31）从目前半导体与封测大厂都没有下修资本支出的情况下，……今年民间投资仍将呈现逐季走高的格局。（《联合报》2014年8月1日）

（32）巴黎左岸大学路工坊经过Hedi Slimane巧手设计打造下，重新修复。（《联合报》2015年7月30日）

台湾“因”“由”偶尔替换“在”，大陆基本上也不使用，例如：

（33）因金十字胃肠药制造需求下，树梅一度大量砍伐。（《中国时报》2015年4月20日）

（34）（车队）昨由九天民俗技艺团长许振荣带领下齐聚。（《联合报》2012年9月28日）

“于/从/经/经过/因/由X下”都表示条件、情况、状态等抽象义，它们替换“在”后并没有改变整体的语义。比较来说，“在X下”还是常见得多。

对比分析两岸X的结构类型以及隐去与替换“在”的异同，我们发现台湾“在X下”所受限制较少，其自由度高于大陆（相应的稳固度则不如大陆），并且“趋简”的特点较为明显。

三、两岸“在 X 下”的融合

两岸“在 X 下”最大的差异在于是否使用谓词性 X，而融合的倾向主要就表现在这方面，即大陆谓词性 X 从之前基本不见到当前出现一些，甚至于一定程度上由少到多，两岸“在 X 下”的一致性进一步增强。在探讨两岸“在 X 下”的趋同之前，我们先简要考察台湾 X 的发展演变情况。

（一）台湾 X 的发展变化

从历时来看，台湾体词性 X 一定范围内有所减少，谓词性 X 有增多的态势。检索《联合报》距今 50 多年前（1962 年 1 月 1 日—5 月 7 日）的部分语料，随机调查分析 300 个“在 X 下”，显示谓词性 X 共 13 例，而表 1 对应的 300 个用例（2014 年 6 月—2015 年 7 月）中谓词性 X 共 41 例，后者远多于前者。对此，一种可能的解释是部分定中结构 X 因去掉中心语而成谓词性成分，这一方面在数据调查上有所体现，即 1962 年语料中定中结构 X（194 例）是表 1 相应数据（99 例）的近两倍。结合前后两个不同时期谓词性 X 的数量有较大增长来看，我们可以看到定中结构 X 与谓词性 X 存在此消彼长的关系；另一方面，我们调查的一些具体用例也表明，部分定中结构 X 与去掉其中心语后的谓词性 X 是先后出现的。

例如“在景气不佳下”，《联合报》首次出现是 1993 年，即例（13）；而“在景气不佳的情况下”《联合报》首次出现是 1987 年，即：

（35）基金财务在景气不佳的情况下势必面临相当考验。（1987 年 10 月 5 日）

又如“在没有其他选择下”，《联合报》首次出现是 1997 年，即例（14）；而“在没有其他选择情况下”首次出现于 1994 年，即：

（36）在没有其他选择情况下，（民众）期望由民进党来督促制衡国民党。（1994 年 11 月 30 日）

考察“在忍无可忍的情形下/在忍无可忍下/忍无可忍下”在《联合报》的首例，“在忍无可忍下”首次出现是 1955 年，即例（21），余下两种形式首次出现分别是：

（37）市长吴三连，在忍无可忍的情形下，请李德洋局长……（1952 年 6 月 18 日）

（38）夏女忍无可忍下乃向管区警局提出告诉。（1976 年 8 月 28 日）

由此可见，前后三种语义相同的表述经过了由繁到简，再到最简的变化过程：

在忍无可忍的情形下 → 在忍无可忍下 → 忍无可忍下

（1952年）　　（1955年）　　（1976年）

此外，《联合报》“在僧多粥少的情况下/在僧多粥少下/僧多粥少下”的首例也存在出现先后顺序：

（39）在僧多粥少的情况下，还要顾到惠及全部贫民的原则。（1967年9月18日）

（40）在僧多粥少下，各医院均求才若渴。（1990年1月1日）

（41）僧多粥少下许多爱好者只好望球兴叹。（1995年10月21日）

为了进一步证明台湾谓词性X有增多的态势，我们在1952、1972、1992和2012年的《联合报》各随机搜集100例“在X下”，定点调查台湾X的结构类型，结果见下表：

表5　台湾X结构类型定点调查表

<table>
<tr><th rowspan="2">年份</th><th colspan="3">体词性成分</th><th colspan="6">谓词性成分</th><th rowspan="2">比例*</th></tr>
<tr><th>抽象名词</th><th>定中结构</th><th>“N（的）V”结构</th><th>形容词</th><th>主谓结构</th><th>述宾结构</th><th>联合结构</th><th>状中结构</th><th>四字格</th></tr>
<tr><td rowspan="2">1952</td><td>0</td><td>48/48%</td><td>48/48%</td><td>0</td><td>3/3%</td><td>0</td><td>0</td><td>1/1%</td><td>0</td><td rowspan="2">12:1</td></tr>
<tr><td colspan="3">96/96%</td><td colspan="6">4/4%</td></tr>
<tr><td rowspan="2">1972</td><td>0</td><td>54/54%</td><td>39/39%</td><td>1/1%</td><td>4/4%</td><td>1/1%</td><td>0</td><td>1/1%</td><td>0</td><td rowspan="2">7.7:1</td></tr>
<tr><td colspan="3">93/93%</td><td colspan="6">7/7%</td></tr>
<tr><td rowspan="2">1992</td><td>0</td><td>58/58%</td><td>32/32%</td><td>0</td><td>5/5%</td><td>2/2%</td><td>1/1%</td><td>1/1%</td><td>1/1%</td><td rowspan="2">5.8:1</td></tr>
<tr><td colspan="3">90/90%</td><td colspan="6">10/10%</td></tr>
<tr><td rowspan="2">2012</td><td>2/2%</td><td>27/27%</td><td>55/55%</td><td>0</td><td>8/8%</td><td>3/3%</td><td>2/2%</td><td>3/3%</td><td>0</td><td rowspan="2">1.7:1</td></tr>
<tr><td colspan="3">84/84%</td><td colspan="6">16/16%</td></tr>
</table>

* 定中结构X与谓词性X之比

表5显示，台湾谓词性X递增趋势明显，这种变化不仅体现在数量上，而且还表现在定中结构X与谓词性X之比逐渐缩小上。这也进一步说明，定中结构X与谓词性X是此消彼长的。

（二）大陆X与台湾的融合

从语料调查看，近些年来大陆出现了少部分谓词性 X，我们认为应该与两岸共同语的接触有关，同时还有其他华语社区的影响，因此很可能是“多边”影响的结果。

以下出现在大陆网络媒体的谓词性X即是对台湾用例的“转录”：

（42）据台湾中国时报报道，……在社会资源缺乏下，只会将他们更推向社会边缘。（中国新闻网，2007 年 2 月 2 日）

（43）在资金与产业规模缺乏“国际靠山”下，（台湾电子业）发展脚步出现停滞。（摘编自《中国时报》短评，中国台湾网，2015 年 11 月 3 日）

上述谓词性 X 是对台湾报道或评论的转引，它们出现在大陆正式媒体，从中不难看出台湾用法对大陆的影响。

下面是大陆报纸中出现的谓词性 X：

（44）35Phone 手机接上键盘、鼠标、投影仪等各类外设，在不改变用户使用习惯下可替代台式电脑和笔记本电脑。（《科技日报》2011 年 4 月 6 日）

（45）（联合报系文创事业部总经理）孙志华介绍说，……在没有资金压力下进行生产。（《福建日报》2014 年 7 月 16 日）

（46）在缺乏更多可量产的先进技术支撑下，大众品牌此前积累的“先进+创新”口碑难以继续传承。（《青年商旅报》2015 年 5 月 29 日）

例（45）“没有资金压力”的说话人应是台湾地区“国语”用户，这可看作对台湾谓词性 X 的转引甚至引进。

以下两例谓词性 X 出自权威媒体《人民日报》，也应该受到了台湾用法的影响：

（47）这位（台湾）主管算了一笔账，……在不考虑其他税费下，借 5 亿新台币存 1 亿元人民币，一年赚新台币 650 万元。（2014 年 2 月 13 日）

（48）在没有财团及报业集团的支持奥援、没有经验老到编务人员的参与投入下，（我）毅然发行观察月刊。（语出台湾中国统一联盟前主席纪欣，2015 年 9 月 17 日）

据石定栩等（2002），港式中文“在 X 下”的 X 可以是谓词性的。下面一例谓词性 X 应是受港式中文影响的结果：

（49）根据香港法例，任何正在照顾或看管一名 12 岁以下儿童的人，不得在没有合理缘由下，让儿童在任何街道、公众地方或公众看得见的地方大小便。（《人民日报》2013 年 9 月 10 日）

此外，台湾有部分光杆双音节动词进入“在……下”，如“监督、胁迫、指导、治疗、拷问、竞争”，这里略举一例：

（50）他表示可在监督下进行。（《联合报》1962年10月29日）

据权正容（1995），普通话X不能是简单的光杆动词，必须带上相应的修饰语。不过，当前的语言事实对此已有一定的突破。表1有两个光杆动词（约束、监督）用于“在……下”，下面是它们在《人民日报》出现的首例：

（51）（用工单位）会在约束下按时发放工资。（2010年8月13日）
（52）让公正在监督下运行。（2012年2月25日）

例（50）与（52）都使用“在监督下”，但前者台湾用例明显早于后者大陆用例。

大陆少量光杆单音节动词进入“在……下”，这也是大陆谓词性X有所增多，两岸X一致性增强的一个具体表现。

总起来看，大陆谓词性X多是对港台（尤其台湾）用法的引进，但是尚未达到完全吸收进而自主使用的阶段，因此，当前这种正在进行的融合应该说还只是初步的。这种基本属于“初显”的融合如要进入更高层次，则需要大陆谓词性X在数量、类型上出现更多、更丰富的用例。

四、结语

两岸“在X下”的差异主要体现在X的结构类型上，台湾X较之大陆要丰富甚至复杂许多。两岸体词性X一致性比较高，但也有一定差异，主要表现在台湾部分体词性X基本不用于大陆。与大陆X一般为体词性的不同，台湾X体词性、谓词性二者皆可，谓词性的包括主谓结构、述宾结构、联合结构、状中结构、四字格和动词等，其中多数一般都不用于大陆。此外，两岸“在X下”的差异还体现在“在”的隐现与替换，与大陆相比，台湾隐去和替换“在”的情形较为多见，显示出较强的自由度。

两岸“在X下”的主要差异可以概括为以下四点：

A.差异一（适用于多数情况）：

大陆：在+（陈述+中心语）+下

台湾：在+（陈述±中心语）+下

B.差异二（适用于状中结构）：

大陆：在（+领属性/指代性成分+状中结构）+下

台湾：在（±领属性/指代性成分+状中结构）+下

C.差异三（适用于“N（的）V”结构）：

大陆：+在+X+下

台湾：±在+X+下

D.差异四（适用于少数情况）：

大陆：于+X+下

台湾：于/从/经/经过/因/由+X+下

比较两岸共同语语法，台湾地区“国语”语法的限制与约束相对较少，较为灵活、自由，同时趋简的现象较为明显，这些特点通过对比分析两岸“在 X 下”得以比较充分的体现。大陆普通话限定 X 为体词性成分，这实际上是“人为”规定的结果，即经过了语言规范化，而台湾基本没有经历过这样全面彻底的规范化，所以它的面貌才更多地沿袭以前，或者说更接近于早期现代汉语的“自然”状态。对比考察两岸“在 X 下”，我们发现大陆普通话语法发展方向之一是精密化，或者说追求形式与意义的严格对应，而台湾地区“国语”语法则更加灵活，不拘泥、也不追求规则的统一和一致。

两岸“在 X 下”的融合倾向表现在大陆出现一些谓词性 X，显示出 X 的类型不一定限定为体词性的趋向，由此两岸 X 的一致性增强。由于使用谓词性 X 一般不会影响语义的明确性，形式上比与之对应的体词性 X 简洁，即符合语言的明确原则和经济原则，加之台湾、香港等华语社区的影响。基于以上内外因素，我们预测未来大陆普通话有可能突破 X 须为体词性的要求与限制，谓词性 X 可能逐渐增多（这与台湾谓词性 X 经过由少到多的变化是一致的），两岸“在 X 下”的融合程度将进一步提高。

参考文献

北京大学中文系 1955/1957 级语言班：《现代汉语虚词例释》，北京：商务印书馆，1960/1982 年。

陈昌来、段佳佳：《介词框架“在 N 的 V 下”与主句的语义联系及语义特点》，《云南师范大学学报》（对外汉语教学与研究版），2007 年第 3 期。

刁晏斌：《差异与融合——海峡两岸语言应用对比》，南昌：江西教育出版社，2000 年。

刁晏斌：《当代语法发展变化的宏观考察和分析》，《中国语文法研究》（日本），2012 年创刊号。

黄伯荣、廖序东主编：《现代汉语》，兰州：甘肃人民出版社，1981 年。

黄理秋、施春宏：《汉语中介语介词性框式结构的偏误分析》，《华文教学与研究》，2010 年第 3 期。

陆俭明：《对“NP+的+VP”结构的重新认识》，《中国语文》，2003 年第 5 期。

吕叔湘、朱德熙：《语法修辞讲话》，北京：商务印书馆，1951/2013 年。

屈哨兵：《“在 NV 下”式的受动特性与成立动因》，《汉语学报》，2006 年第 1 期。

权正容：《“在 X 下”格式的结构特点与语义分析》，《汉语学习》，1995 年第 5 期。

石定栩、王灿龙、朱志瑜：《香港书面汉语句法变异：粤语的移用、文言的保留及其他》，《语言文字应用》，2002 年第 3 期。
徐燕青：《状位“在……下”格式中动词的使用考察——兼论动词使用的规范问题》，《莆田学院学报》，2012 年第 4 期。
周绍珩：《马丁内的语言功能观和语言经济原则》，《国外语言学》，1980 年第 4 期。

A Comparative Analysis of the Preposition Frame *"zai X xia"*（在 X 下）on Both Sides of the Taiwan Straits

LIU Jili

（Department of Pre-Education, Changsha Normal University, Changsha 410100 China）

Abstract: On the one hand, there are obvious differences on the "*zai X xia*"（在 X 下）between both sides of the Taiwan Straits, reflects in the structure of X and loom and replace of *"zai"*（在）, the difference in structure of X is mainly; On the other hand, there is a degree of integration, concrete performance in appearing some predicative X in mainland Mandarin. The reason for the differences is that Mandarin experienced language standardization, so the distance is farer from early Mandarin; Taiwan Mandarin, by contrast, didn't experience the standardization, it retains and develops the usages of early Mandarin. The reason for the integration is that partial predicative X conforms to the explicit and economic principles of language; the mainland is influenced by Chinese communities such as Taiwan and Hong Kong. The paper fully examines the "*zai X xia*"（在 X 下）, which shows the substantive differences between the two sides of the grammar, that is, whether the rules pursue precision or not, and predicts predicative X of the mainland is likely to increase and the degree of convergence of X between both sides of the Taiwan Straits will be further improved.

Key words: both sides of the Taiwan Straits; "*zai X xia*"（在 X 下）; contrast

极性程度义构式“X+（到）+爆表”探究

陈 伟 李 静*

（浙江工商大学人文与传播学院 中国 杭州 310018；
上海外国语大学国际文化交流学院学院 中国 上海 200083）

摘 要： 构式“X+（到）+爆表”是近年来非常流行的网络用语，表达的是言者对某一种状态（形态）的程度描述已经超出某个范围的量度评价，属极性程度义构式。在该构式中，常量“爆表”语义发生演变并已词汇化，变量“X”由于受到常量及构式本身的影响，呈现出主观程度性和评价性的语义特征。构式“X+（到）+爆表”的形成归因于言者的主观量评价、程度义凸显和语用心理三种因素共同作用。

关键词： 构式 “X+（到）+爆表” 主观量 极性程度义 动因

DOI: 10.14095/b.cnki.jics.2019.01.005

一、引言

极性程度义在现代汉语语义体系中占据重要的地位，具有表现形式丰富、主观性和凸显性强、表情达意较为新颖等特点，而且随着网络语言的发展，不断涌现出许多新兴的程度表达形式。近年来，网络上流行的“X+（到）+爆表”即为表达某种程度已至极高的流行语，也是极性程度义表达形式的典型范例。如：“幸福感爆表”“负能量爆表”“正能量爆表”“战斗力爆表”“帅到爆表”“萌到爆表”等，用诸如此类的形式来表达言者的主观估量值已达极致，甚至突破极限。由上例可以抽象出“X+（到）+爆表”是由变量“X”与常量“爆表”所组成的结构。从结构上来说，常量“爆表”

---

* 陈 伟，浙江工商大学人文与传播学院，枣庄学院，研究方向为现代汉语语法。邮箱：sisucw@163.com。

李 静，上海外国语大学国际文化交流学院，研究方向为现代汉语语法。邮箱：13262260657@163.com。

基金项目：本项研究得到国家级重大项目“对外汉语教学语法大纲研制和教学参考语法书系”（17ZDA307）、教育部人文社会科学研究基金项目“语言动态观下语法和修辞界面的同形结构研究”（15YJA740044）、上海外国语大学重大资助项目“主要生源国学习者汉语学习与认知的多角度研究”（KX161076）、上海外国语大学导师引领研究项目“现代汉语非常规句法结构的浮现和演化”（201601045）的支持。

一词由原本的动宾结构短语演变而来；从语义上来说，常量“爆表”已由具体意义演变为抽象意义，在语义指向上凸显其前位的述语“X”；从形式上来说，在构式“X+（到）+爆表”中，常量“爆表”的功能黏着、定位，需依附于变量“X”以表达形象义，具有较强的语篇依附性。因此“爆表”在此结构中，已由原本表示仪表爆炸的本义演变为表示程度极高的引申义。“X+（到）+爆表”这一格式的整体意义不能从此格式的构成成分直接推导出来，它是形式与意义的结合体。根据 Goldberg（1995:4）对构式所下的定义可知，网络新兴句式“X+（到）+爆表”①是一个典型的构式（construction）。

二、“X+（到）+爆表”构式义的产生与结构的定型

Fillmore（1998:501-538）把语素、词、复合词及全固定的习语称为实体构式（substantive constructions），这些构式在词汇上是固定的（lexically fixed），其组成成分具有不可替代性，而半固定习语及句型都可称为图式构式（schematic constructions）。由此可知，“X+（到）+爆表”为半固定的图式构式，并且是从网络流行语中提取公因式得到的图式构式。其中 X 是非固定成分，可称为变量，“爆表”是固定成分，可称为常量。一般情况下，在图式构式中能够进入到“X”空缺成分中的词项需具备一定的条件，满足条件后词项才能和此构式相互整合，使构式义产生和浮现。

（一）X 的可计量性

通过考察发现，能够进入到构式“X+（到）+爆表”的变项“X”中的词汇必须具备［＋可计量］的特征。其主要原因有两点：一是“爆表”一词本身就包含可计量的语义属性，与之搭配的对象需与“数值”有关；二是可用表示程度标记的“很高/非常高”替代“爆表”来修饰 X，表示程度量大。这就仅使得表示可计量的成分允准进入，排除掉了其他成分进入该结构的可能性。如：

（1）《最强大脑》难度系数爆表，爆灯返场挑战者项目令人咋舌。（《人民网》2016 年 2 月 26 日）

（2）萌娃们换上可爱值爆表的清朝末年 look，变身海归派、地主家儿子、贵公子、小丫鬟，参与了朱家花园的“机灵小不懂”评选。（《人民网》2016 年 11 月 25 日）

在上例中，“难度系数爆表”“可爱值爆表”均表示言者主观认定的事物本身性状达到了突破极限的程度值，以至于“爆表”。由上例可知，X 具有的可计量性的语义特征是进入该构式的前提，但并不是与之搭配的所有成分本身都具有可计量性，但是当进入该

① 说明：根据句法、语义、韵律等方面的考察，发现有无“到”构式整体并不受影响，只是形式上的区别。

构式后，“X”与表示极大量的“爆表”融合，其表达程度义的属性得到凸显，可计量性的含义便应运而生。在该图式构式中，常项“爆表”占据强势地位，在语义上压制并同化变项“X”，从而使构式“X+（到）+爆表”的整体性状具备可计量的语义特征。

（二）X 量性特征的凸显及构式义的产生

上文分析可知，X 具有可计量性的语义特征。可计量即具备一定的客观参照性，为 X 量性特征的凸显提供了逻辑上的可能。我们将探讨 X 的量性特征如何得以凸显以及整个构式义如何产生。

（3）《大话西游 3》影迷诉一生所爱，经典再续期待值爆表！(《中国青年网》2016 年 8 月 17 日）

在例句中，“影迷诉一生所爱”“经典再续”说明影迷对于《大话西游 3》这部电影是极其期待的。在此，由于上文背景事件的出现，使得期待的程度得以凸显，为下文作为事件的焦点奠定了基调。

从上文所举的三个例句中我们可以看到，量性特征的凸显需依靠事件背景才能实现，在特定语境的烘托下，言者主观极大量的修辞效果得到体现。如：例（1）中，爆灯返场挑战者项目令人咋舌，是因为《最强大脑》难度极大，有别于一般的挑战项目；例（2）中，由于萌娃们换上了清朝末年的服装，本身就非常可爱的萌娃变得异常可爱。表示极大量的主观评价往往出现在比较的语境中，其凸显性已经超越了可计量的范畴，从而凸显量性特征极高的属性。从认知心理的角度来看，由于凸显度高，可识别性就比较强。在心理凸显以及“爆表”这一形象表达效果的双重作用下，构式义由此产生。

（三）“X+（到）+爆表”结构的定型

通过语料考察，我们发现“X+（到）+爆表”这一构式在韵律—结构—语义方面呈现出和谐界面，表现出构式的整体特征，由此可以证明构式“X+（到）+爆表”结构已定型。

“X+（到）+爆表”这一构式的韵律体现为“X”+“爆表”或者是“X 到”+“爆表”，“X”或者“X 到”都作为整体构成音步（冯胜利，1998）。当“爆表”充当谓语时，如：颜值爆表、人品爆表、幸福爆表、正能量爆表、美貌值爆表、厌恶感爆表等；当“爆表”充当补语时，如：高到爆表、帅到爆表、衰到爆表、烂到爆表、好到爆表、差到爆表等。即便“X”是词组成分，也可以体现此特点，如：少女情怀爆表、可怕程度爆表、人气指数爆表。这些组合表现为少女情怀//爆表、可怕程度//爆表、人气指数//爆表，而不是*少女//情怀爆表、*可怕//程度爆表、*人气//指数爆表，这与汉语对双音节的“偏爱”有一定的联系，基本上都是基于 1+2、2+2、3+2、4+2 的音节韵律框架组合的。即使是当“爆表”充当定语时，如“爆表的演技”“爆表的颜值”“爆表的精力”，也是把双音节放在后边。由此可以看出这种组合形式与韵律的压制有一定关系。从结构上看，“X+爆表”表现出述谓结构，“X 到爆表”呈现出述补结构，结构的层次性与韵律的层次性紧密联结。“X”在进入该构式前后所表现的结构并没有改变。从语义上看，一般情况下“X”或“X 到”都是作为整体意义来体现的，是对“爆表”性状域的体现，而在进入构式“X+（到）+爆表”前后的“X”所表现的语义也没有改变。如以下结构层次所示：

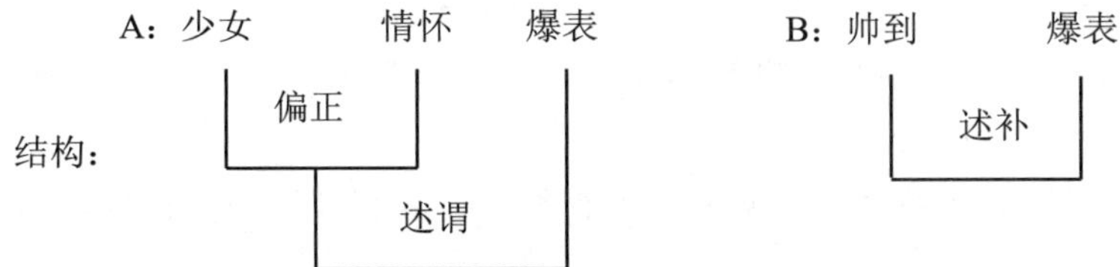

语义：A.表现出“少女情怀”这一状态的程度之高，“少女情怀”进入构式后，表达的意义不变。

B.表示“帅”的程度之高，“帅”进入构式后，表达的意义不变。

通过以上分析，“X+（到）+爆表”这一构式不论有多少个音节，在形式上都保持稳定的结构特点，在语义上保持一致，体现出“X（到）”+“爆表”的韵律—结构—语义相和谐的界面，从而证明构式“X+（到）+爆表”结构已定型，表现出一个完整的结构形式，即极性程度义构式。

三、常量“爆表”的语义演变

“爆表”，最初是指仪表的爆炸，当仪表指针超过仪表值的范围时仪表发生爆炸。这是“爆表”一词的本义，其意义实在而具体。随着“爆表”使用范围的扩大与使用频率的提高，“爆表”的意义则不断抽象，由原本表示具体事物的爆炸到事物并非真的爆炸。张雪梅（2015）分析了“爆表”从“具体义”到“抽象义”，但是该文仅就“爆表”一词本身的意义变化做出了解释。本文结合构式“X+（到）+爆表”对“爆表”的语义演变进行分析，说明“爆表”的语义演变和构式“X+（到）+爆表”之间的关系，从而阐释构式的特定构式义。“爆表”进入构式“X+（到）+爆表”后，“爆表”意义得到进一步的抽象，表达对象由具体事物到抽象事物，表达意义与爆炸毫无关系，而是表达一种抽象的程度义，所表示的是对量度的主观评价。

（一）“爆表”原义

“爆表”最初并不是一个词，也没有被收录《现代汉语词典》（第六版），而“爆”

的本义是“炸裂之声”，《现代汉语词典》（第六版）的解释为“猛然破裂或迸出”，可以单独充当谓语成分，如：“车胎爆了”。“爆表”本是述宾短语，指仪表指针超过仪表所能显示的上限而发生爆炸，这与“爆”的构词能力有一定的关系。一般情况下，“爆”不单独使用，而是后接“爆”所产生的结果或对象，如“爆满”“爆裂”“爆表”“爆豆”等。像温度计、体重秤等这些仪表可以承受一定范围内的量度，一旦超过本身的范围，仪表会发生爆炸而无法使用。如：

（4）齐先生从文具店买来一个最高刻度为 50℃的温度计。放到发热点 4 分钟后，温度计已经“爆表”了。（《新闻晨报》2016 年 7 月 4 日）

（5）悟空在与赛亚人对抗时使出界王拳，结果贝吉塔的战斗力指示器爆炸，即爆表。（鸟山明《龙珠》）

（6）23 岁胖小伙体检忙坏医生，体重秤爆表用电梯估重。（《楚天都市报》2016 年 12 月 5 日）

上述例子中，表示体重太重或战斗力过高或水温过高而导致体重秤、指示器、温度计发生爆表。这一用法，“爆表”所指对象为具体事物，并且指具体事物的真实性爆炸。

从检索到的语料来看，“爆表”的意义在初始阶段还比较具体，较为客观，不具有言者主观性强的特点。其语义尚未凝固，只是两个语素意义的简单相加，而且结构定型性较弱，仅表示仪表的爆炸。

（二）“爆表”语义转变

随着使用频率的提高，使用范围的扩大，“爆表”的词义不断泛化，抽象程度也进一步提高，由所表示的仪表爆炸到并非真正的爆炸。

（7）由于供暖导致燃煤污染物排放增加，哈尔滨遭遇了严重的雾霾天气，多区域空气污染指数“爆表”。（《人民网》2013 年 10 月 22 日）

（8）河南多地遭“霾伏”，郑州空气质量指数临近爆表。（《人民网》2016 年 12 月 6 日）

由上述例子可以看出，“爆表”所表示的意义已不再是仪表的真正爆炸，只是指一个值（如：空气污染指数、空气质量指数等）超过上限。由最初仪表的真正爆炸到限度超过上限，“爆表”所表示的意义既可以表示超出仪表所示极限临近于爆表的具体意义，也可以表示程度极高的抽象义。

（三）“爆表”语义新解

“爆表”在表示实在意义的基础上，语义进一步泛化且不断抽象化。在进入到“X+

（到）+爆表”构式中之后，“爆表”的所指不再是实体的对象而是绝对抽象化了的理念，表达的是主观量性极高的一类范畴，真正的“爆炸”义完全消失，因此，“爆表”的意义发生虚化并且凝固。在结构上，“爆表”一词结构固定，在语料搜集中发现，仅有几例是“爆了表”，中间不能插入其他成分，并且“爆表”可以单独充当谓语、定语、宾语等句法成分也进一步说明“爆表”的结构凝固。从语义上讲，“爆表”则是由具体义到抽象义，是语义不断转变的体现。如：

（9）在昨天下午，贾静雯也晒出一张下午茶照，同样是自制面包，<u>幸福指数爆表</u>。（《人民网》2015 年 6 月 12 日）

（10）抗洪抢险，空军各兵种<u>战斗力都爆表</u>！（《中国军网》2016年7月17日）

（11）此次是 Angela 首次在大荧幕担纲女主角，在《宝贝当家》中饰演一位<u>智商爆表</u>、鬼点子奇多的小宝贝。（《人民网》2016 年 4 月 27 日）

在上述例子中，“爆表”前所接的成分“幸福指数”“战斗力”“智商”这些都是抽象的事物，并且不可以用仪表去衡量它的值，后接“爆表”相当于程度补语，用来表现前者程度极高。通过语料可以发现，在使用“爆表”的过程中，人们往往将前面的成分加上“值”“指数”“度”等一些表示可以衡量其值意义的词，如语料中的“幸福指数”“美颜值”“帅气值”“可爱值”“可爱指数”“暴躁指数”“时髦度”“相似度”“讨论度”等，这一方面的词汇表达其实是隐喻的作用。“爆表”最初表示仪表指针超过仪表范围而爆炸，当“爆表”扩大到应用于抽象对象时，人们根据这一基本义，对“爆表”前面成分的词义进行筛选，利用“指数”“度”“值”等词表现出人们对于其词义的衡量，该词所表达的意义是人们心中可以衡量它的量度的词。如“幸福指数爆表”表达在人们心中“幸福指数”是可以衡量的，当幸福达到极限时呈现出爆表的状态；“智商爆表”则是人们根据衡量智商指数的标准，进而发展出智商达到极限的评价。

通过上述对“爆表”语义变化的分析，我们可以得出“爆表”语义的演变过程。如图 1 所示：

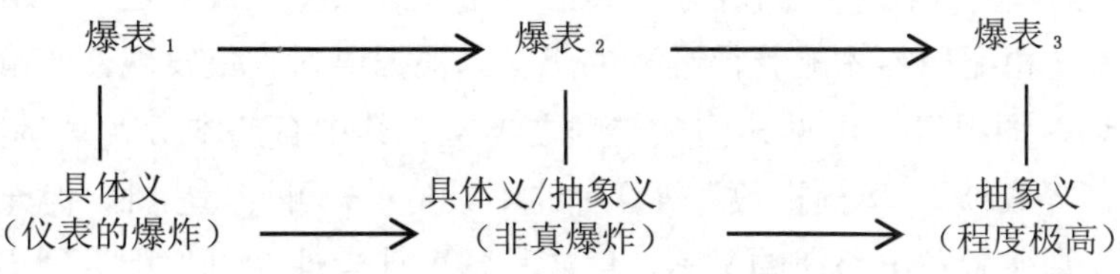

图 1　“爆表”的语义演变过程

从词语“爆表”语义演化的三个阶段来看，处在原义阶段的“爆表”是述宾短语，其中“爆”指炸裂，“表”指仪表，体现的是其本义，结构定型性和词语凝固性差，结构松散，可替换，如“炸表”“崩表”等，也可插入其他成分，如“爆了表”“爆了两个表”等。在语义转变阶段的“爆表”已没有述宾短语的痕迹，我们通常认为它是词，其中“爆”的本义已不具有原型特征，词义已经引申为超出固有范围的程度义，而“表”仍旧表示仪表的可计量属性。根据董秀芳（2009）所言，词汇化是指由非词形式变为词的历时变化。在语义发生新解阶段的“爆表”两语素都失去了本义，意义已完全虚化融合，结构也已定型，证明其词汇化过程近乎完结，新词“爆表”由此产生。根据“爆表”语义演变所经历的三个阶段，我们可以得出下表 1：

表 1 “爆表”演变的三个阶段

阶段	能否表本义	能否插入“了”	结构能否定型
爆表 $_1$	+	+	—
爆表 $_2$	+/—	+/—	+/—
爆表 $_3$	—	—	+

注：其中“+”表示“能”，“—”表示“否”

四、变量“X”的语义分析

在构式“X+（到）+爆表”中，“X”需具有一定的特征，才能进入该构式框架之中，也就是说并不是所有的词都可以充当“X”进入该构式之中。并且，变量“X”需要与常量“爆表”有一定关系才能形成现有构式。

（一）“X”的主观程度性

一个构式的整体义虽然不是其组成部分的简单加和，但构式框架一旦成型之后，特别是诸如“X+（到）+爆表”之类的半固定图式构式，整体的构式义必然会反作用于其组成部分，常量语义发生变化后，变量也必然会随之改变。这就要求凡是能够充任变量“X”进入到此构式框架中的成分，其语义角色必然要“被限定”，都需要跟常量“爆表”的抽象义相配相容才能获得准入的机会。根据语料收集发现，变量“X”可以是名词、形容词、词组等，可见其构式类别之丰富。其中有的本身就具备［＋可计量］性，如“智商”“成绩”“幸福指数”等；有的不具备［＋可计量］性，但充任“X”进入到该构式后，则被激发出潜在的义素，使之具备可计量性，如“可爱”“开心”“负面情绪”等。从 BCC 语料库中筛选出的语料，如表 2 所示：

表 2 “构式 X+（到）+爆表”中变量“X”的构成成分

构成成分	举例
名词	智商、负能量、正能量、收视（率）、幸福度、成绩、人品
形容词	帅、幸福、萌、丑、差、可爱、恶心、衰、干净、无聊、烂、累
短语	悲观情绪、搬砖技能、负面情绪、幸福指数、暴躁指数

从语料的分析来看，无论变量“X”是什么样的成分，“X”都呈现出一种［＋可计量］的语义特征，即“X”所体现的无论是表面的还是潜在的，都需具有一定量度特征，是人们在认知上可以“估值”的。如智商有高有低，可以是“智商 120、智商 60”；负面情绪也可以有高有低；帅也有程度高低，表示很帅、一点儿不帅、八分帅等。程度的高低完全是基于人们主观量的估值，一般程度量和极性程度量之间一般有过度的状态，能够体现出一定的衔接关系。以“帅”为例，我们可根据程度递进关系做出归纳，如图 2 所示：

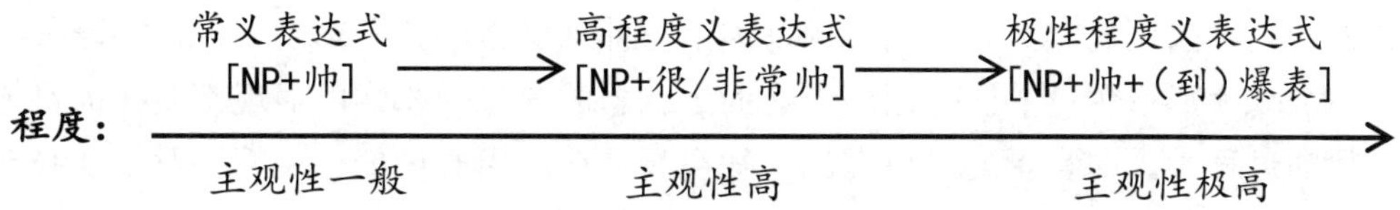

图 2 “X”为帅时的主观程度辨析

“帅”本身只是一般的形容词，由上图可知，在“NP+帅”中“帅”不具有程度高低的语义属性，但在句式“NP+很帅”和“NP+帅（到）爆表”中，“帅”被赋予了可计量的语义属性。以上图所列三项表达式为本，举以下三例：

（12）他长得比你帅嘛！（张小娴《蝴蝶过期居留》）

（13）少年的身材很帅，长腿细腰，一个倒三角的胴体……（白先勇《孽子》）

（14）由陕西消防官兵自拍、自演、自制作、零费用的宣传海报新鲜出炉，兵哥哥们帅到爆表……（《光明网》2015 年 8 月 2 日）

例（12）的“帅”只是作为一个主观评判的标准，不含有程度义；例（13）的“帅”由于受到程度副词“很”的修饰，表达了相对较高的程度义；而例（14）的“帅”在常量“爆表”的作用下，凸显出了主观性极高的程度义。

（二）“X”的主客观评价

通过具体分析可知，“X”可分为主观评价和客观评价两类。主观评价是人们自我认知上对某一事物或状态的衡量，带有感情色彩，主观性和片面性较强；客观评价是在某一评价体系的基础上进行的，相对公正并且有据可依。比如，政府可以设定不同的指标去客观地衡量社会发展的进度和人们的满意度等，但是人们也可以主观地根据自身的生活经验去评判外界事物。

“爆表”可以衡量具有一定“度”的事物，那么与之搭配的“X”也要求具有这一特征才能与之相配。本身具有客观评价性的词或短语则可顺理成章的直接进入“X+（到）+爆表”构式中，如“智商”“成绩”“经济水平”“科研成果”等。而具有主观评价性的词或短语，如“萌”“幸福”“人品”“美颜”“可爱”等，在进入到“X+（到）+爆表”构式中时，它们往往在后面加上“值”“指数”“度”“率”等这样表示数值的词，体现出变量“X”与常量“爆表”的相互适应与整合。

五、构式“X+（到）+爆表”形成的动因

网络流行语的形成是双重因素相互作用的结果，既受社会外部环境的影响，也受语言系统内部因素的制约。在语言内部因素与外部因素的相互影响下，使得语言不断发展与演变，形形色色的流行语便应运而生。总的来说，构式的显现都要在语言使用者交际的过程中，即言者通过已有的认知经验，在语用心理的作用下，对主观心理的认识和体验进行表征，进而形成特定的构式。构式“X+（到）+爆表”也不例外，在该结构中，常量“爆表”由词组演变为能够单说单用的词，变量“X”受该构式的影响，也发生了语义的增值。构式内部发生变化需要到外部去寻求动因才能够得到更强的解释力，这方面主要是跟认知语用心理因素有关。因此我们认为构式“X+（到）+爆表”的形成是由主观量评价、程度义凸显和语用心理因素共同作用的结果。

（一）主观量评价

构式“X+（到）+爆表”的特征是“爆表”往往在句中作为焦点存在，用超出预期的方式来描述“X”并使之具有可计量性。罗荣华（2010）提到语言的主观量是在量范畴上的具体体现，是一种带有主观的感受、态度和评价意义的量。该构式就是基于言者的主观情绪对句中的话题进行主观的评价。

在构式“X+（到）+爆表”中，虽然“X”都具“可计量性”，但并非是客观的，而是把客观具体可计量的“常量”域投射到人们的主观心理上，不可客观计量而只可主观认知的“非常量”域，这便是实体隐喻过程，即人们根据物质世界的经验来理解抽象的范畴及其关系。由“仪表的爆炸”联想到程度之高，也就是从“仪表上具体值的范围”到某一状态（形态）的可衡量的范围，这是意义上的虚化，也是一个认知上的隐喻过程。如图 3 所示：

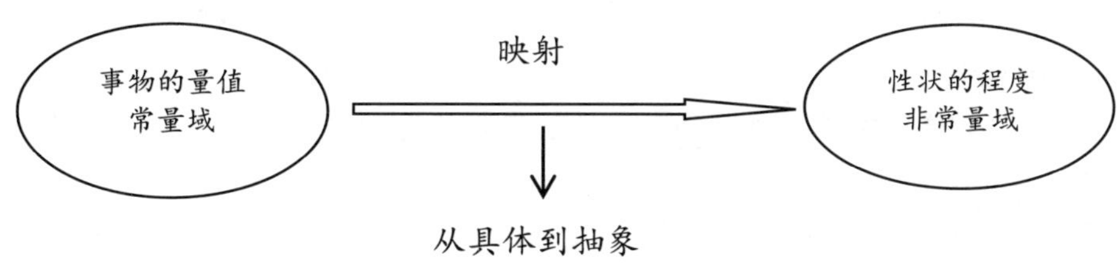

图 3 “爆表”的隐喻映射

从“X”对具体事物的可计量性到“X”对抽象性状程度的表达，反映了“爆表”从简单、具体的概念到复杂、抽象的概念，即从常量域到非常量域的映射。“爆表”的隐喻过程，充分体现了构式“X+（到）+爆表”表达的主观量度的评价。通过超出人们心理预期的表达方式来体现该构式特有的极度夸张性，更好地表达了言者对某一性状域的主观态度。

表达程度义最简单的方式是用程度副词或者程度补语这样的语言形式，那又何必创造新的语言形式呢？促使“X+（到）+爆表”产生并流行的原因之一便是语言的主观评价性。如：“颜值爆表、人品爆表、幸福爆表、正能量爆表、美貌值爆表、高到爆表、帅到爆表、衰到爆表、烂到爆表、好到爆表、差到爆表”这样的结构大都可以用最常见的方式表达，即“颜值很高、人品很好、很帅、非常差”。但是在使用最常见的表达方式时，体现不出言者对于相关事物或现象的高度评价，而用构式“X+（到）+爆表”来表达能够最大限度地突出超出预期的极性程度义。

在构式“X+（到）+爆表”中，“X”可以是名词、形容词、词组等。我们知道名词虽然可以用程度副词“很”来修饰，但是不表示程度义，名词也不可以接程度补语，而词组大多数也是名词性的，那么用词组表达程度义更受到限制，而用构式“X+（到）+爆表”来表达程度义时完全不受这些限制，可以表达说话者的主观量，能够在言者的主观认知上来表现主观情感与态度。

（二）程度义凸显

构式“X+（到）+爆表”是说话人最大限度地凸显结果，以表示程度之高。该构式可以分为述谓结构和述补结构两种类型，其最大的区别在于有无补语标记“到”，虽然充当的句法成分不同，但凸显结果的程度几乎相同，都是基于同一种超预期的表达方式。例如：

（15）当下最应该入手的四款千元新机，性价比爆表！（《科技讯》2017 年 4 月 7 日）

（16）西塞三场轰四球状态爆表，他进球效率冠绝鲁能！(《腾讯体育》2017 年 4 月 16 日）

（17）陈伟霆歪头自拍帅到爆表。网友纷纷留言：男神帅哭了！(《光明网》2016 年 3 月 14 日）

从以上三例可以看出，在构式“X+（到）+爆表”中，例（15)、（16）为述谓结构，例（17）为述补结构。一般情况下，述谓结构中谓语往往作为焦点；述补结构中补语常作为焦点。该构式中，以抽象的量度评价义为主流，无论“爆表”是谓语还是补语，都凸显述语的程度之高，而“X”作为非真实的主观计量评价在形式上便得以凸显。

（三）语用心理

综上所述，构式“X+（到）+爆表”所表现的语用义是言者主观上利用超预期的表述方式来进行主观评价，一是表达构式义的程度极大量；二是展现“非常态”的度量义。在日常言语交际的过程中，人们心中都有一个“度”，而该构式体现的是超出原有“度”的标准，进入了一个全新的领域。

对于网络语言的表述，往往伴随着求新求异的心理和跟风的现象。一种新的语言形式出现通常会有一大批追随者。在同一社会语境下，一些新兴句式产生不久就会逐渐消亡，而有些新兴句式则具有强大的生命力，并在使用过程中融入进了语言系统之中。事实证明，构式“X+（到）+爆表”已通过类推的方式在网络用语中大量涌现，满足了人们主观情感表达的诉求，丰富了极性程度义的表达方式。

目前，网络上除构式“X+（到）+爆表”外，还有许多表达极性程度义的新兴构式，如：“X+（到/得）+逆天”“X+（到/得）+哭了”“X+（到）+没朋友”等；不同于传统极性义的表达，如：“A+极了”“A+坏了”“A+死了”“A+透了”等。我们可以看到，虽然前后两者都具有“反常”义，但新兴的极性程度义构式更具形象性，搭配能力也大大增强，不仅能够充当形容词的补语成分，有的甚至还能够作短语或名词的谓语成分，呈现出形式新颖多变的态势。这既是一种语言表达方式的创新，更符合网络日常交际的需求。

六、结语

近年来所流行的构式“X+（到）+爆表”表达言者对某一种状态（形态）的程度已经超出某个范围量度的评价。这一构式在心理上具[illegible]“完形”性，并且结构定型，如今在网络上使用频率较高。该结构是一个典型的[illegible]式构式，由变量“X”和常量“爆表”组构而成。常量“爆表”在语义[illegible]义演变，并且在语义演变的基础上发生词汇化，最终，“爆表[illegible]化过程完结。虽然《现代汉语词典》（第六版）没有收录，但新的版本理应收录。变量“X”在语义上体现出独特的语义特征，即［＋可计量］性，能够与“爆表”在语义上相互压制与整合，使之具备较强的主观程度性和主客观评价性。极性程度义构式“X+（到）+爆表”是在人们认知语用心理的作用下形成的，受到主观量评价、程度义凸显和语用心理三个方面的影响。此外，作为新兴句式的网络流行语“X+（到）+爆表”构式在极性程度义的表述方式上并非个案，“极”“超”“狂”“炸”“瞎”等属近年来广泛使用的极性程度用语；“X+（到/得）+哭了”“X+（到）+没朋友”“X+（到/得）+逆天”等属当下流行的表达方式，都体现言者的主观性，并且随着广泛高频的使用，搭配能力也越来越强，符合当今人们求新求变的心理和满足日常网络交际表达的需求。

参考文献

陈昌来：《网络流行语“逆天”的演变与成因》，《当代修辞学》，2015 年第 6 期。

董秀芳：《汉语的句法演变与词汇化》，《中国语文》，2009 年第 5 期。

冯胜利：《论汉语的“自然音步”》，《中国语文》，1998 年第 1 期。

顾鸣镝：《汉语构式承继关系及其认知功能研究》，上海师范大学博士学位论文，2013 年。

罗荣华：《主观量相关问题探讨》，《宁夏大学学报》，2010 年第 5 期。

中国社会科学院语言研究所：《现代汉语词典》（第 6 版），北京：商务印书馆，2012 年。

张雪梅：《流行语“爆表”的多角度分析》，《齐齐哈尔大学学报》，2015 年第 11 期。

Fillmore, C. J., Kay, P. & O’Connor, M.C. Regularity and idiomaticity in grammatical constructions: the case of let alone. *Language*,1998,64（3）.

Goldberg, A.E. *Constructions: A Construction Grammar Approach to Argument Structure*. Chicago: Chicago University Press,1995.

Analysis on the Degree of Polarity of Constructions: "X+（to）+*baobiao*（爆表）"

CHEN Wei & LI Jing

（School of Intercultural Studies, Shanghai International Studies University, Shanghai 200083 China;
School of Political and Social Development, Zaozhuang University, Zaozhuang 277000 China）

Abstract: The structure of the "X+（to）+ *baobiao*（爆表）" is a very popular network term in recent years, which expresses the speaker's description has been beyond a range of measurement on a certain state (shape) of the degree. It is part of polarity degree construction. In this structure, the meaning of constant "*baobiao"*（爆表）has evolved and has been lexicalized. Because of the variable "X" influenced by constant and the structure itself, it expresses the semantic features of subjectivity degree and the description of subjective and objective. The formation of "X + (to) + *baobiao*（爆表）" is the result of the interaction in the subjective evaluation of the speakers, the degree of prominence and the pragmatic psychology.

Key words: construction；"X+ (to) + *baobiao*（爆表）"；subjective quantity；degree meaning of polarity；agent

“死 X”结构中“死”的语法化

王亚敏　黄晓光[*]

（北京师范大学汉语文化学院　中国　北京　100875）

摘　要：现代汉语中的“死 X”结构主要分为三类，即“死+名语素”、“死+动语素”和“死+形语素”，成员数量众多，但其内部结构与语义特征不尽相同，这种共时的差异实际上是“死”历时演变的缩影。“死 X”结构中的“死”经历了由动词到形容词、表示情状和程度的副词性语素，最后出现词缀化倾向的语法化过程。“死 X”结构中“死”的语法化，主要是结构变化、词义演变（相似与类变和词义磨损）、认知心理（隐喻和重新分析）和主观化等因素共同作用的结果。

关键词：“死 X”结构　共时扫描与历时发展　词缀化倾向　语法化动因

DOI: 10.14095/b.cnki.jics.2019.01.006

“死”的本义是“死亡”，即表示生命的终结，是一个动作性较弱的动词，最容易发生词义的虚化。而随着“死”句法位置的前移，逐渐附着于其他成分之前，形成了现代汉语中的“死 X”结构。此种结构中的“死”性质上却存在着较大差异，这种共时差异实际上是“死”历时演变的缩影。本文将从共时扫描、历时发展和语法化动因三方面去阐释“死 X”结构中“死”的共时差异与历时变化，并进一步探讨该结构中“死”的语法归属。

一、“死 X”结构共时扫描

现代汉语中“死 X”结构成员众多，笔者对“北京语言大学语料库中心（BCC）”现代汉语语料库进行检索，收集到“死 X”结构的共计 207250 条，按照“X”的性质差异可将“死 X”结构主要分成三类，即“死+名语素”、“死+动语素”和“死+形语素”，下面将逐类进行分析：

* 王亚敏，北京师范大学汉语文化学院，研究方向为对外汉语教学。邮箱：wangyamin3210793@163.com。
黄晓光，北京师范大学汉语文化学院，研究方向为对外汉语教学。邮箱：huangxiaoguang211@163.com。

（一）死+名语素

此类结构在语料检索中占到 45%。按照“死”的语义虚化程度可将其分为三类：一是表示与死亡相关的意义，如死人、死因、死罪等，分别表示“已死的人”“死亡的原因”“判处死刑的罪行”。二是表示由本义产生的相关引申义，如死灰、死水、死心、死局等，分别表示“熄灭的火灰”“不活动的水”“断了念头”和“救不活的棋局”。三是语义虚化程度较高，不表示某种具体的意义，多用于指代性结构中，如“你这个死丫头，竟敢这样忤逆我”（选自小说《情海畸客族》），这里的“死丫头”指代前文提到的“白景瑞”，有类似用法的还有死胖子、死女人、死变态、死小子等，这类词多出现在口语中，带有较强的主观色彩，含有“讨厌”或“怜爱”等主观情感义。

（二）死+动语素

此类结构在语料检索中占比约 40%。按照“死”的语义虚化程度可将其分为三类：一是实义动词，表示“死亡”义，后多接谓词性成分形成中补结构，补充说明“死”的程度或结果，如死光、死绝、死去、死掉等，也可接谓词性成分构成联合结构，如死亡、死伤、死灭等。二是表示情状的副词性语素，表示与死亡相关的意义，后多接谓词性成分形成状中结构，修饰中心语成分，表示“不顾生命地、拼命地”，如死拼、死磕、死守、死战等。三是表示程度的副词性语素，修饰后接的谓词性成分，含有“非常、很”的程度义，如死缠、死撑、死咬、死记等。

（三）死+形语素

此类结构在语料搜索中占比较少，约占 15%。从所统计的语料来看，此类结构中的“死”语义虚化程度都较高，是表示程度的副词性语素，修饰后接的中心语成分，形成状中结构，类似于“相当、非常、很”的程度义，如死紧、死肥、死贵、死蠢等。其主观色彩义较为浓厚，表示说话者预料之外或是不愿意发生的状态，整体表现出消极性的主观色彩。

由此可见，“死 X”结构在现代汉语语料中主要有三类，每一类内部“死”的语义虚化程度又是逐渐增强的。此外，语义虚化程度在一定程度上也说明了该结构的词汇化等级水平，如“死人”中“死”没有发生语义虚化，“死”与“人”的紧密度不高，因此其词汇化等级也就比较弱，可扩展为“死了很久的人”等，而“死胖子”中的“死”语义虚化程度很高，“死”与“胖子”的紧密度很高，且不能进行扩展，说明其词汇化等级水平也较高。总的来说，“死 X”结构中“死”的语义虚实是一个离散的连续统，而整个结构的词汇化等级也是一个渐变的过程。

表 1　“死 X”结构现代汉语语料分布

“死”的语义虚化程度	死+名语素	死+动语素	死+形语素
弱	死人、死罪、死刑、死讯、死因、死期、死士、死囚、死胎、死婴、死骨、死状、死相、死节、死牢、死穴、死鸭、死鸡、死鱼	死光、死绝、死去、死掉、死亡、死伤、死活、死灭、死败	无
中	死灰、死水、死心、死局、死胡同、死敌、死火山、死角、死结、死劲、死扣、死脑筋、死棋、死契、死心眼、死党	死拼、死磕、死守、死战、死争、死别、死斗	无
强	死胖子、死女人、死变态、死丫头、死孩子、死小子、死冤家、死对头、死男人、死小孩、死老娘、死老头、死家伙、死和尚、死贱人、死样子、死蚊子、死东西、死骗子、死太监、死小偷、死小三	死缠、死撑、死咬、死记、死盯、死拽	死紧、死肥、死贵、死蠢、死白、死远、死冷、死傻、死贱、死黑、死臭、死胆小、死笨、死辣、死无聊、死咸、死丑、死甜、死恶心、死弱智、死孝、死衰、死忠

二、“死 X”结构的历时发展

《说文解字》中将“死”解释为“澌也，人所离也”，意思就是精气穷尽，形神分离，也就是生命体失去了生命。本文所要探究的“死 X”结构的历时发展，必然与“死”本身的语义演变有联系。李宗江（2007）指出“死”由表示失去生命的动词虚化为表示情状的副词，再进一步虚化为表示某种量特征的副词。唐贤清（2011）立足于程度补语“死”的历时演变，探讨其程度义获得的机制和产生的过程。倪峰山（2016）认为，汉语中的“死”经历了从动词、形容词再到程度副词的演变，其语法化的时间节点分别在北宋与南宋时期。本文采用“北京大学中国语言学研究中心（CCL）”古代汉语语料库对“死 X”结构进行了历时搜索，搜索结果共计 87313 条，并对其进行穷尽性分析，发现“死 X”结构中的“死”的语法化的具体阶段、时间节点以及语法归属均与倪峰山（2016）有所差异，具体演变过程如下：

（一）“死”作动词，表示“死亡”

（1）欲至归，明年死难。及伯舆之狱，王叔陈生奔晋。（《国语》）
（2）寡君未知其罪，合诸侯而执其老。若犹有罪，死命可也。（《左传》）
（3）此二者，死生存亡之本也。（《吕氏春秋》）

以上例句选取的分别是周朝、春秋和战国时期的语料，“死难”“死命”和“死生”中的“死”均为动词，表示“死亡”之义。

（二）“死”作形容词，表示“熄灭的、不活动的、不通达的”

（4）形固可使如槁木，而心固可使如死灰乎？（《庄子》）
（5）形若槁木，心若死灰。忘其五藏，损其形骸。（《淮南子》）
（6）凡敌上气色如马肝，如死灰，或类偃盖，皆败征。（《汉书》）

以上例句选取的分别是战国、汉朝和唐朝时期的语料，都集中在“死灰”一词中，在此词中“死”表示“熄灭”之义，整个词多用于比喻义。此外，南宋、清代和民国时期均出现了该用法。

（7）知陷在死水，弄个无尾胡孙。（《禅林僧宝传》）
（8）猪羊走屠宰之家，一脚脚来寻死路。（《宋代话本选集》）

以上例句选取的分别是北宋与南宋时期的语料，“死水”中的“死”表示“不活动”，“死路”中的“死”表示“不通达”，皆为形容词。由上述可见，“死”作形容词的用法初见于战国时期，汉唐时期少有，北宋时期开始大量出现。

（三）“死”作副词性语素，表示“不顾生命地、拼命地”

（9）咸曰：贼若能来，必为府君死战。（《全梁文》）
（10）有子明达，死谏未从。（《唐代墓志汇编续集》）
（11）郑公建议守不能死守，乃以金与贼，失节当诛。（《童蒙训》）

以上例句选取的分别是六朝、唐代和北宋时期的语料，“死战”“死谏”和“死守”中的“死”均为副词，修饰后接的谓词性成分，表示“不顾生命地、拼命地”。

（四）“死”作副词性语素，表示“程度高”

（12）秃屡生，有什死急，披他师子皮，却作野干鸣。（《镇州临济慧照禅师语录》）
（13）益笑曰，死急作么。有偈曰，三界唯心，万法唯识。（《禅林僧宝传》）
（14）师闻曰：“这老汉着什么死急！”峰闻曰：“老僧罪过。”（《五灯会元》）

以上例句选取的分别是唐代、南宋和北宋的语料，都集中在“死急”一词中（其中《镇州临济慧照禅师语录》中1例，《朱子语类》中2例，《禅林僧宝传》中2例，《五元灯会》中8例）。“死”作程度副词，表示“着急”的程度很高，相较于形容词“死”或是表示“不顾生命地、拼命地”的副词“死”而言，其意义更加虚化，较大程度上脱离了“死”的本义（死亡），而衍生出较为抽象的表示“程度高”的意义。

（15）之翰曰：大人死忠，儿当死孝。（《明季三朝野史》）

（16）官怒道：“你不杀他，你的辫子，怎么给他死握着？”（《二十年目睹之怪现状》）

（17）那个老者接口抢说道：“彭大人，你可不要听他死赖。”（《大清三杰》）

以上例句选取的分别是明代、清代和民国时期的语料，“死”后接形容词，如“死忠”“死孝”等，表示程度高，可解释为“非常忠诚、非常孝顺”。“死”后接动词，如“死握”“死赖”，也表示程度高，可解释为“握得很紧、赖皮得很”。由此可以看出，“死”作程度副词，到了明清时期，后接的谓词性成分不再局限于“急”，其使用更加广泛而灵活。此外，值得一提的是，“死”作程度副词这一用法大多出现在人物对话之中，口语化特征较为明显。

（五）“死”进一步虚化，词缀化倾向明显

（18）徐爷骂道：“死强盗，谁是你的孩儿!你认得这位十九年前苏知县老爷么?”（《元代话本选集》）

（19）金头虎说道：“今天你走到哪里，我追到哪里，我与你死冤家活对头没完。”（《三侠剑》）

（20）石达开说道：“方才不是军师仔细，我这个人，早被那个夏鸣盛的死贼剁为肉泥的了。”（《大清三杰》）

以上例句选取的分别是元代、清代和民国时期的语料。此类“死”多用于指代性结构中，且常出现在人物对话之中，口语化特征十分明显，其意义进一步虚化，位置固定，且表达一定的附加色彩义，有着明显的词缀化倾向。该用法起兴于元代，明朝之后大多出现于小说人物对话之中。

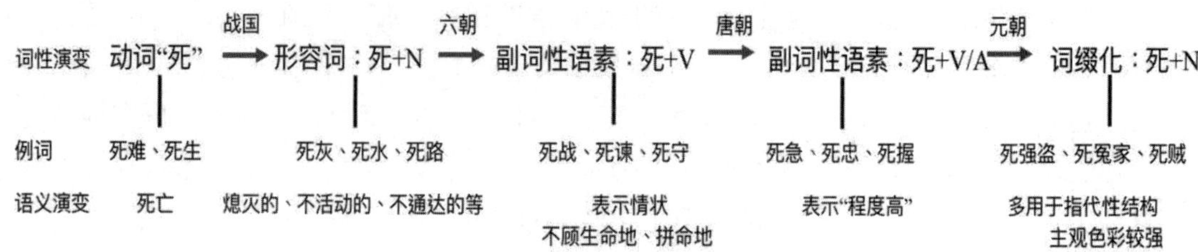

图 1 "死 X"结构中"死"的历时发展

通过对"死 X"结构历时语料梳理，我们可以很明显地看到"死"经历了由动词到形容词、表示情状和程度的副词性语素，最后出现词缀化倾向的一个逐渐语法化的过程（如图 1）。本文将其演变概括为五个阶段，其时间节点分别出现在战国、六朝、唐代和元朝时期。总的来说，"死"的语法化开始于唐代，元明清时期语法化程度逐渐增强，最终出现"词缀化"倾向。

直至现在，其语法化仍在进行中，如（21）和（22）。此类"死 X"结构中的"死"，语义虚化程度最高，附着于另一语素之前，位置固定，表达附加的感情色彩义。该结构多表示指称性功能，具有一定的类属性，其作用是进一步肯定词根的词性。（朱亚军，2001）该类"死 X"结构主要包括"死胖子、死女人、死变态、死丫头、死孩子、死小子、死冤家、死男人、死小孩、死老娘、死老头、死和尚、死贱人、死样子、死蚊子"等词，据不完全统计，此类结构在"北京语言大学语料库中心（BCC）"中有 7500 多条，约占"死+名语素"类总数的 8%，且多为口语语料，出现在人物对话之中，主观性色彩较为浓厚。

（21）怎么会发烧呢？这死孩子，他有木有吃药？孩子太弱了。（BBC 微博语料）
（22）死蚊子，你不让我睡觉，我就代表杀虫剂消灭你！（BBC 微博语料）

三、"死 X"结构中"死"的语法化动因

（一）结构变化

张谊生（2000）认为结构形式的变化是实词虚化的基础，由于结构关系和句法位置的改变，实词由表核心功能转变为辅助性功能，词义也随之变得抽象空灵，从而导致了副词的产生。"死 X"结构中语法化较为明显的结构是"死+V"，也就是连动结构。在汉语结构中，一个句子一般只有一个表义重心，当一句话出现两个核心动词时，其中一个动词就会在意义与功能上发生变化，其意义变得模糊，功能上也不再充当表义

的重心。“死”的本义是“生命终结”“死亡”，与“生”相对。但在进入了“死+V”结构中时，“死”的本义进一步脱落，“死亡”义逐渐消失，从原来的连动结构变成了偏正结构，如例句（9）（10）和（11）中的“死”表示“不顾生命地、拼命地”，修饰后接的谓词性成分，其句法地位与语义地位都有所下降，由表义中心的谓语变为辅助性作用的状语，形成状中结构。作为非中心成分的“死”，在“死X”结构中表动作性的意义减弱，词法意义增强。

（二）词义演变

1.相似与类变

孙朝奋（1994）指出虚化的先决条件是一个实词的词义本身。马清华（2003）认为词义变化是词汇语法化的内在动因，其中包括相似和类变两种。“相似”是指起点义项和目标义项的家族相似性，“类变”指的是起点词本身的义类特征可作为语法化的某种激励作用，越到高层抽象的意义层次，概念理据就越表现出趋同性。“死”由本义“死亡”演变到“熄灭的、不活动的、不通达的”，再到“不顾生命地、拼命地”，两次演变虽然词性发生了变化，但其词义具有某种程度上的“相似”，都表示与死相关或由死引申的意义。当“死”进一步虚化成表示“程度高”或“讨厌”“怜爱”等主观情感义时，其意义的表达更加抽象，又表现出“趋同性”。

2.词义磨损

马清华（2003）指出词义磨损是指词的色彩义或理据义因频繁使用而棱角消尽、价值变弱。词的各种历时表体的集合可以看作是“词位”，其所经历的语法化的过程大致遵循着“自由词—粘着词—词缀—形态音位成分—零形式”的演变序列，语义由实到虚、由具体到抽象，最后直至失去词汇意义。而本文探讨的“死”从表示“死亡”且可单独成词，到“死难、死水、死战、死急”，逐渐形成了“死X”结构，黏着性逐渐增强，词义磨损程度逐渐提高，最后到“死强盗、死冤家、死贼”，“死”的词汇意义发生脱落，出现了“词缀化”倾向。

（三）认知心理

1.隐喻

Sweetster（1990）和 Heine 等（1991）认为，广义隐喻是虚化最主要的驱动力。隐喻是用具体概念表达抽象概念的方式，而语法化的意义演变一般遵循“具体—抽象/不太抽象—更加抽象”的路径，这与隐喻表义效果具有一致性。隐喻在“死X”结构语法化过程中发挥着重要作用。“死”的本义表示“死亡”，如例句（1），即“失去生机活力”，由此引申出“熄灭的”“不活动的”等义，如例句（4）和（7）。“死”也可解释为“生命走到尽头”，从而引申出“程度高”的意义，此时的“死”表达某种极性义特征。“死X”结构中的“死”通过隐喻的手段发生了两次明显的语法化过程，一次是由动词演变为形容词，另一次是由形容词变为极性副词。

2.重新分析

Langacker（1977）把重新分析（reanalysis）定义为：没有改变表层表达形式的结构变化。刘坚等（1995）认为重新分析与词汇语法化密切相关，其作用是从认知的角度把这种词义虚化、功能变化的过程结构形式表现出来并加以确认。关于“死 X”结构的重新分析主要包括两大类：一是“死+V”由联合型变为补充型或偏正型（状中关系），如由“死亡”到“死光”和“死缠”；二是“死+N”，由偏正型（定中关系）变为附加式，如由“死人、死灰”到“死胖子”。“死 X”结构在重新分析时，我们能更好地把握该结构中“死”的语法化进程。

（四）主观化

沈家煊（2001）提到，“主观化”（subjectivisation）指的是语言为表现这种主观性而采用相应的结构形式或经历相应的演变过程。“主观性”（subjectivity）指的是说话人在说出一段话的同时，表明自己对这段话的立场、态度和感情，从而在话语中留下“自我”的印记。Traugot（1989）最早从语法化角度来定义主观化，即“意义变得越来越根植于说话人对命题内容的主观信念和态度”这样一种由语义到语用的演变过程。主观化成为“死 X”结构的语法化进程的重要机制和特征，主要体现为“死 X”结构中“死”的语义经历了由外在描写到内在评估的演变过程。“死”的本义是“死亡”表示生命的终结，这是对其语义的一种客观的外在描写。而生命从起点（出生）到终点（死亡）是个时间进程，“死亡”是终极，也是一个“极点、顶点”。（唐贤清，2011）由此所引申出“死”表示程度的用法，表示“程度高”，如死紧、死肥、死贵、死蠢等，相当于“非常、很”，但此时“死”的语义经历了主观化的过程，属于说话人内在的评估与判断，表达说话者预料之外或是不愿意发生的状态，整体体现出消极的主观色彩。“死”进一步语法化后，表现出词缀化倾向，如死胖子、死女人、死变态、死丫头、死孩子、死小子等，这类词多出现在口语中，表示较强的主观意义，含有“讨厌”或“怜爱”等主观情感义，如例句（21）和（22）。由此可以看出，“死 X”结构中的“死”在其语法化的过程中经历了不同程度的主观化，其中主观化较为明显的主要包括两类词，即“死紧”类和“死胖子”类（见表 1）。

四、小结

现代汉语中的“死 X”结构主要分为三类，即“死+名语素”、“死+动语素”和“死+形语素”，成员数量众多，但其内部结构与语义特征不尽相同，这种共时的差异实际上是“死”历时演变的缩影。“死 X”结构中的“死”经历了由动词到形容词、表示情状和程度的副词性语素，最后出现词缀化倾向的语法化过程。“死 X”结构中“死”的语法化，主要是结构变化、词义演变（相似与类变和词义磨损）、认知心理（隐喻和重新分析）和主观化等因素共同作用的结果。总的来说，本文从"死 X"出发，较为详细地探讨了该结构中"死"的语法化及性质归属，为进一步厘清"死"的语义演变做出了一定贡献。

参考文献

董秀芳：《汉语词缀的性质与汉语词法特点》，《汉语学习》，2005 年第 12 期。

段玉裁：《说文解字注》，上海：上海古籍出版社，2011 年。

付哈利：《试论汉语"死"的语法化》，《市场周刊》，2007 年第 8 期。

李宗江：《几个含"死"义动词的虚化轨迹》，《古汉语研究》，2007 年第 1 期。

刘　坚、曹广顺、吴福祥:《论诱发汉语词汇语法化的若干因素》，《中国语文》，1995 年第 3 期。

吕叔湘：《汉语语法分析问题》，北京：商务印书馆，1979 年。

马清华：《词汇语法化的动因》，《汉语学习》，2003 年第 4 期。

倪峰山：《"死"的语法化》，《淮北职业技术学院学报》，2016 年第 4 期。

沈家煊：《语言的"主观性"和"主观化"》，《外语教学与研究》，2001 年第 7 期。

沈家煊：《"语法化"研究综观》，《外语教学与研究》，1994 年第 4 期。

孙朝奋：《〈虚化论〉评介》，《国外语言学》，1994 年第 4 期。

唐贤清：《"死"作程度补语的历时发展及跨语言发展》，《语言研究》，2011 年第 3 期。

薛　莲：《汉语词缀界定问题研究述评》，《宜宾学院学报》，2006 年第 3 期。

杨锡彭：《关于词根与词缀的思考》，《汉语学习》，2003 年第 4 期。

张　静：《汉语语法问题》，北京：中国社会科学出版社，1987 年。

张谊生：《论与汉语副词相关的虚化机制》，《中国语文》，2000 年第 1 期。

朱亚军：《现代汉语词缀的性质及其分类研究》，《汉语学习》，2001 年第 4 期。

Beard,R. *Lexeme-Morpheme Base Morphology*. New York: State University of New York Press,1995.

Heine,B.,U.Claudi, F.Hünnemeyer. *Grammerticalization: A Conceptual Framework*. Chicago: The University of Chicago Press,1991.

Langacker,R.W. *Syntactic Reanalysis*. Austin: University of Texas Press,1977.

Sweetser, E. *From Etymology to Pragmatics*. Cambridge University Press,1990.

Traugot,E.C. On the rise of epistemic meanings in English：an example of subjectification in semantic change. *Language*,1989,65(1).

On Grammaticalization of "*si*" (死) in the Structure of "*si* (死) X"

WANG Yamin & HUANG Xiaoguang

（Chinese Language and Culture College, Beijing Normal University, Beijing 100875 China）

Abstract: In modern Chinese, the members of "*si*（死）X" structure mainly include three types, namely "*si*（死）+ noun morpheme", "*si*（死）+ verb morpheme" and "*si*（死）+ adjective morpheme". The number of members is numerous, but its internal structure and semantic characteristics are not the same. This kind of synchronic difference is actually the epitome of "*si*"（死）diachronic evolution. The "*si*"（死）in the structure of "*si*（死）X" has experienced the grammaticalization process from the verb to the adjective, the manner and degree adverb morpheme, and finally the affix tendency. The grammaticalization of "*si*"(死) in the structure of "*si*（死）X" is mainly the result of structural change, meaning evolution (similarity and class change, meaning wear), cognitive psychology (metaphor and reanalysis) and subjectivity.

Key words: "*si*（死）X" structure; grammaticalization; synchronic scanning and diachronic development; the affix tendency; grammaticalization motivations

高频抽象名词的语义属性与搭配行为研究

方清明*

（华南师范大学国际文化学院　中国　广州　510631）

摘　要：本文以“原因”“结果”两类高频抽象名词为对象，利用大规模语料库和Antcon3.2.4w 技术对它们的多词单位进行提取。对多词单位的考察有利于节点词搭配意义的发掘、语义属性的呈现，同时也可以促进高频抽象名词的语言哲学分析。

关键词：抽象名词　多词单位　语料库　搭配　语义韵

DOI: 10.14095/b.cnki.jics.2019.01.007

一、引言

所谓“多词单位”（multi-word units）是指由两个或多个词语高频复现而构成的单位，即“高频复现的两个或多个词的连贯性序列。不论其结构形式也不论其是否为习用语（Biber，1999：990），但却通过关注其高频复现率以及在语类或语篇中的分布率来揭示这类语块的意义”。（何安平，2013）多词单位应该负载着较为稳定的意义，在联系语言形式和意义之间发挥着独特作用。多词单位体现“自由选择原则和习语原则，自由与固定的两极之间存在丰富的、变化多端的连续体”。（Sinclair，1991）所谓“搭配”（collocation）也就是单词之间是共现倾向。词项的搭配行为显示一定的语义趋向，即一定的词项会习惯性地吸引某一类具有相同语义特点的词项，构成搭配。

我们从共时层面，利用“国家语委现代汉语标注语料库”（计 2000 万字左右）和Antconc3.2.4w 软件对高频抽象名词多词单位进行提取。本文主要以“原因”“结果”类高频抽象名词为对象，考察它们的语义属性和搭配行为。

*　方清明，华南师范大学国际文化学院，研究方向为语料库语言学、现代汉语语法等。邮箱：fangqingm@126.com。
基金项目：本文是“华南师范大学汉语学习与国际推广重点实验室”（2106-2018）阶段性成果；并得到国家社科基金青年项目（14CYY033）；华南师范大学哲学社会科学拔尖青年创新团队培育项目（2016）的支持。文责自负。

二、"原因"类抽象名词的语义属性与搭配行为分析

《现代汉语词典》(2005：1676)将"原因"解释为"造成某种结果或引起另一件事情发生的条件"，如"成功的原因、检查生病的原因"等。看完定义，我们对什么是"原因"，依然不甚了然。到底什么是原因，什么不是原因，"原因"的内涵与作用是什么，该如何界定等，语言学界并未进行深入的探讨。汉语里"原因"类抽象名词包括"原因、理由、因素、动机、缘故、缘由、原由、原委"等词语。它们的概念内涵不尽相同，用法各有特点。我们将通过语料库和软件技术，考察"原因"的多词单位和典型搭配，以阐述其意义和真实用法。

(一)"原因"语义上的复杂性、综合性

主流观点认为抽象名词只受"种类量词"等少数量词修饰(赵元任，1979：236；朱德熙，1982：42)。"原因"搭配数量短语的情况，如表 1。要注意的是，"几个"可以修饰抽象名词，因此"X 个原因"有 5118 例，这并不足为奇。

表 1 "原因"与种类量词等搭配

序号	实例	频率	序号	实例	频率
1	种种原因	5595	7	诸多原因	514
2	X 个原因	5118	8	一些原因	389
3	多种原因	1342	9	一部分原因	209
4	X 一原因	1176	10	很多原因	202
5	X 种原因	1099	11	X 点原因	196
6	部分原因	570	12	许多原因	154

表 1 的数据说明，"原因"是复杂的，综合的，多样的。因此人们常说"种种原因、多种原因、诸多原因、很多原因"，而较少说"唯一原因、仅有的原因"等。世界是复杂的，而构成事件的原因也往往是复杂的，某事件之所以是这样，而非那样，一般不是由一个原因决定的，而是由众多原因综合决定的。例如"肺癌发病率增高"与"大气污染"的关系问题，这就涉及原因的复杂性与综合性。从逻辑上来说，肺癌与大气污染的关系大致有以下四种：

(1)肺癌与大气污染属于不相关关系，即大气污染根本就不是肺癌发病率增高的原因。

(2)肺癌与大气污染属于弱相关关系，即大气污染是肺癌发病率增高的一小部分原因。

(3)肺癌与大气污染属于强相关关系，即大气污染是肺癌发病率增高的主要

原因。

（4）肺癌与大气污染强属于绝对相关关系，即大气污染是肺癌发病率增高的唯一原因。

从（1）到（4）是一种连续统现象，但是（1）、（4）太过绝对，很容易被排除。而（2）与（3）之间很难判断和量化，到底是弱相关还是强相关，这就是争议所在。抛开个案不谈，肺癌发病率增高的原因可能是大气污染，也可能是吸烟习惯。该例说明世界上很多事件的原因是复杂的、综合的。因此要分清主要原因、部分原因、次要原因等的差别。

（二）“原因”与事件密切相关

“事件主要是时间性的存在，它不直接处于空间之中。事件能够被看见、被听到、被经历、被遵守，事件可以被观察或被观看。事件可以是突然的、逐渐的、激烈的、长期的。事件、过程和行为可以出现、发生、开始、持续、结束，如火与暴风雪可以发生、开始、结束。事件不位于某处，也不能在某个地方找到。”（Vendler，1967：122-146）事件反映在语言上即为事件名词，如地震、冲击波、暴雨等。这类名词语义上既有一般名词的事物性、指称性和空间性，同时还蕴含动作性、陈述性和时间性。

通过观察可以发现，原因往往与事件名词关联，人们经常会问“死亡原因、地震原因、生病原因、误诊原因、失败原因、致死原因、起火原因、中毒原因、核辐射的原因、泄露的原因”等。人们很少就物体问原因，如人们很少说“桌子的原因、电脑的原因”等。也很少就性质问原因，如不单独说“好的原因”，而要说成带事件性的，如“好喝的原因、做得好的原因”等。无论是原因的主体还是原因所导致的事件都不太可能是简单的人或者物，原因是“通过事件解释事件的”。（Vendler，2008：277）

人们使用“原因”主要是论述事件之间的相互依赖性。原因主要与关系事件相关，最为明显的就是“原因”高频用于“X 是 Y 的原因”和“X，原因是 Y”两个句式。如在“X 是 Y 的原因”句式里，X 和 Y 都不能是简单的名词或者动词，而应该是与事件相关的动名词、动词或者名词。如人们不能说“他是我的原因”，“小王是这件事的原因”等，但可以说“我没有准备是这次失败的原因”“小王的疏忽是导致这件事情发生的原因”。

（三）区分“原因”的维度

“原因从来没有强的或者弱的、剧烈的或温和的、突然的或者长久的、危险的或者无害的、但却有可能或不可能的、很可能的或很不可能的、切近的或远隔的”。（Vendler，2008：281）人类认知是如何区分原因的呢？请看表 2：

表 2 "原因"的区分维度与频率

序号	实例	频率	序号	实例	频率
1	主要原因	28236	12	主观原因	442
2	重要原因	15389	13	基本原因	436
3	根本原因	6881	14	首要原因	377
4	直接原因	2244	15	真实原因	306
5	真正原因	1657	16	关键原因	243
6	客观原因	1408	17	人为原因	146
7	深层（次）原因	1002	18	现实原因	135
8	特殊原因	672	19	外在原因	125
9	常见原因	599	20	确切原因	116
10	具体原因	598	21	复杂原因	103
11	内在原因	479	——		

对表 2 可以作如下分析：第一，原因无好坏之分、无真假之分，"真实原因、真正原因"只是原因真实性的强调说法，因为人们不说"假原因"。原因可分为主要与次要、直接与间接、客观与主观、深层与表层、特殊与常见、内在与外在等。第二，观察使用频率可知，人们对区分原因的维度有非常明显的选择倾向，人们往往关注某事件的主要原因而忽略次要原因，表 1 里的"主要原因"频率高达 28263 例就是证明。因为只有主要原因才决定了事件的性质与发展方向，只有主要原因才真正有利于分析、说明和解释事件。其他搭配"重要原因、根本原因、基本原因、关键原因"都颇为高频，它们也都是人们关注的焦点。

（四）从搭配动词看"原因"的致使性和语义韵倾向

与"原因"构成动宾搭配的动词类别和数量都较为有限，主要是有无类动词、查找类动词和解释说明类动词。例如：

（5）a.有原因、无原因、毫无原因、没有原因
b.找原因、查找原因、查明原因、寻找原因、问原因
c.解释原因、说明原因、发现原因、分析原因、知道原因、告诉原因

一个事件为何是这样而不是那样，其中总有一定的原因，人们可以寻找该事件的原因，找到了也就是"有原因"，没有找到也就是"没有原因"，但这并不等于真的不存在原因。人们也可以对某事件"解释原因"或"说明原因"。知道了原因，也就等于

知道了真相，因此发现原因也就等于发现了真相。

“原因”经常与致使类动词共现，如“导致、造成、致使、促成、促使、产生、引起、引发、带来、形成、酿成”等，它们之间的搭配类型及其频率见表 3。

表 3 “原因”与“致使”类动词搭配

序号	实例	频率	序号	实例	频率
1	造成……原因	12095	11	原因……造成	3625
2	导致……原因	9196	12	原因……导致	1718
3	产生……原因	8028	13	原因……产生	874
4	引起……原因	3640	14	原因……引起	2469
5	形成……原因	3351	15	原因……形成	661
6	促使……原因	406	16	原因……促使	172
7	促成……原因	141	17	原因……促成	59
8	致使……原因	100	18	原因……致使	123
9	带来……原因	93	19	原因……带来	170
10	酿成……原因	64	20	原因……酿成	4

说明：表 3 里的“……”表示可能有插入成分

表 3 可以作如下分析：第一，“原因”与致使类动词经常共现，有的实例颇为高频，如“造成……原因”高达 12095 例，“导致……原因”也高达 9196 例。从语义韵性质来看，原因与致使类动词搭配往往带有消极语义韵倾向。Xiao 和 McEnery（2006）考察指出，除“促成、促使”等少数词语外，“造成、导致、致使”等词语的消极义所占比例都比较高，它们有着显著的消极语义韵倾向。由于“原因”和这些动词经常共现，受到这类词语的语义浸染，与这类词语共现具有语义相宜性。因此“造成……原因”或者“原因……造成”也就具有了消极意义。“原因导致”的语境明显呈现出消极含义。（潘璠，2012：91）

不仅上述搭配具有消极语义韵表现，通过观察语料我们发现，“X 原因”（X 大多数为双音节名词，也有少量动词性成分）也多具有消极语义韵表现，大致分为两类。例如：

（6）身体原因、健康原因、年龄原因、家庭原因、作风原因、技术原因、天气原因、政治原因、心理原因、体制原因、制度原因、生理原因、气候原因、经济原因

（7）事故原因、故障原因、死亡原因、疾病原因、病情原因、问题原因、误诊原因

上述两类都带有消极意义，如“身体原因”其实就是指“身体不好的原因”，“天气原因”其实就是指“天气不好的原因”，“事故原因”里的“事故”本身就是消极词。上述两类的谓词隐含不同，经过谓词还原，我们发现例（6）里可以用“因为/由于……的原因”结构来还原，而例（7）可以用“造成/导致……原因”结构来还原。Vendler（2008：277）也指出“X 是 Y 的原因”与致使动词变换的用法，例如：

（8）地震导致了海啸。|地震是海啸的原因。

从认知心理来说，人们往往认为正常发生的事情理所当然，属于默认状态，无须说明原因。而对于非正常，特殊的或不好的事情，才需要寻找、解释和说明原因，因此“原因”搭配的语境经常呈现消极语义倾向。另外，有些高频搭配已经词汇化，如“事情的原因”词汇化为“事因”，类似的还有“病因、死因、起因、成因、诱因、归因、溯因、主因”等。

（五）从聚合看“原因”类词语的搭配差异

1.“原因”与“理由”。张博（2011）指出“表示抽象概念的名词常发生词义误推”，认为英语学习者将 reason 的意义向汉语推移而导致“原因”“理由”混淆较为严重。请看“理由”的常见搭配，如下：

（9）充分理由、充足理由、分手理由、好理由、理由充分、理由充足、申请理由、推荐理由、为理由、需要理由、正当理由

（10）有理由、毫无理由、客观理由、没理由、没有理由、上述理由、是理由、说明理由、无理由、找理由、重要理由、主要理由

我们在语料库里发现“原因”的使用频率远远要比“理由”高的多，且它们之间的搭配不尽相同。例（9）里的“理由”不太容易换成“原因”。如“有个好理由”不能说成“有个好原因”。“理由”与是否充分、充足相关，而人们一般不说“充分的原因”或者“原因充分”。例（10）里的“理由”虽然可以换成“原因”，但是二者的表意重点依然有微妙的差异，如“有理由”凸显了理由的理据性、情理性；而“有原因”则凸显事件与事件之间的因果性、关联性。我们可以说“有理由相信”，但是不说“有原因相信”。

另外，“原因是”可以构成高频解释性构式，而“理由是”频率较低。我们说“根本原因”，但是一般不说“根本理由”。我们说“以……为理由”“正当理由”，但一般不说“以……为原因”或者“正当原因”。“有某种原因就有某种结果”，但是不说“有

某种理由就有某种结果”等。我们说“事故原因、发病原因、事情的原因”等，但是“理由”没有类似搭配。“原因”多带有客观性，而“理由”则或多或少掺入了人们的主观想法。从可知性来看，“理由是可知的，原因有可知的，也有不可知的或未知的”。（杨寄洲、贾永芬，2005：800）

2.“原因”与“因素”。《现代汉语词典》（2005：1620）指出“因素”是决定事物成败的原因或条件。在实际运用中，二者有所不同。例如：

（11）重要因素、关键因素、客观因素、X 大因素（X 为数词）、主观因素、客观因素、基本因素、偶然因素、复杂因素、根本因素、健康因素、直接因素、不同因素、单一因素、最大因素、特殊因素、必要因素、独立因素、成功因素

（12）危险因素、积极因素、不利因素、决定性因素、不稳定因素、消极因素、不安全因素、不良因素、复杂因素、有害因素、稳定因素、新因素、合理因素、独立因素、成功因素、不和谐因素、不安定因素

例（11）里的“因素”可以换为“原因”，如“重要因素”和“重要原因”都可以说。但是例（12）则不能，如人们不能说“危险原因、积极原因、不利原因、决定性原因”。“原因”本身没有危险与安全之分，而某事件的危险方面则可称之为危险因素。“因素”有构成性，“原因”没有构成性。另外，原因的致使性、篇章连接性、解释性则是“因素”所没有的，人们不说“X是Y的因素”“某因素导致了某事件的发生”或者“因素是”等表达。

3.“原因”与“动机、缘故”。“动机”指“推动人从事某种行为的念头”。请看：

（13）主要动机、内在动机、外在动机、重要动机、最初动机、深层动机

（14）成就动机、行为动机、心理动机、政治动机、思想动机、学习动机、作案动机、杀人动机、不良动机、利益动机

例（13）“动机”可以换成原因，例（14）则不能换成“原因”，因为这些用例大多数已经构成黏合结构了。如“学习动机”是指推动学习的动力与想法，“动机”具有驱动性特征，而“原因”不强调驱动性。此外，“缘故”也是与“原因”相关的词语。《现代汉语词典》（2005：1678）对“缘故”的解释就是“原因”。从释义方面来看二者似乎并无差异，但是二者用法上存在较大差异。“缘故”的后置倾向非常明显，“缘故”一般不能充当主语、定语、只能充当宾语而且经常位于句末，常用于“因为……的缘故”框式中。

总之，像“原因、理由、因素、动机”等这类相关的高频抽象名词之间，往往只具有部分同质性，不可能具有完全同质性，它们差异的部分体现了各自使用特点。基于语料库的研究有利于细致地厘清这类词语的用法特点。

三、“结果”类抽象名词的语义属性与搭配行为分析

学界对“结果”一词已有一定的研究。国内学者的相关研究主要有，王佳毅（2005）从句法、语义和语用三方面分析 “结果”的连接功能。邬明燕（2006）考察了“结果”的两类形容词定语，如“好的结果”和“粗心的结果”，前者可以变换为“结果是好的”。姚双云（2007）比较了连词“结果”与“所以”的多种差异。周毕吉（2008）、姚双云（2010）都认为连词“结果”由名词性“结果”演化而来。国外学者主要有，Zeno Vender（1967：249-288）从语言哲学的角度论述了 effect、result 等的语义特点。但是从语料库视角对“结果”类词语的多词单位和搭配进行研究的成果较少。

（一）“结果”是表示一种事实状况的抽象名词

“结果”与“苹果”不同，它不是具体的物，不是物理的个体，它既不是圆的或者方的，也不是硬的或者软的，人们不能在某个地方找到它。“结果”也不是事件或过程，它既不能说成“一场结果”，也不能说成“结果之前、结果之中、结果之后”等。“结果”本身表达一种抽象事实，它是抽象名词。它能被断言或否认，如“是这样的结果、不是这样的结果”或者“结果是这样的、结果不是这样的”；能被相信或不信，如“相信这样的结果、不相信这样的结果”；能被记住或忘记，如“这个结果我记住了、我忘记了结果”。

（二）“结果”总有一定的原因

“所有的结果都有原因”（Zeno Vender，1967：251-287），某种“结果”一定由某种事件或原因引起，被产生的东西往往叫作“结果”。动态事件能引起某种结果，而静态物体一般不能引起某种结果。如：

（15）a.核辐射的结果可能会引起食物中毒。　b.食物中毒是核辐射的结果。
（16）a.*树的结果长出果子。　b.*长出果子的结果是树。

（三）“结果”的链条性与多种可能性

A 事件导致 B 结果产生，而 B 结果往往又是导致 C 事件的原因。A、B、C 构成结果链条，B 是 A 的结果，C 又是 B 的结果。例如：

（17）（A 人们猎杀蛇）的结果导致（B 蛇的数量锐减）；（B 蛇的数量锐减）的结果导致（C 老鼠泛滥成灾）；（C 老鼠泛滥成灾）的结果导致（D 农作物减产）；（D 农作物减产）的结果导致（E 人类受损）。

例（17）说明，E 是 D 的结果，D 是 C 的结果，C 是 B 的结果，而 B 又是 A 的结果。它们两两之间构成原因—结果关系，而位于两端的 E 与 A 则是间接的原因—结果关系。

“某事件所导致的结果”往往不止一种，可以具有多种可能性，如比赛结果至少有三种可能，赢、输或者平局，因此有“预测比赛结果”的说法。再如“小王买彩票中了 500 万”这件事情会引发一系列的结果，如“A 导致小王一夜暴富”“B 小王买了豪华别墅”“C 小王辞了工作”“D 改变了小王的人生”，甚至有可能是“E 导致小王兴奋异常、精神病发作”等。“结果”的多种可能性，人们最为注意的是“直接结果”，如 A 是“小王买彩票中了 500 万”的直接结果；而 D 则是间接结果，因为有的人可能不会因为 500 万而改变他的生活。E 可以算是异常结果。

（四）“结果”的两种修饰语：属性修饰与致使性修饰

从修饰语的性质来看，邬明燕（2005）发现了“X 的结果”的两种异质结构，如：

（18）a.好的结果、成功的结果、倒霉的结果、奇怪的结果
b.粗心的结果、懒惰的结果、骄傲的结果、谦虚的结果

（18’）a.结果是好的、结果是成功的、结果是倒霉的、结果是奇怪的
b.* 结果是粗心的、*结果是懒惰的、*结果是骄傲的、*结果是谦虚的

（引自邬明燕，2005）

邬明燕（2005）从形容词静态与动态方面解释了上述异质结构，有其合理之处。不过我们进一步认为，例（18a）里的形容词都表示“结果”的某种属性，如“好的结果”表明“结果”的正面、积极性质。只有这种属性定语才可能存在对应的谓语表达形式，如“结果是好的”。而（18b）里的形容词并不表示“结果”的属性，而是说明致使某种“结果”的原因，因而这类形容词具有致使性质，如“粗心的结果”是指“因粗心而导致的结果”。这种致使性定语没有对应的谓语表达形式，如“*结果是粗心的”。细究起来，它们还存在其他变换差异，如（19），这两例都说明“粗心的结果”具有一定的致使性质。

（19）a.好的结果|因为好，结果她得到了想要的东西|好所导致的结果
b.粗心的结果|因为粗心，结果她输得一塌糊涂|粗心所导致的结果

致使性“X 的结果”定中结构有可能分裂为复句，并且使得“结果”有可能向连词方面转变。而表达属性“X 的结果”定中结构则不太可能会导致“结果”的连词化。

“结果”还可以分为“可复制的结果”与“不可复制的结果”，例如：

（20）实验结果、试验结果、测试结果、统计结果、调查结果、计算结果

（21）战争的结果、地震的结果、洪灾的结果、车祸的结果、革命的结果、事故的结果

从例（20）和（21）的对比可以看出，“结果”一词是在不同层面上使用的。例（20）的“结果”具有可复制性。在一定条件下，“实验”很多次，只要变量一样，其“结果”应该一样。而“战争”则具有不可控性和不可复制性，同一场“战争”不可能开展很多次。人们对实验可以有一定的预期结果，对战争则不可能有预期结果。

（五）“结果”的搭配分析

考察语料库发现“结果”共计 3934 例，表 4 列出“结果”常见搭配形式共计 3359 例，占总数的 85.4%，因此这些搭配形式基本上能够反映出“结果”的性质。

表 4　“结果”的多词单位

序号	实例	频率	序号	实例	频率
1	X 的结果	1347	7	实验结果	71
2	结果	797	8	必然结果	62
3	V+结果	496	9	结果发现	41
4	结果是	184	10	结果使	38
5	其结果	160	11	研究结果	36
6	结果表明	78	12	调查结果	27
总计：3359 例					

1.“V+结果”类。只有少数“V+结果”为动宾关系，例如“宣布结果、告诉结果、有结果、没有结果、无结果、得到结果”等。大量的“V+结果”为定中关系，属于动词直接作定语的情况。（李晋霞，2008）例如：

（22）调查结果、选举结果、侦查结果、考核结果、表决结果、会谈结果、研究结果、验证结果、试种结果、实验结果、试验结果、执行结果、讨论结果、计算结果、比赛结果、检验结果、解剖结果、探测结果、化验结果、测算结果

例如“调查结果”的意思是指“通过调查所得到的结果”，而不是指“对结果进行调查”。表 4 里“的结果”和“V+结果”的两种搭配相加共计 1843 例，这说明“结果”充当名词中心语是最主要的用法。郭慧志、谢学敏、张普（2005）认为抽象名词与动词构成时，抽象名词对动词有限定作用。因为“结果”是典型的抽象名词，所以 “V+结果”结构就容易被识解为定中结构。

2.“结果”的语义韵性质。Xiao和McEnery（2006）论述了“结果”类抽象名词语义韵连续统现象，认为“硕果、成果、结果、后果、苦果、恶果”从左至右积极意义渐弱，消极意义渐强。传统研究认为“成果、结果、后果”三个词依次表现褒义、中性义和贬义。姚双云（2007）的研究显示，“结果”虽然有中性用法和积极用法，但是从概率来说，很大一部分（72.5%）却都表示消极语义，如“悲惨的结果”“最坏的结果”“结果造成难以估量的损失”“结果一死两伤”“结果成为一句空话”等。

另外两个词“结局”与“结论”有些不同。“结局”意思是“最后的结果；最终的局面”（《现代汉语词典》，2005：698）。它的使用频率要低很多，我们检索“国家语委语料库”总计用例为 144 个。相较“结果”而言，“结论”总计 776 例，相关搭配有“得出结论<56>、做出结论<30>、下结论<18>、重要/主要结论<14>、科学结论<11>、结论性<9>”，我们不能说“下结果、科学结果、结果性”。因为，“结论”带有判断意味，而“结果”没有。

四、余论

综观汉语抽象名词研究的历史，其在方法论上有三个特点：一是从语义分类、界定标准着手的传统研究；二是从认知语义学视角展开的个案研究；三是基于大规模语料库和认知视角的系统研究。

本文基于语料库和认知视角考察高频抽象名词多词单位与搭配行为，这些词语不仅在多词单位方面体现出搭配倾向性、复杂性，而且在语言哲学范畴里往往属于核心概念。本文利用大规模语料库和软件技术考察了“原因”“结果”两类高频抽象名词的语义属性和搭配行为。随着当代语料库语言学的博兴，语料库语言学对语言哲学里日常关键词的研究将更具优势。语言哲学家的传统内省研究方法无论如何都会受到大脑思维的局限，而语料库检索数据具有更好的可见性、可感性和可查性。在大数据时代，数据将帮助人们挖掘有效信息，而且这些信息容易被其他研究者验证。

参考文献

方清明：《汉语抽象名词的语料库研究》，《世界汉语教学》，2014 年第 4 期。

方清明：《基于语料库和软件技术的抽象名词搭配研究》，《汉语学习》，2015 年第 3 期。
郭慧志、谢学敏、张　普：《抽象名词和组织类名词的限定作用》，南京：全国计算语言学联合学术会议，2005 年。
何安平：《国外语料库语言学视角下多形态短语研究述评》，《当代语言学》，2013 年第 1 期。
李晋霞：《现代汉语动词直接做定语研究》，北京：商务印书馆，2008 年。
潘　璠：《基于语料库的语言研究与教学应用》，北京：中国社会科学出版社，2012 年。
王佳毅：《由“结果”连接的复句研究》，湖南师范大学硕士学位论文，2005 年。
邬明燕：《对名词“结果”的形容词定语的考察》，《语文学刊》，2006 年第 6 期。
杨寄洲、贾永芬：《1700 对近义词语用法对比》，北京：北京语言大学出版社，2005 年。
姚双云：《连词“结果”的语法化及其语义类型》，《古汉语研究》，2010 年第 2 期。
姚双云：《连词“结果”与“所以”使用差异的计量分析》，《宁夏大学学报》，2007 年第 6 期。
张　博：《二语学习中母语词义误推的类型与特点》，《语言教学与研究》，2011 年第 3 期。
赵元任：《汉语口语语法》，吕叔湘译，北京：商务印书馆，1979 年。
中国社会科学院语言研究所词典编辑室：《现代汉语词典》（第 5 版），北京：商务印书馆，2005 年。
周毕吉：《“结果”的语法化历程及语用特点》，《汉语学习》，2008 年第 6 期。
朱德熙：《语法讲义》，北京：商务印书馆，1982 年。
Zeno Verdler:《语言学中的哲学》，陈嘉映译，北京：华夏出版社，2008 年。
D, etal. Longman Grammar of Spoken and Written English. Pearson Education Limited, London, 1999.
John Sinclair. *Corpus, Concordance, Collocation*. Oxford: Oxford University Press, 1991.
Richard Xiao & Tony McEnery. Collocation, semantic prosody and near synonymy: A cross-linguistic perspective. *Applied Linguistics*, 2006, 27/1.
Zeno Vendler. *Linguistics in Philosophy*. Ithaca, NY: Cornell University Press, 1967.

A Study on Chinese High Frequency Abstract Nouns' Semantic Properties and Collocation Behavior

FANG Qingming

（College of International Culture, South China Normal University, Guangzhou 510631 China）

Abstract: This paper analyzes Chinese high frequency abstract nouns' multi-word units （MWU） with large-scale corpus and corpus analysis software, focuses on studying the abstract nouns of "*yuanyin*"（原因）and "*jieguo*"（结果）about their semantic properties and collocation behaviors. Studying the MWU can explain the semantic significances, semantic prosody and teaching strategies.

Key words: abstract nouns; multi-word units; corpus; collocation; semantic prosody

SC 理论与动结式中“了”的生成和移动

唐 宽*

（澳门大学人文学院中国语言文学系 中国 澳门 999078）

摘 要： 补语小句理论（SC理论）将动结式“了”看作是小句中“体投射”的中心词。本文结合结果补语小句理论的基本假设——动结式“了”是通过与补语小句谓语动词合并之后向前移动产生的“体”范畴，对动结式进行移动合并操作分析，认为伴随着“了”的移动，产生了词尾的“了”和句尾的“了”，在此基础上进一步提出“V+了抑制条件”假设，拟说明“了”的移动受到限制。

关键词： 结果补语小句 动结式 “了”

DOI: 10.14095/b.cnki.jics.2019.01.008

一、引言

传统语法一般把动补结构（verb-resultative construction，VRC）分为粘合式述补结构（不带“得”），如：“抓紧、写完、赶上、滚回去”；组合式述补结构（带“得”），如“跑得快、看得见、听得清楚”两类。动结式属于粘合式述补结构。吕叔湘（2005）将汉语特有的“动结式”（或称“述结式”）定义为由主要动词加表示结果的形容词或动词构成的“短语式动词”。

纵观历来对动结式的研究，汉语动补结构的产生时期、产生原因、语法结构、语义特点、语用含义等均有学者进行过深入思考。在语法领域，相较于其他理论，生成语法理论坚持观察、描写、解释三充分的原则，对汉语动结式的研究集中于直观展示句子内部语言成分之间的结构关系,并且探究动结式与其他句式（如把字句、V 得句）的转换关系。

本文基于生成语法理论对汉语动结式分析模型进行两点假设：

假设一：汉语动结式在句法中生成。

---

* 唐 宽，澳门大学人文学院中文系，研究方向为句法学和认知科学。邮箱：tk971285787@163.com。

生成语法对动补结构的研究在句法层面讨论其生成过程就有两派：一派主张词库生成说，认为动结式是在词库中结合的复合词；一派主张句法生成说，认为动结式的内部结构需要通过句法操作形成。

彭国珍（2011）曾将词库生成说和句法生成说进行比较，认为词库生成说虽存在简便易用的优点，但无法解释动作结果式复合词的产生问题，最后得出在句法生成中讨论动结式的成因要比在词库中更适合汉语特征的结论。笔者赞成这一假设，是因为在句法层面而不是词库层面讨论动结式的成因，不仅方便解释动作结果式复合词的成词问题，而且更能深入探究动结式结构语义关系，为汉语动结式与其他句式的转换提供帮助。

假设二，句子成分通过合并与移动生成。

由于最简方案（Minimalist Program）取消了深层结构（D-structure）和表层结构（S-structure），句法操作系统剩下合并操作（Merge）和移动操作（Move），句法生成在技术操作上更为简洁。早期的移动理论认为句子成分移动会在原来位置留下语迹 t，近来的移动理论更倾向于认为句子成分的移动是将原来的成分拷贝后移位并与中心词合并，移动的轨迹形成语链（chain），移动后将原来成分删除而不留下痕迹。句子结构内部受到中心词的驱动触发移动，然后和句子中心词合并，从而生成句子结构。

在此基础上，本文结合结果补语小句理论对汉语动结式的基本说明，并与其他理论或假说进行比较分析，主要运用移动和合并两种句法分析操作方法，试说明现代汉语动结式中“了”的性质以及“了”的生成与移动。

二、生成语法背景下动结式的研究视角与评述

生成语法背景下对动结式的研究存在分歧，各学者依据不同理论建立各自的分析模型来对动结式的句法结构进行分析解释。我们选择其中有代表意义的理论和假说进行简要说明，并尝试对各理论或假说的分析思路和操作进行评述。

（一）控制理论

Huang（黄正德）（1988）首先运用控制理论（control theory）对带“得”的动结式进行研究。其基本操作是将不带“得”的粘合式动结式看作是复合词直接进入句法操作系统，在此基础上述语的论元对补语的空论元“PRO”（也叫作虚代词）进行控制，如“唱哭”可以分析为“唱 PRO 哭”（可理解为唱 ta 哭）。此后，不同学者均有过论述且均有对动结式内部结构的不同分析。

控制理论是生成语法中对动结式内部结构的解释较为深入且很具代表性的理论，其分析模型如下图（玄玥，2011：68）：

（1）张三哭得手帕湿了。

$[_{IP}$ $[_{VP}$ DP $[_{v'}$ V RC （得 PROi VP）]]]

控制理论认为动结式和 V 得句有转换关系，即“张三哭得手帕湿了”可以转换成“张三哭湿了手帕”。同时，控制理论在解释汉语“把”字句的生成过程有优势，即“张三把手帕哭湿了”。控制理论将动结式、V 得句和“把”字句三种结构有机联合起来，并探寻彼此转换的规则。但是在转换过程中“得”始终存在，主句谓语动词“哭”和“湿了”并不能构成合成词，所以控制理论在解释汉语动作结果式的复合词的成因上存在不足。

（二）结果补语小句理论

结果补语小句理论是 Rint Sybesma（司马翎）在 Hoekstra 小句理论（Small Clause，简称 SC）的基础上完善发展而成。近年来，Rint Sybesma、沈阳（2006）和彭国珍（2010、2012）等学者运用补语小句理论分析现代汉语动结式内部结构，动结式重动句结构和倒装致使句以及结果宾语中的补语小句等方面都有较突出成果。结果补语小句理论对汉语动结式的基本假设如下（Sybesma、沈阳，2006：40）：

“汉语结果补语结构中的主句谓语动词表达一个非状态性的动作行为，这个动词所表达的动作行为，没有作用的范围和到达的终点。但同时这个动词又带有由简单主谓结构构成的小句性补语，这个结果补语小句则为没有终点的动作行为提供作用的范围和到达的终点。”

其分析模型如下：

（2）小 S 哭湿了手绢。

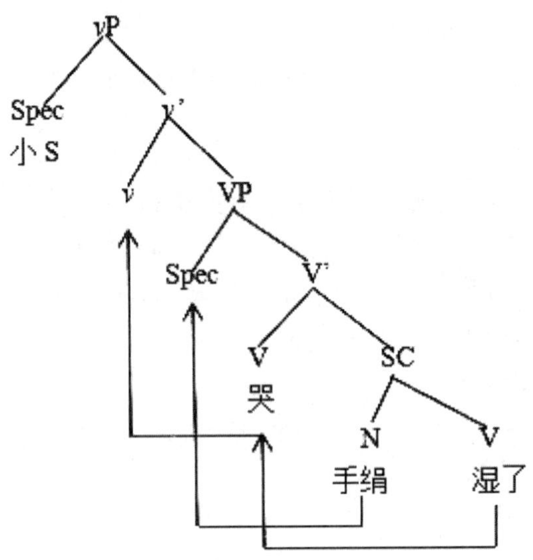

句子深层结构[①]是“小 S 哭手绢湿[②]”，补语小句“手绢湿”是动作“哭”的结果，而补语小句谓语“湿”是小句主语“手绢”因为“哭”这个动作产生的结果或状态。移动小句谓语通过与动词合并融合成“哭湿”并移动到轻动词位置，小句主语也通过移动从而取得宾格位置，故句子的最终语序“小 S 哭湿（了）手绢”得以生成[③]。

彭国珍（2012）认为相较于控制理论，结果补语小句理论对汉语动结式的分析优点在于符合动结式的语义结构，不需要借助像空论元 PRO 表达，“且更容易解释动结式的历时差异和跨语言中的结果补语结构差异”，如中古汉语和其他语言中的 VOC 隔开式动补结构，例如“哭城颓”“打腿断”。因此，彭国珍认为无论是共时的句法语义分析，还是历时发展研究甚至跨语料对比，结果补语小句理论对汉语动结式的分析都有较强的解释力。

（三）功能范畴假说

功能范畴假说是熊仲儒（2004）结合 Chomsky 的生成句法理论和认知语言学构式语法理论提出的一种假设，其主要内容是“功能范畴不仅可以激发移动还可以决定合并，包括论元的选择与题元的指派。”熊仲儒（2005）从词法和句法两方面进行论证，认为动结式的核心从词法的角度看是词而非短语，从句法的角度看是句法派生的复合词，最后通过功能范畴假说把汉语动结式的核心定义为“汉语动结式的核心为某个看不见的成分——功能范畴，动词只是指示事件图景的词汇核心”。

关于“核心”的内涵，熊仲儒延续了结构主义布龙菲尔德和霍凯特等人的核心理论，即认为判定一个句法结构是离心结构或向心结构取决于“结构与其成分是否属于同一种形类”。熊仲儒（2013）对“核心”有过形容：“核心观认为一个语言表达式的语法类别是由其内部一个被称为（head）的成分决定的”。但是功能范畴的内涵究竟是什么，熊仲儒采取了工具主义的做法，认为只要看到将动结式的核心看作功能范畴之后有什么作用就行，功能范畴是什么却不重要。对于此种做法虽有其分析便利，但缺乏严谨性和广泛的解释性，功能范畴假说还需要得到更广泛和更深入的证明。

（四）完结短语假设

玄玥（2011）对上述三种理论和假说进行了总体评判，认为前几种分析方法在句法组合和技术层面都缺乏语言类型学上的普遍性[④]。其认为结果补语对动结式有“完结”

---

① 在最简方案理论指导下生成句法中的表层结构和深层结构已被取消，在这里为了方便说明才重新选用，特此说明。

② 在这暂不将“了”纳入底层结构，在第二部分将对“了”的性质和生成作详细讨论。

③ 关于结果补语小句理论的具体语义、句法分析过程彭国珍（2012）有过论述，她直接把“了”附在“湿”之后作为小句谓语。此外，彭强调补语小句主语跟主句动词之间不存在题元关系，只跟小句谓语有主谓关系。

④ 玄玥（2011）认为生成语法理论下前人对汉语动结式的研究存在着“事件关系不足以形成结构”的局限，尤其是认为熊仲儒的功能范畴假说在分析动结式时严重违反了生成语法的基本理论。

功能，且用四个句法手段对动结式 VR 的性质进行检验：

1.不能进入短时尝试体，不能重叠；

2.不能进入进行体和持续体；

3.搭配时量短语的情况；

4.与动量短语搭配的情况。

之后总结得出“汉语动结式的结果补语正是体现动词‘完结’特征的一类功能范畴”的结论，在此基础上进而提出“完结短语（Telic Phrase）”理论假设（玄玥，2011：71）：

“现代汉语动结式的结果补语在句中将投射‘完结短语’，简称 Telp。它的功能是给予主要谓语动词 V 一个终结点，提供一个完结的状态，是动词的内部体，是在动词短语 VP 内的功能范畴。”

具体生成过程以及分析模型如下图：

（3）小 S 买了那本书。

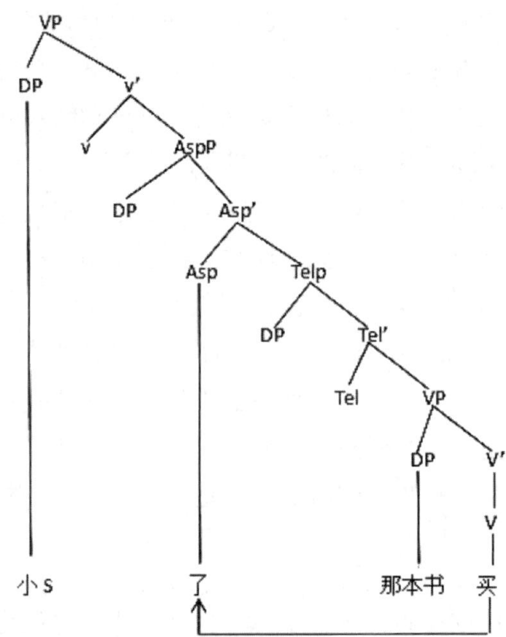

在上述分析中，完结短语假设对动结式中补语性质做出了说明和假设，但从树形图结构可看出，在分析的时候由于引进太多外部功能范畴，句子结构无形中变得冗长烦琐，这恰恰违背了最简方案下句子结构生成的极简主义核心。

（五）小结

以上是对近年来生成语法理论指导下动补结构动结式的几种主要分析理论和假说

的说明，其中值得注意的是：控制理论和结果补语小句理论着眼于动结式的整体结构，在分析时更多的是从结构内部提出分析论证方法；而功能范畴假说和完结短语假设体现了近年来生成语法理论流行的“功能范畴分解处理法”，即将新的句法语类归入到句法结构分析中。两种假说都主要集中在对补语的性质进行相关假设，虽然有一定的解释力，但对动补结构的内在结构分析相对薄弱，且引入的相关范畴假设还需要进一步的论证检验以拓宽其解释范围。因此，在上述的四种理论或假说中，我们认为结果补语小句理论存在优势，理由如下：

首先，相较之控制理论，结果补语小句理论更能解释动作结果式合成词的生成。在不引入 PRO 的前提下，分析操作集中讨论小句内部结构以及语义关系，这样使得结构分析更简单，语义关系更清楚；其次，小句理论在分析句法结构上通过移动与合并两种方法，操作相对简便；最后，熊仲儒和玄玥的假说更集中在汉语动结式自身情况，在分析时都必须借助外部的功能范畴，不能从结构内部出发探究解决方案，所以解释效果并没有小句理论具有普遍适用性。

因此，我们选用结果补语小句理论为理论依据，在此基础上对动结式中“了”的移动生成提出假设，并探究其移动限制条件。

三、动结式中“了”的句法性质与生成

动结式中“了”出现位置不同其性质也不相同。我们主张将“了”看成一个整体进行考量，从共时、历时、综合三个角度对动结式中“了”的性质进行说明，同时，在句法结构的变化中对“了”的生成进行假设。

（一）共时分析

结果补语理论中，Sybesma、沈阳（2006）对结构中的“了”有如下处理：

“在结果补语小句的内部结构中，‘了’是小句中体投射的中心词，即补语小句的谓语动词要先通过向小句内 AspP 的中心词‘了’位置的移动来建立整个句子的 T 链条，才能保证句子得到完整的时态解释。”

举例对此说明：

（4）a.唱小 S 哭
b.唱小 S 哭了
c.唱哭了小 S
d.小 S 唱哭了

首先，假定 a 是小句 d 中的原来语序，“唱”这个动作产生了“哭”的这个结果，

也就是所谓的隔开式动补结构；其次，为了说明小句的体特征，即说明“哭”这个动作的完结，所以产生了“了”，“哭”跟“了”合并成“哭了”即生成小句 b；再次，“哭了”受到主要动词的吸引向前移动，与“唱”合并成“唱哭了”进而生成动结式小句 c；最后，小句主语受到题元关系吸引前移到大主语位置从而最终生成小句 d，移动结束。

其移动过程树形图如下（Sybesma、沈阳，2006:41）：

（5）小 S 唱哭了。

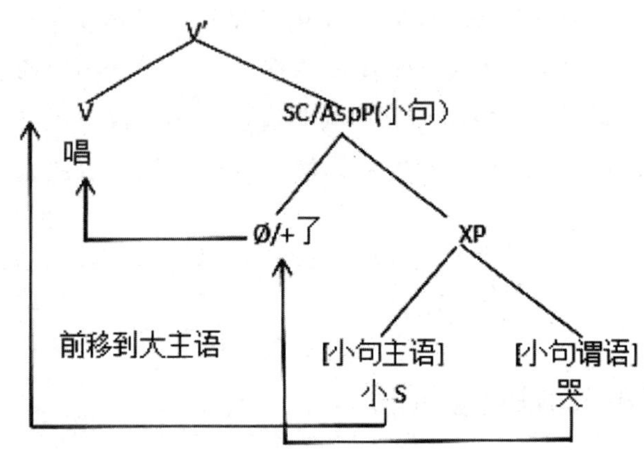

在这个共时分析过程中，“了”作为一种功能性的“体投射”伴随小句谓语的移动生成。“了”的出现不仅使小句有了时态性解释，使得主句谓语和小句谓语结合成一个复合词，而且在语义上促成了动结式所述动作的最终完成。

（二）历时分析

沈阳、玄玥（2012）认为上述“了”的生成过程存在矛盾，移动过程中“了”既可以伴随谓语动词生成“唱了”，又可以伴随小句谓语生成“哭了”，这两次移动并不一致。于是他们将“了”看作是体标记，是语法化之后的“完结短语”生成的补语标记。

在此基础上，他们从汉语完成体标记“了”的历时演变过程着手，得出完成体标记“了”的形成过程是从完结短语到体短语语法化的结论，并指出动词后存在两个不同性质的“了”。

具体分析模型如下（沈阳、玄玥，2011:9）：

（6）张三吃了（liao）了（le）那锅饭。

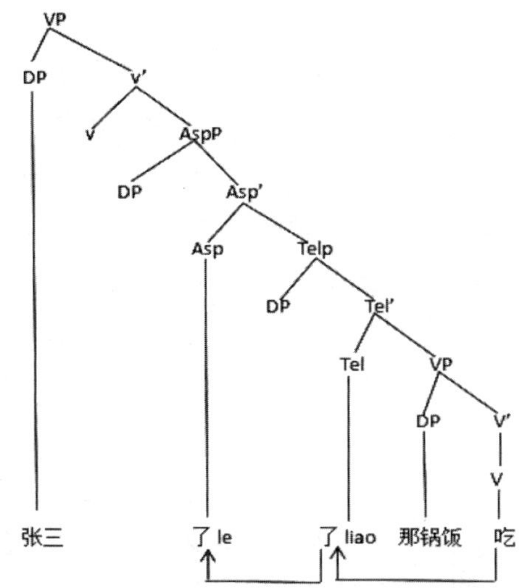

其中，了（liao）是“完结短语”（Telic Phrase）[①]，“了”（le）是“体”（Aspect）范畴。这个分析的优点是能将了 $_1$ 和了 $_2$ 之间的分离关系解释清楚，也基本符合语法化的发展历程。

（三）综合分析

首先，对比两家对“了”的分析，本文认为 Sybesma、沈阳（2006）的共时分析有所遗漏，那就是句末的“了”的存在和性质。“了”在小句谓语移动的过程中经过了两次前移，第一次是“哭了”，第二次是“唱哭了”。但是，Sybesma、沈阳认为“合并是发生在语法层还是发生在语音层现在还不能确定”。

其次，沈阳、玄玥的分析有进一步深化的可能：

第一，按照玄玥的分析，了 $_3$ 是否存在以及从何而来，这个分析过程并没有交代。如果了 $_2$ 是由了 $_1$ 语法化而得到，那句末助词了 $_3$ 是从了 $_1$ 还是了 $_2$ 语法化得来的？那了 $_3$ 的位置是否也是通过移动而来？若将“了”仍然分为“了 $_1$”“了 $_2$”“了 $_3$”依次讨论，还是会受到分类描写的限制。

第二，完结短语假设发端于某一类具有“完结”功能的封闭的类（动相补语），其假设的解释能力和生命力会受到限制。因为对于整个动结式而言，动相补语只是补语

① 赵元任（1968）曾将动结式（VR）看作复合词分别从语音特征，可扩展性，补语后带“了”的情况这三个方面对动结式的形式特征进行描写，认为“了 1（liao）”以及其分化出来的“了 2（le）”分别是表“相”补语和表“态”后缀[相（phase）理解为阶段性特征，态（aspect）则理解为动词的体]，再加上句末助词“了 3（le）”共有三个“了”。例如：小 S 做了 1 了 2 一件事了 3。其中的了 1 就是动相补语，沈阳、玄玥将其定义为“虚化结果补语”是指在语法化中意义虚化的结果补语，类似的还有“完、好、掉、住、成、着、过”等，而“了 2”是由“了 1”分化而来，对动词具有完结功能，故称之为“完结短语”。

中的小类，如果还要探求完结短语的解释性，所涉及的还应该有其他补语类别。因此，整个假说对动结式的解释能力还有待进一步说明；

第三，从树形图中可看出这个假说在分析过程中从外部引入了很多功能范畴，这样的引入虽能在一定范围内解释结构的部分性质，但无形中使得整个结构冗长，这违背了最简方案极简主义的分析风格，最终让结构分析要不断依赖外部功能范畴所提供的限制和解释，使得结构内部分析复杂化，大大降低了结构分析的效果。

针对以上问题，不妨假设伴随着第二次的移动与合并，“哭了”会在句末留下痕迹，即“唱哭了小 S（了）”，句尾的“了”是“体投射”在移动时在原来位置的遗留，语法上保留了部分“体投射”的完结功能，因此移动之后并不能完全删除以前的拷贝“了”，语音上也保留“了”的读音。

验证这个假设是否成立的关键在于“了”在语音界面和句法界面接口处的作用，即“了”是否有保留读音，并且对句子的句法结构和语义关系是否产生影响。结合现代汉语中“了”的词典释义和语法功能，可知句尾的“了”基本保留了“le”的读音（有些方言里会读“luo”），其功能是对整个句子叙述的结束，在语义上可认为是对整个句子表述事件在叙述上的完成。这样假设的好处是可以将“了”看作整体进行移动，而不用分为不同的“了”分别生成，保证了移动的一致性；同时，可以解释句尾的“了”和词尾的“了”之间的关联性，即词尾的“了”向前移动时，主要是对主句谓语动词所表述的动作起完结作用，句尾的“了”保留“了”体投射的功能，也即保留了“完结”功能，但是管辖范围是对整个句子起作用，说明整个事件叙述的完成，更多的是交际功能。因此，伴随着“了”的移动，“了”分离成句尾的“了”和词尾的“了”，句尾的“了”是句末语气助词，词尾的“了”更倾向于词缀。

结合“完结短语假设”对“了”的历时分析与结果补语小句理论中对“了”的共时移动分析，本文认为动结式中“了”的性质是整个小句“体”范畴，是对主句谓语动词动作的完结，同时也是对整个句子叙述表达的完成。

但这里有一个问题是“了”的位置是先在主句谓语动词之后产生（唱了小 S 哭），还是先在补语小句谓语之后产生（唱小 S 哭了）。结合结果补语小句理论的内涵和汉语时制表达的特征，本文倾向于后者，即认为“了”的位置是在小句谓语之后。原因如下：

第一，汉语动结式中主句谓语动词“是一个非状态性的、在时间上没有终结点的动作行为”，（彭国珍，2012）换句话说，在“小 S 哭湿了手绢”一句中，“哭”是可一直延续的动作。而受汉语时制表达特点的影响，“了”作为绝对时标记时表示“已然”，作为相对时标记时表示“异时”。（李铁根，2002）因此，小句谓语“湿”作为主句谓语动词所产生的动作结果，在时间先后上与主句谓语有分别，并且产生了状态变化进而使得主句谓语动作的完成。所以只能是先有“湿了”，而不是“哭了”，“了”是伴随着小句谓语而生成的表示动作完成的“体”范畴，是主句谓语动词所表示动作在时间上的完成和达到的终点。

第二，在结果补语小句理论中就补语小句主语和主句动词二者的关系而言，二者并不存在题元关系。例如：

（7）a_1 这个故事笑哭了小 S（了）

a_2 小 S 笑哭了

a_3 笑[小 S 哭了]

a 句中“小 S”是补语小句，主语表面上看起来与主句动词“笑”之间有题元关系，构成“小 S 笑”主谓结构，但从内部语义关系来说其实是“小 S 哭了”，“笑”这一动作的可延续性使得整个句子处在一个无止境的过程中，而补语小句的谓语“哭”使得“笑”这一动作得以完成和结束。因此，小句主语“小 S”只能选择小句谓语“哭”才能使整个动作“笑”得到完结，整个句子的语义关系最终实现。这个例子正好解释了结果补语小句中，小句主语只跟小句谓语存在主谓关系①。

因此，“了”只能先生成在补语小句的谓语之后，使得小句的主谓关系得以确立，然后通过移动和合并使得主句动词的动作产生完结，整个句子的语义关系得到最终解释。

（四）小结

综合上述分析，结合汉语时制的表达特点以及补语小句内部语义关系，本文将动结式中“了”看作是体范畴，“了”不仅表示主句谓语动词所述动作的完成，而且表示整个句子所述事件的完结。同时，伴随着“了”向小句谓语和主句动词移动的过程中分离出来词尾的“了”和句尾的“了”，词尾的“了”倾向于词缀，句尾的“了”倾向于句末语气助词。

四、“了”的移动

生成语法理论背景下的移动是句法演算过程中的重要机制，也是结构分析中重要的分析手段。移动必须要有理由，否则对句子成分随意地移来移去势必不能令人信服。刘涛（2011）曾结合神经语言学的现代科学实验方法和分析技术对汉语句法移动进行测试实验，并得出句法移动能得到脑神经机制证实的基本结论，进而证明了句法移动假设的科学性和合理性。结合结果补语小句理论对动结式内部结构的移动与合并的分

① 对这一关系的说明可参见彭国珍（2012）的解释，她认为现实世界知识和经验的制约往往使得大多数人将小句主语和主句动词之间关联起来，如“汽车撞坏了护栏”中，往往把“护栏”理解为“撞”的受事，然而主句动词“撞”这一动作，必须由补语小句内部提供一个终结点，这一动作才能真正完成，因此，只能是“护栏坏”构成一个题元关系。

析，我们试从三个方面讨论动结式中内部结构“了”移动的相关问题：为什么移动，怎样移动以及移动所受到的限制。

（一）为何移动

Rint Sybesma、沈阳（2006）和彭国珍（2011）都对结果补语小句内部成分为何移动进行过说明，他们得出的较一致的看法是：小句成分内部移动的最主要原因是为了“整个句子的事件获得时态上的解释”，这是由小句结构本身没有时态的性质所决定的，即小句在功能上近似于短语，本身不具备时态性。此外，Rint Sybesma 和沈阳为了使小句中移位有理论依据，于是提到谓语指称条件，即一个指称范畴（冠词成分和曲折词成分）必须管辖谓语的中心成分，反之，如果谓语没受到管辖，那么这个谓语成分就会移动。

本文基本赞同这个解释，原因是小句内部成分出现移动，更多的是为了满足整个句子结构和内部语义关系的需要，而不主要是为了表达需要。如例（2）中“小 S 哭手绢湿”这个小句，由于没有时体特征，我们并不能将补语小句“哭手绢湿”当作是一个完整的动作，因为一个动作的完成必须受到时间和体貌特征的限制。“小 S 哭手绢湿”中，先出现“了”来表现补语小句谓语所出现的变化，随后受到主句谓语动词的驱动前移，与“哭”合并成“哭湿了”，突出主句谓语动词所表述的动作所产生的结果，进而使得整个句子的时态特征和语义关系明确，这和口语中出于表达需要的话题前移和表达重心突显性质不同。

此外，结合神经语言学的研究看来，移动符合大脑神经加工机制的运作规则因而具有普遍性，而不是为了句法结构分析而强制进行的操作。在熊仲儒的“功能范畴假说”中，移动是由功能范畴激发的，是受句法核心影响，在结构层次的扩展。然而，熊仲儒并没有解释清楚句法核心和功能范畴是什么，而是采用结果论和工具主义的回避政策。这样的做法并不十分严谨，对于功能范畴的内涵性质，激发移动的原因，以及移动过程则无法得知。

（二）如何移动

之前曾对“了”的生成过程有过详细说明，也解释了“了”的生成位置，即“了”是向补语小句谓语和主句谓语逐次移动的，伴随着“了”的每次前移，“了”必须依附在动词上表明时态性。但是存不存在反向移动或者一次移动呢？综合多方研究，我们得出的结论是不存在反向移动和一次移动。彭国珍（2011）曾将合并和移动单独指出，她对比了早期的移动语迹理论和最新的移动拷贝理论，认为在移动过程中成分的移动是先拷贝该成分然后移动这个拷贝的过程，整个移动过程形成一个语链，是一个整体。按照这个理论依据，补语小句的“了”的主要功能是小句的“体投射”，“了”的移动是在 VP 内使主句谓语动词获得中心词地位的过程，从而保证句子获得完整的时态解释。因此，合并和移动这两个句法操作手段只能是由底向上依次逐层进行。

（三）“V+了”的抑制条件

玄玥（2011）曾对结果补语小句理论中小句谓语移动提出质疑，她认为移动既灵活又尤为需要注意，因为滥用移动必将削弱整个理论的解释力。同时，补语小句的移动操作有为汉语特设的嫌疑，不具备普遍语法的意义。笔者对此进行反驳：

首先，在前面的分析中，我们举例说明了在结果补语小句理论中，补语小句的主语名词只跟小句的谓语动词有句法语义关系，因此主句的谓语动词不直接与小句主语有题元关系，像玄玥所提到四个基本动结式类型和两种致使性动结还需要进一步说明[①]。因此，从小句内部语义关系来看，“了”主要受到补语小句谓语的制约，而不需要考虑其他成分的语义限制。

其次，Rint Sybesma、沈阳曾结合潮州揭阳方言，彭国珍曾结合壮语的一些例句对结果补语小句进行过证实，认为结果补语小句理论同样适用方言句法的分析。此外，用结果补语小句理论分析汉语的结果补语结构时，可以联系汉语的“把”字句，如“小S哭湿了手绢”中可以插入轻动词“把”从而得到“小S把手绢哭湿了”，反映在句法结构上不需要更多的移动操作，从而减少了句法结构的操作。故不存在结果补语小句理论是为汉语特设的这一说法。

然而，纵观几种理论或假说对“了”的分析，都在强调“了”的体特征或完结功能，也都对动结式中“了”进行了移动操作，可是都未曾对“了”进行抑制条件的说明，也即“了”移动受到限制的条件。

假设动结式中“了”有抑制补语小句谓语动词 V2 向主句谓语动词 V1 合并的作用，将此称之为“V+了抑制条件”：

如果小句谓语动词（V2）只与小句主语有题元关系，“了”可抑制小句谓语动词（V2）向主句谓语动词（V1）合并成 V1-V2 一起做句子谓语，同时，“V2+了”在移动后，V2 后“了”可省略，但会在句尾留下移动痕迹“了”，由于受自身体投射的性质限制，词尾和句尾一般不同时出现。

接下来举例检验这个假设，例如：

---

① 玄玥（2011）将动结式分为基本动结式类型和致使性动结式共六种，分别为：

a.张三打伤了李四

b.张三哭湿了手帕

c.张三喊哑了嗓子

d.哭累了张三

e.这瓶烧酒喝醉了张三

f.三天行程走累了张三

（8）a.小 S 吃饭完

b.饭完了

c.小 S 吃完了饭（了）/小 S 吃完（了）饭了

a、b 两句是结果补语小句的基本分析，前面已经有过充分说明，重点在于小句 c 词尾的“了”和句尾的“了”二者的共现问题。根据“V+了抑制条件”，词尾的“了”主要是对小句谓语在体貌上的说明，句尾的“了”是对整个动作叙述的说明，二者都有“完结”功能。但受到汉语时制和语义关系的影响，一个动作不能完结两次，所以“了”在词尾和在句尾很少同时出现，当然出于表达需要，口语中“了”也常会在句尾和词尾同时出现。

（四）小结

本节对动结式中“了”的移动作了单独说明，针对移动中出现的问题作出了解释。值得注意的是，当讨论移动时，并不能孤立的将移动看作是分析句法结构的万能钥匙，因为移动必须符合句法结构的整体需要，而成分间的移动与合并更受结构内部语义关系的制约。因此，在结果补语小句理论的基础上本文提出了“V+了”的抑制条件假设，试图解释动结式中“了”的移动受到自身限制的问题。

五、总结

本文主要通过对比分析了现阶段生成语法内几种关于汉语动结式的理论和假说。在结合结果补语小句理论基本内涵的基础上，进一步说明了动结式中“了”是通过与补语小句谓语动词合并之后向前移动产生的“体投射”的中心词，一方面使主句谓语动词的动作有了终点，即动作的完结；一方面使整个句子所描述的事件得到了时态上的解释，从而整个句子在语义上得以成立。

同时，本文认为伴随着“了”的移动，遗留在原来位置的“了”保留了部分“体投射”的完结功能，从而产生了词尾的“了”和句尾的“了”，二者在功能上有局部和整体的差别。然而，“了”的移动必然受到限制，对此，本文提出了“V+了抑制条件”假设，尝试对动结式中“了”在词尾和句尾的情况进行进一步的说明。

本文围绕动结式中“了”的问题，一方面在前人对“了”的研究的基础上深入探究了动结式中“了”的性质和生成，另一方面也试图对“了”提出限制条件。当然，“了”的研究一直是现代汉语语法研究的重要课题，各家亦有各自看法和观点，生成语法理论对“了”的生成和性质的说明还会进一步深入。

参考文献

邓思颖：《汉语形式句法学》，上海：上海外语教育出版社，2010 年。
陆俭明、沈　阳：《汉语和汉语研究十五讲》，北京：北京大学出版社，2004 年。
吕叔湘主编：《现代汉语八百词》（增订本），北京：商务印书馆，2005 年。
刘　涛：《汉语句法移动的神经语言学研究》，南京师范大学博士学位论文，2011 年。
彭国珍：《结果补语小句理论与现代汉语动结式相关问题研究》，杭州：浙江大学出版社，2011 年。
彭国珍：《再论汉语动结式的补语小句理论分析——兼与谢都全、郭应可先生商榷》，《外国语》，2012 年第 3 期。
Rint Sybesma、沈　阳：《结果补语小句分析和小句的内部结构》，《华中科技大学学报》（哲社版），2006 年第 4 期。
沈　阳、彭国珍：《结果偏离义“VA 了”结构的句法和语义分析》，《汉语学习》，2010 年第 5 期。
沈　阳、玄　玥：《“完结短语”及汉语结果补语的语法化和完成体标记的演变过程》，《汉语学习》，2011 年第 2 期。
沈家煊：《现代汉语“动补结构”的类型学考察》，《世界汉语教学》，2003 年第 3 期。
施春宏：《汉语动结式的句法语义研究》，北京：北京语言大学出版社，2008 年。
石定栩：《乔姆斯基的形式句法：历史进程与最新理论》，北京：北京语言文化大学出版社，2002 年。
宋国明：《句法理论概要》，北京：中国社会科学出版社，1997 年。
王　力：《汉语史稿》，北京：中华书局，1980 年。
吴　刚：《生成语法研究》，上海：上海外语教育出版社，2006 年。
熊仲儒、刘丽萍：《汉语动结式的核心》，《暨南大学华文学院学报》，2005 年第 4 期。
熊仲儒：《当代语法学教程》，北京：北京大学出版社，2013 年。
熊仲儒：《现代汉语中的功能范畴》，芜湖：安徽师范大学出版社，2011 年。
熊仲儒：《现代汉语中的致使句式》，合肥：安徽大学出版社，2004 年。
玄　玥：《现代汉语动结式补语是一种内部情态体——“完结短语”假设对动结式结构的解释》，《华文教学与研究》，2011 年第 1 期。
赵元任著、吕叔湘译：《汉语口语语法》，北京：商务印书馆，2001 年。
朱德熙：《语法讲义》，北京：商务印书馆，2012 年。
Huang, C.-T.James. Wǒ pǎo de kuài and Chinese phrase structure. *Language*. 1988(64): 274-311.

Small Clause Results and Generation and Movement of "*le*"（了）in Mandarin Verb-Resultative Construction

TANG Kuan

（Department of Chinese，Faculty of Arts and Humanities, University of Macau，Macao S.R.A 999078 China）

Abstract: This paper is on the basis of the small clause results analysis and points that "*le*"（了）is the center of the AspP in small clause and a subcategory of ASPECT. "*le*"（了）merges with predicate verb of complement clause and moves forward to the main verb. Along with the movement, "*le*"（了）separates into a suffix and a sentence-final particle，and a inhibition condition of "V+*le*（了）" hypothesis is put forward to describe why "*le*"（了）movement is limited.

Key words: small clause results analysis；verb-resultative construction（VRC）；"*le*"（了）

从量级衍推看“才”“就”与句尾“了”的共现制约

陈佳宏*

（浙江大学国际教育学院　中国　杭州　310027）

摘　要：本文分析了“才”“就”在特定结构中与句尾“了”的共现制约现象。本文认为“了”“才”“就”都能触发量级衍推，句尾“了”不能与“才”共现的原因是两者限定的时间范围相反，前者是最小值，后者为最大值。由此衍推出的命题相反，前者是否定命题，后者是肯定命题，两者语义矛盾。而“了”和“就”可共现的语义基础是两者都设定时间词为最小值，都能衍推出肯定命题。本文还认为产生预期义须三个因素：事件已知、有实现性、有设定时间范围的虚词。

关键词：“才”　“就”　“了”　量级衍推　共现制约　焦点

DOI: 10.14095/b.cnki.jics.2019.01.009

一、引言

很多学者都发现在“主语（S）+时间词（T）+副词（adv）+动词词组（Vp）+了”这一结构中，副词“才”和“就”的分布是对立的。具体来说，“才”不与句尾“了”共现；而“就”则经常与句尾“了”共现。如：

（1）*我八点半才到这儿了。

（2）我八点半就到这儿了。

此外，还有一个值得注意的现象，当时间词（T）在说话时间之前时，“就”与句尾“了”必须强制共现；当时间词（T）在说话时间之后时，“就”与句尾“了”的共

*　陈佳宏，浙江大学国际教育学院，研究方向为现代汉语语法。邮箱：jcchenjiahong@163.com。

现是选择性的，即句尾“了”可隐现。如：

（3）*他昨天就来。

（4）他明天就来（了）。

综上所述，“才”和句尾“了”在上述句型中的共现被制约；而“就”和句尾“了”的共现随时间词的变化而出现了两种情况：强制共现和选择共现。除了句法形式上的差异，语义上也有值得思考之处。“我九点才起床”可以产生说话人的预期，而“我九点就起床”则没有。“他昨天就来了”有独立稳定的预期义，而“他明天就来了”其预期义的有无及强弱取决于后续句子。另外“他昨天来了”没有预期义。其中的原因是什么？

学者从不同角度对“就”“才”与“了”句法形式上的共现制约现象进行了解释。陈忠（2002）从“有界”和“无界”的角度来分析“了”的隐现。该文从认知角度来讨论“了”与其他语法成分共现的情况。这篇文章可以解释词尾“了”和部分语法成分共现的原因。但是由于多数学者都认为句尾“了”表示“起始”，词尾“了”表示“结束”。因此该文未加以区别把“了”定义为完整体以此表示有界值得商榷。此外，文中把“才”看成低于某个界限的分析只对数量词或时间词在“才”后边成立，以此认为“才”是无界的，仍不够严谨。因此通过“有界”和“无界”来分析句尾“了”和“才”“就”的隐现关系不太可靠。

陈立民（2005）从语义上分析“才”和“就”时，认为“才”和“了”在语法意义上有冲突，因此不能共现。其理由是“了”表示事件发生时间先于参照时间（说话时间）；而“才”表示事件实际发生时间晚于参照时间（预期时间）。由于文章中所讨论的两个参照时间所指不同，句尾“了”本身也不产生预期时间，因此这一结论不那么令人信服。

金立鑫、于秀金（2013）分析了“才”与句尾“了”无法共现的原因。他们认为，第一，句尾“了”具备新闻性，而“才”表示晚于预期没有新闻性；第二，“才”表示预期的事件没实现，“了”表示新状态开始，语义有冲突；第三，词尾“了”优先约束了情状变量，导致“才”无变量可约束；而“就”和词尾“了”分别约束了两个不同变量，前者约束的是“预期事件实现后的状态”，后者引入并约束的是“预期事件的实现”。该文通过最简单的句子来观察“就”和“才”与句尾“了”是否存在语义冲突来分析两者形式的兼容性有一定的启发意义，但文章认为“了”具有新闻性，而“才”晚于预期就没有新闻性，因此两者存在语义冲突较缺乏说服力。因为无论事件发生早于预期或晚于预期对听话人或说话人都很意外，事件都具备一定的新闻性。

王冬梅、姜炫先（2015）分析了“就”“才”和句尾“了”“的”共现的情形，认为句尾助词的选择是由句子是叙述句还是肯定句决定的，叙述句用“了”，肯定句用“的”。

该文主要讨论了“就”和“了”以及“才”和“的”共现的原因是句尾“的”表示句子“肯定”功能，强调事件真实性；“才”和“的”的共现是由于“了”表示句子“叙述”功能。该文从语用角度来讨论副词和助词的共现情况是一个很好的思路，但文章并没有解释“才”在没有“的”的情况下仍能独立使用的原因。

综上所述，我们认为前人对副词“才”和“就”的研究全面成熟，学者们都发现这两个副词与数量等级有关，本质上与说话人的主观性有关。至于句尾“了”的研究也不少，学者主要从时体角度讨论了其语法意义，普遍认为它表示“动作的起始”或“状态的变化”，但较少将其语法意义与数量相联系。本文认为对于“就”和“才”与句尾“了”共现制约的成因分析最大的困难是研究者没有发现句尾“了”与副词“才”和“就”共同的语义基础，因此对句尾“了”与副词“就”和“才”的共现制约分析就显得缺乏说服力。

基于前人的研究，本文试图找到上述三个词的共同语义基础（三者在特定句型中衍推义的属性），从而解释“才”和“就”在“S+T+adv+VP 了”这一句法槽中形成对立分布的原因。本文认为：“才”设定事件发生时间或预期时间的最大值。句尾“了”作为助词，也起了限制事件发生时间的作用。它设定的是事件实现的最小值，这是“才”和句尾“了”无法共现的原因之一。更深层的原因是，“才”可以推导出一个肯定的衍推命题；“了”则是一个否定衍推命题。这是两者不能共现的根本原因。至于句尾“了”和“就”的共现基础是由于两者都具备设定最小值的作用，且两者都可推断出一个肯定命题。

此外，预期义的产生需要有三个条件：事件是已知的、具备实现性、句中有设定极值的虚词。

二、“才”“就”和句尾“了”的语法意义

（一）S+VP+了、S+才+VP 和 S+就 VP 的语法意义

我们先来看下面一组句子：

（5）A1.他来了。[①]
A2.他才来。
A3.他就来。

我们发现如果去除“了”“才”和“就”，整个句子都变成了“他来”这一不完整的成分。为什么这一成分无法完句？因为“他来”只提供了一个情状变量（situation variable），却没有告诉听话人这一事件是何时发生的，是怎么发生的。这样的语言成分

① 文中例句如无说明均为自编例句。

没有提供足量的信息。

当增加了“了”“才”和“就”后就变成了完整的句子。这是因为这三个词对“他来”这一情状变量赋予了一个值（Value）。（A1）中的“了”标记了“他来”这一事件对听话人是新事件。这件事在说话之前不久发生并将延续到说话时间（speech time, ST）后。我们把说话时间前的某一刻设为 X1，那么句尾“了”表示的事件在时间轴上的范围就是（X1，∞）；（A2）中的“才”则确定“他来”这一事件发生在说话时间前不久的某一刻（X1），且不会超过说话时间。那么“才”所限定的事件发生的时间范围在时间轴上是（X1，ST）。X1 和 ST 这两个时点在时间轴上距离很近。（A3）中的“就”确定了“他来”这一事件发生在说话时间后不久且离说话时间很近。我们把事件发生的时点设为 X2，那么“就”表示事件时间的范围在时间轴上的范围是（ST，X2），ST 和 X2 距离很近，见图 1：

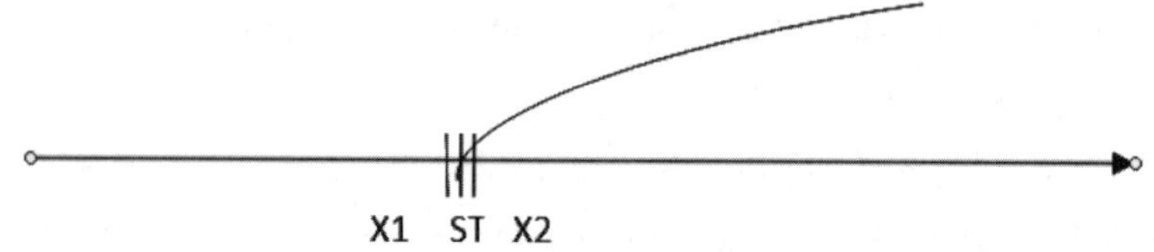

图 1　“了”“才”和“就”限定的情状变量在时间轴上的表现

综上，句尾“了”、副词“才”和“就”三个词的基本语法意义都是限定了事件发生的时间范围。即句尾“了”设定说话时间之前的某个时刻是事件发生的起点（最小值）并会延续下去；“才”设定了说话时间是事件发生的最大范围，事件发生时间不超过说话时间；“就”设定了说话时间在事件发生的最小范围，事件发生的时间至少在说话时间后且离说话时间不久。值得注意的是：（1）“VP 了”和“才 VP”都具备“实现”义，但是“就 VP”所表示的事件是未实现的。（2）“就 VP”和“才 VP”都表示事件发生的时间离说话时间近，间隔短。“就 VP”通过说话时间这一参照项本身即表示“很快发生”。“才 VP”本身并不表示“发生很慢”，这表明如果要让“才 VP”表示“事件发生慢”，其参照项在其他句子成分上。总结见表 1：

表 1　三个句型所表示的时间意义

语义	句型		
	S+VP+了	S+才+VP	S+就+VP
事件的时间范围	说话时间前开始，在时间轴上是连续的（ST 是事件发生的时段起点）	说话时间前且靠近说话时间，在时间轴上是离散的（ST 是事件发生的最大时点）	说话时间后且靠近说话时间，在时间轴上是离散的（ST 是事件发生的最小时点）
事件的实现性	有	有	无
事件的发生快慢	无	无	有，以说话时间为参照

（二）增加时间词后句型的语法意义

当A组句子增加时间词（T）后就形成了B组句子。

（6）B1.他三点（T1）来了。
B2.他三点（T2）才来。
B3.他三点（T3）就来。

（A）组中三个词都对事件发生的时间进行了限定，但其时间是不定指的，只确定在某个范围内发生。我们再来分析（B）组的句子。我们在（B）组中增加了时间词“三点”（T），这就确定了事件发生的准确时间。此时“了”“才”和“就”提供了新语义。

（B1）“他三点来了”，句尾“了”提示听话人“他三点来”是一个新事件。“了”设定T1是事件发生的起点（即最小值）。因此听话人可以知道：“三点以前，他没有来；三点以后，他可能一直在这个地方。”句尾“了”对时间词T1是没有限制的。时间词T1可以在说话时间前或后。（A1）和（B1）的区别是“了”对事件发生的最小值从说话时间前的某一刻变成了T1。两类句子的参照时间都是说话时间。

（B2）“他三点才来”中副词“才”也对时间词T2没有限制。事件可以发生在说话时间前或后。和T1不同，T2不但是事件发生的时间，而且也是一个参照时间。副词“才”一方面引出了T2的对比项：说话人认为的事件应发生的时间，即预期时间（E1）。另一方面也设定了T2是预期时间的最大值，即预期时间应小于T2。

（A2）与（B2）显示了两种时间参照系统。前者以说话时间为参照，以事件发生的时间范围为新信息；后者则以时间词T2为参照，以说话人认为事件应实现的时间范围为新信息。“才”在这两个句子中都是管辖并约束了“他来”这一事件，但前者表示的是事件发生的范围是在说话时间前不久；后者则表示预期时间在T2前。

（B3）“他三点就来”中“就”对T3有限制，T3必须在说话时间后，这说明“就+VP”的参照时间仍是说话时间。比较（A3）和（B3）我们发现，前者说明了事件发生的时间范围在说话时间后不久；后者说明T3离说话时间很近。

综合（B1）（B2）和（B3）这三个句子，我们发现：（1）在上述句子中“了”和“才”对时间词无限制，这说明“才VP”和“VP了”不表示过去事件或将来事件，而是表示说话人主观上认为事件具备实现性。“就”限制了时间词的范围必须在说话时间后，说明“就VP”表示将来事件，说话人对其实现性是不确定的。（2）“才”以T2为参照限定的是预期时间的最大值。“就”以说话时间（ST）为参照限定了T3和ST的距离必须很近。“才”限定的是最大值，“就”限定的是最小值。句尾“了”并不限定句内T1的范围，只限定了T1是事件的起点（最小值）。

（三）“S+T+就VP+了”的语法意义

最后我们来分析句子：C.他三点（T4）就来了。我们发现句子C根据时间词与说话时间（ST）的关系，可得出两类句子：（C1）时间词 T4 在说话时间之前（T4<ST）以及（C2）时间词 T4 在说话时间之后（T4>ST）。

如前文所述，（C1）中的“就”和“了”是强制共现的。原因是“就 VP”本身表示的将来事件不具备实现性，因此 T 在说话时间前就与其语义产生了矛盾。但是句尾“了”则满足了事件实现性，使得 T 可在说话时间前。值得注意的是（C1）中的参照时间不再是说话时间而是 T4，表示事件已经很快就要实现了。因此句外也存在着其对比项：说话人预期的时间 E2，所以句尾“了”和一个在说话时间前的时间词设定了在 T4 之后事件一定实现，因此听话人可以推断说话人认为事件实现的最早时间（最小值）是 T4。

（C2）时间词 T4 在说话时间之后（T4>ST），我们发现这类句子的预期义没有前一类句子这么明显，只有在特定语境下，才会凸显说话人的预期，反之则表示事件将要在 T4 这个时点很快发生。如：

（7）说好后天到北京，可是他明天就到了。

（8）他明天就到北京了。

在（7）句中听话人仍能听出说话人觉得“他”来早了，但是（8）句中听话人就听不出这样的意思。我们认为造成这一现象的原因是事件发生的时间在说话时间前时，事件的实现性要强于事件发生的时间在说话时间后，那么在参照时间上时说话时间还是句中的 T4 就不那么清晰了。因此其预期义就不会被凸显，见表 2。

表 2　四个句型所表示的时间义和预期义

<table>
<tr><th rowspan="2">句型</th><th colspan="5">语义</th></tr>
<tr><th>事件发生时间（T）</th><th>事件的实现性</th><th>事件对听话人是否已知</th><th>“了”“才”“就”的作用</th><th>说话人的预期义</th></tr>
<tr><td>（1）S+T1+VP+了
他昨天来了
他明天来了</td><td>说话时间前或后</td><td>有</td><td>否（焦点）</td><td>设定 T1 为事件实现最小值</td><td>无</td></tr>
<tr><td>（2）S+T2+才+ VP
他昨天才来
他明天才来</td><td>说话时间前或后</td><td>有</td><td>是</td><td>设定 T2 是最大值</td><td>有（E<T2）</td></tr>
<tr><td>（3）S+T3+就+VP
（T3>ST）
*他昨天就来
他明天就来</td><td>晚于说话时间</td><td>无</td><td>是</td><td>设定 T3 是最小值</td><td>无</td></tr>
<tr><td rowspan="2">（4）S+T4+就 VP 了
他昨天就来了
他明天就来了</td><td>在说话时间前</td><td>有</td><td>是</td><td>设定 T4 为最小值</td><td>有（E>T4）</td></tr>
<tr><td>在说话时间后</td><td>弱</td><td>是</td><td>设定 T4 为最小值</td><td>弱</td></tr>
</table>

从表2我们发现产生预期义的要素有三个：(1)事件对听话人来说是已知的。(2)事件具备实现性。“实现性”包含“已然性”，但不等于前者。“已然性”总跟说话时间相关，具备客观性；而“实现性”跟说话时间无关，它是主观的认定。(3)句中有虚词把时间设定为最大或最小值，事件的发生要在一定范围内。

综合上述分析，我们认为在“S+T+才 VP”句子中“才”和“了”不能共现的原因是两者在语义和语用上有矛盾。“才 VP”中的事件对听话人是旧事件；“VP 了”是新事件。“才”把T设定为最大值；“了”却把T设定为最小值。

三、“了”“就”和“才”触发的量级衍推

（一）衍推、预设与预期

郭锐（2006）对“衍推”(entailment)进行了详细定义。他认为“衍推”反映了两个简单命题P和Q的关系属性。衍推应符合如下关系：P真，那么Q也真；Q假，那么P也假；但是P假，Q不一定假；Q真，P不一定为真。此时，我们可以说P衍推Q（P→Q）。如：“我爸爸是一个中学老师”(P)，那么我们可以衍推出“我爸爸是一个老师”(Q)。而“我爸爸不是一个中学老师”(~P)，可以衍推出“我爸爸不是一个老师”(~Q)；但是“我爸爸不是中学老师”无法得知“我爸爸不是老师”；“我爸爸是老师”也无法得知“我爸爸是中学老师”。

预设（Presupposition）和衍推都表示命题P和Q的推导关系，两者的区别是（1）预设是句子存在的前提，即使句子（P）为假，其预设（Q）仍为真；衍推是从句子本身推导出来，当句子为假时，其本身的衍推义不一定为真。(2)预设是会话双方共同知道的旧信息，其中也包含百科知识；而衍推是句子的新信息所在，是说话人断言的部分，指来自话语本身。

预期是说话人认为事件在某个时间范围内会实现。它可能是会话双方已知的旧信息，会话的发生是在此前提下进行的；也有可能是听话人通过特定语句推导出来的新信息，属于衍推的一部分。如：

(9)甲：你把作业交给老师了没有？　乙：我昨天就交了。(预期是预设)

(10)甲：领导昨天才告诉我要去开会。乙：啊，那也太晚了。(预期是衍推)

（二）量级与量级衍推

郭锐（2006）根据命题间相异部分的关系，把衍推种类分为：包含式衍推、释义式衍推以及类推式衍推。本文讨论的重点就是类推式衍推。其衍推的过程涉及到另一个概念“量级”(scale)。它是指一个成员内有等级关系的集合。这种等级关系，可以

是{1、2、3、4……}这样的连续等级序列，也可以是根据百科知识而定的离散等级序列，如：{小学生、中学生、大学生……}等。

量级衍推的原则分两种情况：第一，在连续等级序列中，肯定了一个最大值，就是肯定了集合中的其他成员。否定了一个最小值，就是否定了整个集合内的成员。

（11）我有一百块钱。→我有一块，两块……九十九块。（肯定最高成员→全集）

（12）他能忍受最大的噪音。→他什么噪音都能忍受。（肯定最高成员→全集）

（13）我一分钱也没有。→我没有钱。（否定最低成员→空集）

第二，在一个离散等级序列中，它可通过肯定集合中一个等级最低的成员来肯定全体成员；还可以是肯定一个等级最高的成员来否定集合中的其他成员。如：

（14）这类实验小学生就能做。→这类实验人人都可以做。（肯定最低成员→肯定全体成员）

（15）这类实验博士才能做。→这类实验小学生、中学生、本科生和研究生不能做。（肯定最高成员→排除其他成员）

（三）“了”“才”和“就”的量级衍推义

1.“了”的量级衍推

句尾“了”最基本的语法意义是“变化”。句尾“了”不但可以与动词词组 VP 共现，也可以与名词词组 NP 共现，形成“NP 了”，马庆株（1991）指出这类名词词组必须含有顺序义。我们认为从另一个角度来看，NP 所指对象就是一个等级序列中的成员，“NP 了”表示 NP 从前一个成员移动到了后一个成员。即 NP1→NP2→NP3→NP4……NPn 这一移动过程一般是从低往高来进行的[①]。如：

（16）因此我们制订了一个打入市场的原则：目前以出租为主，等到小康了，再考虑销售。[②]（温饱→小康）

（17）……而杨克已经上高二了，虽有“特许”通行证，实际上是被关在门外。（高一→高二）

（18）我们现在已是老夫老妻了，还留着谈恋爱时期的东西干吗？（恋爱时期→老夫老妻）

---

① 有学者也认为 NP 了也可存在从高往低的情况，如：“苹果一块了！”

② 例句（16）—（18）来自 CCL 语料库。

因此我们认为：句尾“了”引入了一个量级，并设定了NP的前一个成员低于NP。该语句可以衍推出NP前一个成员的情况。

在本文讨论的句型“S+（T）+VP+了”中，“了”同样引入了事件的发生的先后顺序，与“NP了”不同的是，此时句尾“了”设定了事件在某个时刻（T）已实现（或会实现），该语句可衍推出在这一时刻（T）前，事件没有实现或不会实现。

2.“才”和“就”的量级衍推

我们发现“才”常常将其前面的名词成分设定为等级序列中的最高成员；而“就”则会设定为最低成员。具体来说：在时间上，“才”表示事件发生的终点或最大值；“就”表示的是起点或最小值；在社会等级上，“才”表示其前面名词是等级高的成员，“就”表示等级低的成员。如果把最高成员与最低成员调换，整个句子就显得不自然。如：

（19）这类实验博士才能做。/这类实验小学生就能做。
（19’）*这类实验小学生才能做。/*这类实验博士就能做。
（20）妈妈一眨眼工夫就包好了饺子。/妈妈好几天才包好了饺子。
（20’）*妈妈一眨眼工夫才包好了饺子。/*妈妈好几天就包好了饺子。
（21）他从小就贫血，到三十岁才恢复健康。
（21’）*他从小才贫血，到三十岁就恢复健康。

我们再来看两个句子：

（22）一百万才能买一套房子。
（23）一百万就能买一套房子。

上述两句话中虽然在“才”和“就”的前面都是“一百万”，但前者把一百万限定为一个等级序列的最大值，凸显了其数量之大，隐含着说话人觉得“一百万”是买一套房子很高的条件，很难达到。但是“就”则把“一百万”限定为了等级序列中的最小值，凸显了其数量之小，隐含了说话人觉得“一百万”是买一套房子很低的条件，很容易就能满足。这里也蕴含不同的预期义，前者会认为听话人不足一百万；后者则会认为听话人早就超过了一百万。所以可以补出下列对话：

（22’）一百万才能买一套房子，（你手里这二三十万还不够）。
（23’）一百万就能买一套房子，（你有两百万还担心什么）。

3. “了”“就”和“才”的衍推义

我们先来分析三种不同的句型：（1）主语（S）+时间词（T1）+动词词组（VP）了，简称“S+T1+VP 了”，如“爸爸昨天到家了”，“王老师明天来了”。（2）主语（S）+ 时间词（T2）+才+动词词组（VP），简称为“S+T2+才+VP”，如“爸爸昨天才到家”，“王老师明天才来”等。（3）主语（S）+时间词（T3）+就+动词词组（VP），简称“S+T3+就+VP”，（T3<ST），如“爸爸明天就到家”“王老师明天就来”。

根据上述定义我们来分析三个句型的衍推义。（1）因为 T1 是事件发生的最小值，所以我们从“S+T1+VP 了”可以衍推出一个否定命题：在 T1 以前，S 没 VP。即：“爸爸昨天到家了”→“爸爸昨天以前没到家”；“王老师明天来了”→“王老师明天以前不会来”。（2）因为 T2 是事件预期时间的最大值，我们从“S+T2+才+VP”可以衍推出一个肯定命题：在 T2 以前，S 应该 VP 了。即：“爸爸昨天才到家”→“爸爸昨天以前应该到家了”；“王老师明天才来”→“爸爸明天以前应该来了”。（3）因为“就”把 T3 设定为了最小值，我们从“S+T3+就+VP”可以衍推出一个否定命题：在 T3 以前，S 不会 VP。即：“爸爸明天就到家”→“爸爸明天以前不会到家”；“王老师明天就来”→王老师明天以前不会来。

如果我们比较上述三个句型的衍推义，可以发现：（1）句型 2 衍推出的是一个肯定命题，而句型 1 和 3 都是否定命题。我们认为这一差别，是造成“才”不能与句尾“了”共现的根本原因。虽然从句子本身看“才”与“了”的语义似乎并无冲突，但从其衍推出的新命题来看是矛盾的。前者肯定了一个事件；后者否定了一个事件。（2）句型 1 和 3 的衍推义都是否定命题，这是“就”和句尾“才”共现的基础。

4. “就”和句尾“了”的衍推义

我们再来分析另一个句型（4）主语（S）+时间词（T4）+就+动词词组（VP）+了，简称为“S+T4+就+VP 了”。如：“爸爸昨天就到家了”“王老师明天就来了”。

我们发现前文中“S+T1+VP 了”和“S+T3+就+VP”都无法让听话人衍推出说话人的预期，而当“就”和句尾“了”共现，尤其是 T4 在说话时间前时，语句无需语境就能衍推出说话人的预期。原因何在？

对事件的时间做出预期要符合三个条件：一是事件是已知的，至少不会是焦点；二是事件会实现；三是事件会在一个范围内实现。“VP 了”中“了”的前面部分全是焦点，事件是未知的，不能满足条件一。“就+VP”表示事件很快实现（未实现），不能满足条件二。但两者共现时，“S+T+就+VP 了”的基本语义就是：事件很快就要实现了。当 T 在说话时间后时，“很快”是相对说话时间的，当 T 在说话时间以前时，“很快”只能相对于预期时间。因此语句可以衍推出另一个语义是：相对于预期，事件已经很快实现了，“就”设定了这一预期实现时间的最小值就是其前面的时间词，事情应该在该时间以后实现。

该句型可以衍推出另两类否定命题，当 T4 在说话时间之前，可以衍推出：（1）当 T 在说话时间之前时可衍推出在 T4 以前不应 VP。（2）当 T 在说话时间之后，可衍推出 S 在 T4 以前，没有 VP。前者是带有说话人的预期；后者的预期义弱，见表（3）。

表 3　四个句型的衍推义及其命题属性

句型	时间词（T）	衍推义	衍推命题属性
S+T1+VP 了	T1 无限制	T1 以前，S 没 VP	否定
S+T2+才+VP	T2 无限制	T2 以前，S 应 VP 了	肯定
S+T3+就+VP	T>ST	T3 以前，S 没 VP	否定
S+T4+就 VP 了	T4<ST	T4 以前，S 不应 VP	否定
	T4>ST	T4 以前，S 没 VP	否定

综上所述，我们认为句尾“了”不能与“才”在“S+T+才+VP”共现的原因是：（1）两者限定的事件实现的时间范围是相反的，前者是事件实现的起点（最小值），后者是实现的最大值。（2）由此所衍推出的命题也是相反的。前者是一个否定命题；后者是一个肯定命题。

至于“就”和“了”在“S+T+就 VP 了”（T<ST）这一句型中强制共现的原因是：（1）两者都可把其前面时间词设定为最小值：前者是实现的最小值；后者是可能发生的最小值。（2）由此衍推出的命题都是两个否定命题，这是两者共现的基础。（3）“就”本身表示事件很快实现（未实现），当 T 在 ST 前时，没有句尾“了”语义上是矛盾的。当句尾“了”与之共现时，整个句子就表示事情已经很快就实现了，从而引出其对比项——预期事件实现的时间。

当 T>ST 时，“就”和时间词的共现就不矛盾，没有“了”也可以，整个句子只表示事件在说话时间后将很快实现；有“了”的话，句子仍可以表示预期义，但是语义强度远远弱于前一个句型，它主要凸显的还是事情很快会实现。

四、余论

（一）时间词在副词后面的情况分析

我们注意到时间词也可以出现在“才”和“就”的后面，如：

（24）他到北京才三点。
（25）他到北京就三点了。

在这种情况下，语义发生了逆转，“才+T”表示事件的实现早于预期；“就+T+了”

表示事件的实现晚于预期。“才+VP”和时间词 T 共现时，其基本的语义是说话人主观上认为进程“慢”。这可以有两种情况：（1）相对于时间，事件实现得慢。（2）相对于事件，时间过得慢。前一种情况，句法形式表现为：S+T+才+VP；后一种表示为：S+VP+才+T。前者以时间作为参照系统，凸显的是事件预期实现的时间；后者以事件作为参照系统，凸显的是说话人认为预期到来的时间。因为事件实现得慢，所以引出了对比项“预期实现的时间（Ta）”，预期事件的实现要快于实际事件发生的时间，“才”限定的是预期实现时间的最大值。因为时间过得慢，所以可以引出另一个对比项：说话人假想的时间（Tb），说话人认为的时间应该快于实际时间，这样“才”限定了假想时间的最小值。

同理，“就+VP 了”和时间词 T 共现时，表示说话人主观上认为进程“快”：（1）相对于时间，事件实现得快。（2）相对于事件，时间过得快。前者以时间为参照，凸显的是事件实现的时间快，从而引出了其对比项“预期实现的时间（Tc）”，这个集合中的时间都要慢于实际时间，即“就”限定了这一集合中的最小值。后者以事件为参照，凸显的是实际时间过得快于说话人假想的时间（Td），因此这一集合中所有成员都要小于实际时间，因此“就”限定的是最大值。

我们认为诸如“快—慢”“早—晚”“高—低”都是相对而言的，取决于参照系统，如果参照系统发生了倒置，其语义也会倒置。

（二）“了”“才”和“就”的性质

我们认为从信息结构来看，“了”“才”和“就”都与焦点（focus）相关。焦点决定了句子中哪个部分提供了新的、不可推导的或者与预设形成对比的信息。我们认为这三个词的紧邻成分都是焦点。具体来说：（1）句尾“了”前面的所有成分对听话人来说都是新信息，“了”标记的是一个宽焦点——事件焦点。（2）“才”和“就”的焦点都在时间词上。“才”和“就”的作用是引出句外的对比项的序列集合，并限定了这一集合的范围。当时间词位置从左侧移动到右侧时，其限定的序列范围也会发生倒转。两者标记的都是窄焦点——时间焦点。

上述三个词比较特殊的地方是在本文所研究的范围内，他们标示的是其左边（前边）的时间词为焦点，这显然不符合方梅（1995）对标记词的定义。我们认为这是一类特殊的焦点标记词。

参考文献

陈立民：《也说“就”和“才”》，《当代语言学》，2005 年第 7 期。

陈　忠：《“了”的隐现规律及其成因考察》，《汉语学习》，2002 年第 1 期。

陈小荷：《主观量问题初探——兼谈副词“就”“才”“都”》，《世界汉语教学》，1994 年第 5 期。

邓川林：《语用量级与句尾“了”的成句条件》，《语言科学》，2015 年第 14 卷第 2 期。

方　梅：《汉语对比焦点的句法表现手段》，《中国语文》，1995 年第 4 期。

郭　锐：《衍推和否定》，《世界汉语教学》，2006 年第 2 期。

胡建刚：《主观量度和“才”“都”“了 2”的句法匹配模式分析》，《世界汉语教学》，2007 年第 1 期。

贾齐华：《限定副词“就”的语义指向及语句的语义蕴含》，《信阳师范学院学报》，1999 年第 3 期。

蒋静忠、魏红华：《焦点敏感算子“才”和“就”后指的语义差异》，《语言研究》，2002 年 30 卷第 4 期。

金立鑫、于秀金：《“就/才”句法结构与“了”的兼容性问题》，《汉语学习》，2013 年第 3 期。

金立鑫：《关于“就”和“才”若干问题的解释》，《语言教学与研究》，2015 年第 6 期。

卢英顺：《从凸显看“了”的语法意义问题》，《汉语学习》，2012 年第 4 期。

马庆株：《顺序义对体词语法功能的影响》，《中国语言学报》，1991 年第 4 期。

齐沪扬、李文浩：《突显度、主观化与短时义副词“才”》，《语言教学与研究》，2009 年第 5 期。

王冬梅、姜炫先：《从肯定和叙述的角度看副词“就、才”和句末“了、的”的共现》，《语言教学与研究》，2015 年第 6 期。

杨凯荣：《从表达功能看“了”的隐现动因》，《汉语学习》，2013 年第 10 期。

周家发：《主观量的梯级模型解释》，《汉语学习》，2012 年第 4 期。

祝东平、王　欣：《“就”字句、“才”字句表主观量“早”“晚”与“了”的隐现》，《宁夏大学学报》（人文社科版），2008 年第 7 期。

The Analysis on the Co-occurrence Restrictions of "*cai*"（才），"*jiu*"（就）and "*le*"（了）Based on Entailment of Scale

CHEN Jiahong

（The International College of Zhejiang University, Hangzhou 310027 China）

Abstract: The paper analyzes the co-occurrence restrictions of "*cai*"（才），"*jiu*"（就）and "*le*"（了）in the specific structure. It is argued that the three words aforementioned all enable hearers to trigger the scale entailment. The cause which "*le*"（了）in the end of sentences does not co-occur with "*cai*"（才）is that the two words set the opposite time ranges, and thereby hearers will entail the opposite propositions. Whereas "*le*"（了）often co-occurs with "*jiu*"（就）, because they both set time words as minimum values, however "*jiu*"（就）+VP can't indicate an event has actualized, whereas "*le*"（了）endues an event with realization. When "*le*"（了）co-occurs with "*jiu*"（就）, it will generate anticipation meaning.

Key words: "*cai*"（才）; "*jiu*"（就）; "*le*"（了）; scale entailment; co-occurrence restrictions

泰籍高级华语学习者偏误分析及教学建议：以带“完”字结果补语为例

陈玄恩　邱力璟*

（台湾大学华语教学硕士学位学程　台北　100）

摘　要： 本研究旨在探讨泰籍高级华语学习者使用汉语结果补语“完”的偏误现象。研究采用对比分析及问卷调查法，归纳学生的偏误状况及原因，最后提出教学建议以供借鉴。28 名泰籍学习者填写网络问卷的结果显示，结果补语“完”的答对率仅 72.11 %，显示高级学习者仍会在处理复杂句型时出现偏误，而导致学习者产生偏误的主要因素为学习者母语的负迁移。泰语语法中没有补语“完”的结构，能对应到汉语补语的结构为泰语的状语结构。经过本研究的对比分析发现，泰语状语结构中宾语与状语的关系比汉语补语结构中动词与补语的关系更为紧密。因此，如果教师在课堂中讲解两种语言在句型上的异同，必然可以让学习者掌握汉语结果补语中的紧密性原则，亦能有效减少学习者在生活中使用补语“完”的偏误。

关键词： 结果补语“完”　华语语法　泰语语法　对比分析　偏误分析　语法教学

DOI: 10.14095/b.cnki.jics.2019.01.010

一、前言

华语教学随着中国经济的提升逐渐受到重视。中华人民共和国外交部（2016）数据指出，中国与泰国于 1957 年建立外交关系，许多华侨定居于越南、印度尼西亚、泰国、缅甸等地，因此中国大陆及台湾地区教育部门开始在东南亚设立华侨学校。江惜美（2007）表示，台湾推广侨民华语教学已有七十八年之久。再者，泰国政府与中国在 2012 年建立了全面战略合作伙伴关系，更在近年保持健康稳定发展的关系。除了为

* 陈玄恩，台湾大学华语教学硕士学位学程。邮箱：Endele5678@gmail.com。
邱力璟，台湾大学华语教学硕士学位学程。邮箱：lichingchiu@ntu.edu.tw。

台商子弟设立的华语中心外，泰国教育部也开放泰籍人士或泰国华人创办学校及补习班供泰籍学生学习华语。

华语教学在泰国虽随着学习华语的热潮逐年上升，甚至堪称华语热潮最蓬勃的时期，然而其华语教材却未因华语教学的普遍而受到关注。泰国政府到目前为止仍未针对泰籍学习者统一编制华语教材，当地学校所使用的教材多是以英语为母语人士所编制的《实用视听华语》《远东生活华语》《体验汉语》等，而泰国当地的华语补习班则多采用任景文（2001）为泰籍学习者所编制的《初级汉语》一书。由此可见，华语教师在泰国教学面临最大的难题就是找不到适用的华语教材。对泰籍学习者来说想要将华语语法对应到母语已经是一个挑战，遑论用以英语为母语人士所编制的华语教材来了解华语语法，这又是另一个挑战。

国内外探究泰籍学习者学习华语的研究并不多，针对语法的分析①更是屈指可数。笔者发现②泰籍学习者写句子或短文时，常将“写完作业”误写成“*写作业完”。换言之，学习者会将“动词（V）＋补语（C）＋宾语（O）”的语法结构写成“V＋O＋C”的结构。这个情况并非只出现在初级学习者身上，高级学习者不管是在书写或是口头使用时仍会出现混淆的状况。综上所述，笔者希望在本研究中利用问卷调查及对比分析的方式来了解泰籍高级学习者使用汉语结果补语的偏误，并在文末给予相对应的教学建议。本文的研究目标有三：第一，从数据中归纳泰籍高级华语学习者使用结果补语“完”的偏误状况及特色；第二，透过对比分析探讨造成泰籍学习者使用汉语结果补语“完”的偏误原因；第三，针对泰籍学习者结果补语“完”的偏误提供对应的教学建议。

二、文献探讨

（一）汉语结果补语结构

“补语”乃汉语的语法特色之一，朱德熙（1982）表示补语的作用为说明动作的结果或状态。朱德熙（1982），刘月华、潘文娱、故韡原（2001）及刘永君（2008）将补语归类为：结果补语、可能补语、状态补语、程度补语、趋向补语、情态补语等。钱乃荣（2002）认为汉语共有八种补语形式，包括：结果补语、能否补语、情态补语、程度补语、对象补语、数量补语、时间补语、处所补语。齐沪扬（2005）及卢福波（2011）则将补语归类为：结果补语、趋向补语、可能补语、程度补语、数量补语及介词短语补语。

黄素娥（2011）提到补语结构“主语（S）＋谓语（V）＋补语（C）＋宾语（O）”

---

① 感谢一位匿名审稿者建议，我们得知在广州中山大学，出版有一系列系统整理“偏误分析”的书籍，其中包括泰国学生的偏误研究。

② 研究前，笔者先寻问一位在泰任职的华语教师泰籍学生常犯的错误，并请来 3 位泰籍高级华语学习者填写问卷试题。笔者透过先导性研究发现，即便学习者已经到达高级程度仍会在选择正确结果补语句型时有严重混淆的状况。

中的补语可以是动词或形容词。卢福波（2011）定义“结果补语”为用来表示动作或状态变化的结果，且句子通常是由动词及形容词组合而成的。齐沪扬（2005）发现常与补语搭配的动词有：“走、跑、动、倒、死、间、懂、成、玩、穿、透”，如“打死”。再者，与补语搭配且表示性质的形容词有“好、低、对、美丽、诚实、朴素、平常”，而表示状态的形容词有“冰凉、雪亮、沉甸甸”等。本文将重点放在与补语搭配的动词“完”。“完”在“结果补语”的结构中是用来表达动作或事件的终点。结果补语“完”的结构为“动词（V）＋补语（C） +宾语（O）”，“完”字放置在动作后，如“写完”或“写完作业”。

Sun（2013）更进一步提及结果补语结构是由两个动词结合，结构中的第二个动词（V2）主要是用来表达第一个动词（V1）的结果或状态。就语义层面上来说，带“完”字结果补语中的“完”已近乎失去原义，反而承接了动貌的语义成分，用来表示动作的状态。再者，从句法功能的角度来说，结果补语的论旨角色分成三种：其一，“打破”所承接的宾语为受试者（patient），也就是说宾语受到 V1 及 V2 的影响而有所变化；其二，“看完”所承接的宾语为客体（theme），其宾语会因为 V1 而得到 V2 的结果；其三，“喝醉”所承接的宾语也是客体（theme），然而其宾语是属于历事者因为 V1 而呈现的状态。

Li（2012）指出结果补语是介于实词（content words）和语法标记（grammatical markers）之间的词组（bounding expressions），尚未达到动貌标记的语法功能。庄舒文（2002）则认为“完”反映了时间及空间，表示事件在某个时空中已经结束，因此“完”字补语时常与动貌标记“了”搭配。黄伯荣（2011）亦归纳出汉语在同时使用“完”和“了”时，“了”只能附着于句末，且句子加上“了”会影响整个句子的完整性，如“我吃完饭”及“我吃完饭了”。笔者认为“我吃完饭”表示“饭被吃完”，但是句子尚未完整，动作会继续进行。完整的句式“我吃完饭了”则会同时表示“饭被吃完”的完成义及“吃饭的动作已经停止”的状态。

程岚（2010）认为结果补语在汉语中的使用频率极高，但是对普遍的华语学习者来说是一个学习难点。学习者不仅会因母语中没有相对应的形式而产出偏误的句型，还会因母语为有标的语言包含太多对应的形式而出现混淆的状况。研究者在研究中进一步提出汉语结果补语的两个特色，其一为其音节的特色，另外一个则是结构的紧密性。动词和补语搭配时多以单音节为主，如“吃”和“掉”，形成“吃掉”的双音节结构。另外，结果补语是针对动作整体的描摹进而表现整体事件的完结，其结构是在动词后加上“完”，如“吃（V）＋完（C）＋饭（O）”。换言之，补语及动词之间的紧密性[①] 使补语直述句结构中“V＋C”间不可穿插其他成分。

---

① 王娇娇（2010）提出动词及宾语的紧密性原则并以此来形容泰语的状语直述句结构。泰语中的动词和补充说明动词的成分不像汉语一样紧密，反而是动词和宾语的关系才更为紧密。因此，泰语表达补语的形式是先表达动作及涉及的宾语，再以状语修饰动宾词组来表达结果，其结构为“V＋O＋状语”。本文针对结果补语基本的直述句形式的紧密性进行讨论，而不进一步剖析问句及否定句中的离合形式。再者，Sun（2013）亦认为补语结构是独立的词组，因此汉语补语结构中的动貌标记“了”或其他成分皆不可穿插在词组之间，如“*吃了完”。

（二）泰语结果补语结构

汉语和泰语皆属汉藏语系的孤立语。不管是汉语或泰语的母语人士，他们都是以变换语序的手法来表达时序或事件的结果。两种语言间虽有许多相似结构，但也有其差异之处，“补语”就是两者的差别之一。王娇娇（2010）在研究中表示，泰籍学习者习惯将汉语的结果补语对应至泰语中的状语形式，结构为“V＋O＋状语（ADV）”。泰语中的动词和汉语的一样，都可以搭配结果补语来表示事件的终点。然而，泰语的动词和补充说明动词的成分不像汉语一样紧密，反而是动词和宾语的关系更为紧密。由此可见，泰语中表达结果补语的形式是先表达动作所涉及的宾语，再以状语修饰动宾词组表达结果，如例（1）：

（1）มาลี　อ่าน　หนังสือ　เสร็จ　แล้ว
mali　an　nangseu　sed　leow
玛丽　读　书　完　了
玛丽读完书了。

刘玉川（2008）指出泰语与汉语的动词在补语之前，但汉语与泰语中的宾语语序则不同。汉语的宾语是在补语之后，而泰语的宾语则是放在补语之前，因此当汉语的补语不带宾语时，学习者几乎不会有偏误的状况出现，如例（2）。反观，当补语与宾语同时出现时，学习者就会有严重的母语负迁移的状况。除此之外，研究者透过数据发现泰籍学习者在使用结果补语“完”的形式时最常产生“错序”的偏误，如“做完作业”会译作例句（3）。总而言之，泰籍学习者归纳汉语补语结构并对应至自身的母语是导致使用上的偏误率增高的主要原因。

（2）มาลี　ทำ　เสร็จ　แล้ว
mali　tum　sed　leow
玛丽　做　完　了
玛丽做完了。

（3）มาลี　ทำ　การบ้าน　เสร็จ　แล้ว
mali　tum　gangban　sed　leow
玛丽　做　作业　完　了
玛丽做完作业。

（三）语言习得偏误

Corder（1967）曾区分二语习得中的“错误”及“偏误”，他认为学习者的语言错误不可与其使用语言时所产生的偏误相提并论。“错误”的产生并非受到语言能力层面影响，所以从中找不到特定的规律。反之，“偏误”是可以被归纳的，亦可透过了解学习者的母语及目标语的差异进行比对及修正。

王娇娇（2010）在分析问卷后发现泰籍学习者学习汉语补语的四大偏误：宾语的错序 24.71%、结果补语的误代 17.31%、否定副词的误代 11.44%及“了”的错序 0.30%。其中，结果补语误代是指学习者在未能完整掌握动词及补语搭配的状况下所产生的偏误，如例（4）的肯定句及例（5）的否定句。在肯定句中，学习者会受到母语影响而将“完”字放置于宾语之后。而在否定句中，学习者亦会受到母语的负迁移而将宾语放置于否定词之前。另外，研究者还发现学习者使用“宾语”和“了”时会出现错序的偏误，如例（6）将“念完书了”写作“*念书完了”。

（4）มาลี ทำ การบ้าน เสร็จ แล้ว ค่อย นอน
mali tum gangban sed leow koi non
玛丽 做 作业 完 了 再 睡
玛丽做完作业了再睡。

（5）มาลี ยัง กิน ข้าว ไม่ เสร็จ ก็ วิ่ง ออก ไป แล้ว
mali yang gin kao mai sed go wing oak pai leow
玛丽 还 吃 饭 没 完 就 跑 出 去 了
玛丽还没吃完饭就跑出去了。

（6）มาลี อ่าน หนังสือ เสร็จ แล้ว
mali an nangseu sed leow
玛丽 念 书 完 了
玛丽念完书了。

陈俊光（2011）根据第二语言习得会因母语的影响进而产生迁移的概念进一步指出第二语言除受到第一语言的形式影响外，第二语言行为也同样会影响母语。可见，跨语言的影响造成学习者学习语言过程中的难处是产生偏误的原因之一。而偏误分析主要是针对学习者使用第二语言的偏误来分类，包括：过度类化或简化所产生的“语内偏误”及母语迁移的“语际偏误”。本研究主要探讨不同环境的语言表现导致泰籍学习者学习汉语时受到母语语序迁移的偏误。

（四）对比分析理论

陈俊光（2011）将对比分析架构分为两种：一是强式，二是弱式。强式架构指的是古典分析架构，主要以预测学习者在学习第二语言时可能会遭遇的困难点。此切入点缺乏客观依据，属于先验式的研究。弱式架构则是填补强式架构的缺陷，先检视偏误进而归纳偏误的特色及类型。作者将二语习得的母语迁移的对比分析分成四类，分别是：将认知观点纳入研究中、参考功能性的篇章与语用、跨语言的制约条件及跨语言学习者表现比较。本研究综合强、弱式的架构先诊断学生的难处，再针对偏误进行跨语言学习者表现的比较及分析。

三、研究方法

（一）研究设计

本研究征求 28 名学习华语超过 5 年以上，年龄在 20 到 25 岁之间的泰籍高级华语学习者在线上[①] 填写结果补语“完”的试题。其中学习年限超过 10 年的受试者共 17 位，学习时数达 5 年但未满 10 年的受试者共 11 位。研究前，笔者找了 3 位学习华语超过 10 年的泰籍人士及 1 位目前在泰任职的华语教师，询问有关泰籍学生在学习或使用时的语法偏误。

经调查发现，学习者到了高级阶段仍不清楚“完”的语法规则。因此，学习者在写作业或对话时常会产出“V＋N＋完”的偏误句型。本研究进行过程中，笔者先请 28 位泰籍学习者在线上完成结果补语“完”的试题，接着透过问卷填答的数据来归纳高级学习者的偏误率及偏误特点。最后，笔者亦采用对比分析探讨汉语与泰语表达结果的句型结构中的异同处，并在文末提出教学建议供华语教师借鉴。

（二）问卷设计

本研究主要以学习者填答问卷的数据进行定量分析。问卷（附件一）题目皆为选择题，共分为 5 个部分。第一个部分为基本资料，用以确认学习者的年龄、学习华语的年限及学习华语的场所等资讯。第二至第五个部分为 40 题与“结果补语”及“动貌标记”相关的选择题，每一题有三个选项。其中 15 题为与“完”相关的题目、15 题为非与“完”相关的“结果补语”的题目，另外 10 题为动貌标记的混淆题，用以避免学生发现研究目的而影响研究结果。测验中，受试者须在读完题目后判断题目中的句型是否正确。若正确，受试者须勾选“正确”。若受试者认为题目中的句型有误，则须从另两个选项中选出正确答案。

四、研究结果

（一）“完”的偏误分析

问卷的结果如图 1 所示，结果补语“完”的答对率为 72.11%，其余非“完”的结

---

① 笔者先用 Google Drive 系统中的 Google Forms 制作线上问卷供受试者填写，再参考系统所提供的图表资料统一整理研究中所需数据。

果补语答对率为 81.01%。换言之，结果补语“完”的偏误率高于其他的结果补语及动貌标记。

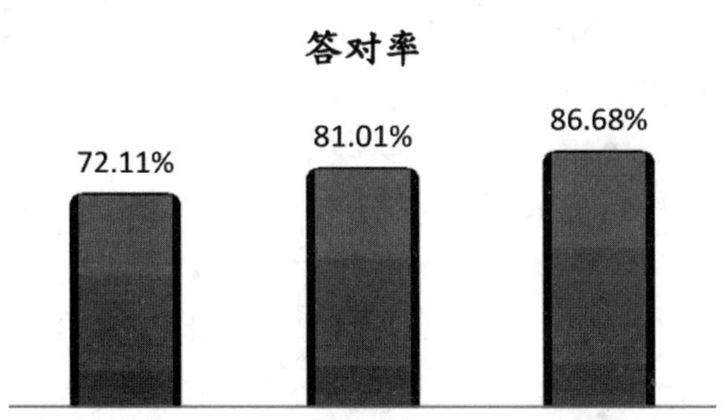

图 1　问卷各题型的答对率

笔者截取问卷中有关“完”的题目，将各选项的选取状况呈现于表 1 中。表格的左栏为“完”的题目，接着将学生有可能选择的答案分为汉语补语结构“V＋完”、泰语状语结构“O＋完”及“其他选项”。据表 1 统计，受试者属高级华语学习者，基本句型如第 1、2、12、18 题偏误率并不高。比较特别的是，从第 3 和 13 题中可以看到学习者偶尔会将“完”的结构“S＋V＋完＋O”和谓语性补语（如：英文书，我不要）的结构搞混。

表 1　问卷“完”的题目中各选项的选取人数

“完”题目	V＋完	O＋完	选取人数	其他选项
1. 他吃饭完	25	1	2	他完吃饭
3. 我写完作业	23	2	3	作业写完
9. 我唱歌完了	21	7	0	唱歌完了我
12. 我看电影完	25	3	0	看完电影我
13. 我读完书	20	7	1	我书读完
15. 他打电话完了	15*	13*	0	打电话完了他
18. 茶喝完我	24	4	0	茶喝完我
21. 他跑步完了	13*	15*	0	我跑步了完
24. 他喝奶茶一杯完	23	5	0	喝奶茶一杯完
26. 他听新歌完	26	2	0	他新歌听完
30. 我喝酒完很快乐	17*	2*	9*	很快乐喝酒完
32. 读英文完读华语	12*	12*	4*	读英文读华语完
35. 喝酒完在喝咖啡	18*	7*	3*	喝酒再喝咖啡完
38. 他听故事完就哭了	23	3	2	他哭了就故事听完
40. 他看完电影就睡觉	20	7	1	他睡觉就看电影完

即便泰籍高级华语学习者已经完整掌握基本的补语句型，但是从表 1 中仍可以观察到学习者在使用较为复杂的结果补语“完”句型时偏误率就会上升。有趣的是，学习者的偏误都是有规律的，如第 30、32、35 题包含形容词和两个动词的句型及第 15、21 题“完＋了”的句型。学习者在学习结果补语时会把已经习得的谓语“V＋O”（如：读书）当成一个动词词组，再加上“完”来表现一件事的终点。这样的语法观念导致学习者在使用结果补语时会出现“V＋O＋完”（如：*读书完）的偏误状况。由此可见，高级华语学习者使用简单的句型不会有混淆的状况出现，但是在面对重动句时就会出现母语负迁移的现象。

从图 2 中可以看出高级学习者对“完＋了”的结构是不熟悉的，且出现严重的母语负迁移及混淆的状况，其偏误率分别达到 46%和 54%。汉语中用来表示整个句子范畴的结果和事件结束的“了”字通常会置于句末，与结果补语“完”搭配的结构为“V＋C＋完＋O＋了”。然而，泰语中表达“了”的词虽也是附着于句末，但是表达结果的状语结构与汉语不同，所以搭配“了”的结构便是“V＋O＋ADJ＋完＋了”。研究发现，高级学习者能正确处理“完”的结构，但对他们来说判断更高一阶的语法结构比较困难。因此，当学习者在句子中单独看到“完”时并不会有疑虑，但同时看到“完”和“了”时，就会受到母语语法的影响。

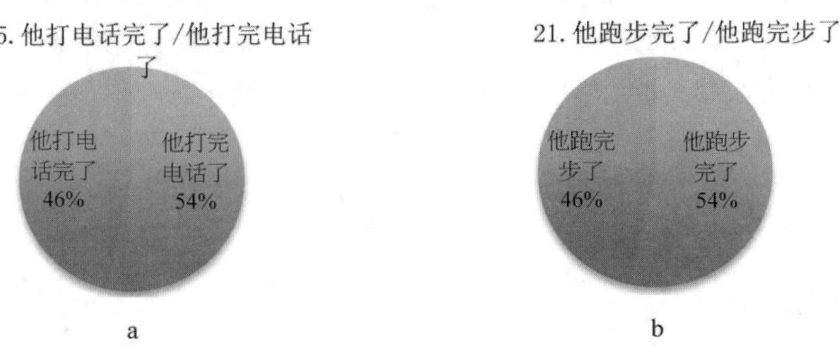

图 2　问卷第 15 及 21 题的答题比例

再者，虽然第 30、32、35 题中选择“O＋完”的人数不算多，但是学习者多数仍选择“其他选项”中“完”放在宾语后的选项。换句话说，在两个动词和宾语重复出现时学习者会将“完”放在第二个宾语后面，如“*读英文读中文完”。若将“其他选项”纳入“O＋完”的偏误选项，第 30、32 和 35 题的偏误率高达 39%、57%和 36%。由此可见，学习者还没有完全掌握汉语语法中“完”的规则和用法。

综上所述，虽然多数学习者已经学习华语超过 10 年，但他们在使用“完”时仍然会出现偏误。学习者虽知道“完”的语义功能，但并不清楚结果补语的语法结构。这就是导致学习者在面对较复杂的句型时会有母语负迁移状况的原因。

（二）比较“完”和其他结果补语的偏误

问卷中除了使用 10 道动貌标记的题目当作混淆题外，还掺杂了 15 题除了“完”以外的“其他结果补语”，如“嫁错、吃光”等。因动貌标记与“完”的结果补语性质不同，不具可比性，所以本章节暂不列入本研究的探讨范围中，只讨论与结果补语结构相关的题目。

经笔者分析其他结果补语的数据后发现，其他结果补语的答对率比结果补语“完”来得高，其答对率约 81.01%，这样的比例仍然值得探讨。学习者虽在使用“其他结果补语”的偏误率比较低，但还是会有少数“错序”的偏误出现。更值得一提的是，观察表 2 可以发现结果补语“V＋C”和“V＋完”两者的偏误类型相似。

表 2　问卷“结果补语”的题目中各选项的选取人数

题目	V＋C	O＋C	选取人数	其他选项
11. 他人嫁错	21	1	6	他人嫁错
17. 我吃鱼光	15	12	1	我鱼吃光
28. 我们课文读懂	22	5	1	我们课文读懂
36. 他打破玻璃	19	5	4	他玻璃打破

学习者容易忽略谓语和结果补语的紧凑性而在中间插入其他成分，例如“*他吃鱼光”或“*我们读课文懂”。然而，除了典型的“O＋C”偏误外，学习者还会将结果补语后置，形成“O＋V＋C”如“*他人嫁错”或“*他玻璃打破”的句型。虽然“V＋C”的形式正确，但却有宾语错序的状况出现。总而言之，学习者在使用其他结果补语时，除了会产生类似“O＋完”的典型偏误外，还会有宾语错序的偏误。

五、汉泰语法对比分析

泰语的语法结构中与汉语补语结构最相似的是状语结构。即便泰语没有补语结构，教学者仍可以在教学课堂中依据泰语的状语结构让学生更清楚地明白补语结构的功能。汉语结果补语的肯定句结构为“V＋C＋O”，而泰语能够对应的状语结构则是“V＋O＋ADV”。汉语和泰语的结构中，动词都放置于主词之后，且都可以用“完”或“เสร็จ（sed）”来表示动作结束。不同的是，汉语的宾语会出现在补语之后，而泰语的宾语则放置于补语之前。由此可知，泰籍学习者在学习华语时，若直接将补语结构对应至泰语的结构就会出现以下偏误：

（7）มาลี　　ทำ　　การบ้าน　　เสร็จ　　แล้ว

mali tum gangban sed leow

玛丽 做 作业 完 了

玛丽做完作业了。

（8）มาลี วิ่ง เสร็จ แล้ว

mali wing sed leow

玛丽 跑步 完 了

玛丽跑完步了。

结果补语的结构是用来表示一件事情完结，但是母语人士偶尔会搭配否定副词“不”“没”或“还没”来表达动作尚未结束或正在进行。其中，汉语中的“不”和“没”，在泰语中都是用“ไม่（mai）”，此为泰籍学习者学习汉语的一大难点。因此议题①不在本研究范围内，笔者将暂时不在本章节对比泰语及汉语搭配结果补语与“不”和“没”的结构。然而，汉语否定副词“还没”及泰语否定副词“ยังไม่（yang mai）”与“完”搭配的频率极高，功能为表达事情在将来会完成但到目前为止尚未完成。在汉语中，“还没”黏着度高，放置在补语前，其结构为“否定副词（还没）＋V＋C＋O”。泰语的“ยังไม่（yang mai）”黏着度则不高，其结构则是“否定副词（还）＋V＋O＋否定副词（没）＋ADJ”。结果补语的否定副词句型与肯定句相似，学习者在使用时常会忽略“V＋C”的紧密性，进而构成与肯定句类似的偏误，如：

（9）มาลี ยัง กิน ข้าว ไม่ เสร็จ

mali yang gin kao mai sed

玛丽 还 吃 饭 没 完

玛丽还没吃完饭。

（10）มาลี ยัง คุย โทรศัพท์ ไม่ เสร็จ

mali yang kui tolosup mai sed

玛丽 还 讲 电话 没 完

玛丽还没讲完电话。

（11）มาลี อ่าน หนังสือ เสร็จ แล้ว

mali an nangseu sed leow

玛丽 念 书 完 了

玛丽念完书了。

比对两种语言用来表示结果的句型结构后发现，泰籍学习者典型结果补语偏误的

① “ไม่(mai)”为泰语中最常用的否定副词，它已经可以涵盖几乎所有否定副词的功能，所以泰籍学习者在使用“不”和“没”时常有偏误的状况出现。否定副词为泰籍汉语学习者学习汉语的难点之一，目前已经有许多研究者采对比分析及偏误分析探讨此议题。此议题较为复杂且与本研究目标不相关，笔者将暂时不在文中探讨。

主要原因是无法掌握汉语结果补语中动作及补语的紧密原则，换言之，“V＋完”不可以拆解。然而学习者因受到母语的干扰常有误拆的状况，例（11）即是泰籍学习者学习补语的典型偏误句型。

六、教学建议

笔者从研究结果中发现，学习者会以“构式整体记忆”的方法将动宾词组加上补语“完”来表示动作完成，例如：“洗澡＋完”。然而，汉语的结果补语结构是在动宾词组中插入补语成分，构成“V＋C＋O”的结构。因此，笔者建议针对年龄较小的初级学习者，教师可以：（1）让学生熟悉汉语结果补语中动词及补语的紧密性；（2）利用学生已知的生词，以问句的方法导入正确观念；（3）让学生重复练习造句子并应用至生活情境中。对于成人学习者，教师则可以：（1）用对比法教学讲解汉泰句型的异同处；（2）用学习者熟悉的生词讲解离合词的定义；（3）让学生重复演练造句并应用至生活中。

汉泰表达结果的句型结构分别为：汉语“V＋C＋O”和泰语“V＋O＋ADV”。比对汉语结果补语及泰语状语结构后发现，汉语的动词语补语结构较为密切，泰语则是宾语与相较于汉语补语的状语结构较为密切。因此，针对年龄较小的学习者，教师可以选择频率高且学习者已经熟悉的动词，用动作或图片表现出“吃完”“喝完”等动作，让学习者了解“完”的意思。接着，教师可以指着真实对象或图片问学生“老师（V）完什么？”，例如，教师指着“饭”的照片问学习者：“老师吃完什么？”学生应回答：“老师吃完饭。”学习者熟悉结构后，老师便可以组织活动或让学习者写学习单，以利加强学习者对结果补语结构的印象。

针对成人或是高级学习者，教师除了用问句让学习者熟悉结果补语结构外，还可以用对比教学的方式补充说明汉泰表达结果的句型结构。再者，教师也可以利用频率较高的离合词[①] 进一步让学习者了解汉语中动宾词组加上补语“完”时会出现离析的现象。教师应先挑选适合学习者的生词，再利用问句的方式让学习者熟悉离合结构。另外，笔者强烈建议教师可以在课堂中组织活动，让学生玩游戏或写学习单，以利加深学生的印象。

综上所述，汉语和泰语不带宾语的结构相似，不会带给学习者学习困扰。因此，教师可从最基本的“V＋C”句型帮助学生建立正确的观念，再以问句的方式让学习者了解汉语动词及补语的紧密性。最后，教师可以利用活动及学习单加强学习者对结果补语结构的印象，并将其结构融入生活的情境中。

---

① 王海峰（2009）认为“离合词”在“合”的状态下是常态，然而“离”时则是异态。据研究者统计，离合词插入“了”的离析形式最多，其次就是插入补语的离析形式。

七、研究限制与展望

因本研究只采集了 28 名来自同一所学校的泰籍高级华语学习者的问卷回馈，研究结果严格来说并不足以涵盖所有泰籍高级学习者的状况；但本研究发现仍可作为教师参考依据。其次，研究中只针对高级学习者的偏误作数据分析，笔者建议在未来的研究中可以用输出的方式来探讨初级及中级的偏误，又或是更进一步比较三个级别的学习者使用结果补语偏误的状况。

最后，汉语补语结构除了独特性外还具有多样化特质。本研究以汉语结果补语的肯定句结构作为研究目标，但泰语和汉语否定结构的不同也会增加学习者学习否定结果补语的难度。因此，两种语言否定副词的使用仍有待探究。除此之外，笔者建议也可以在未来的研究中探究结果补语疑问句的形式。由于泰语中没有任何补语形式，所以泰籍学习者对所有的补语都可能会因母语迁移的影响产生使用偏误。在未来研究中亦可针对其他结果补语作偏误分析和对比分析来加强泰籍学习者对补语的理解及掌握。

八、结论

补语结构是汉语母语人士在日常生活中使用率极高的结构之一，经研究发现，泰籍高级华语学习者填答结果补语的答对率为 72.11%，且导致学习者使用偏误率增高的主要原因为母语负迁移。虽然此偏误较常出现于初级学习者身上，但从研究中可以得知高级学习者不但没有完全掌握结果补语的结构，还会在面对复杂的补语结构句式时产生困扰，甚至有石化及学习停滞期的现象。

汉语结果补语的结构为“V＋C＋O”，句中动词及补语的关系相当紧密，中间不可插入任何成分。因此，原本的动宾结构“V＋O”（如：“读书”）在搭配“完”时就必须拆解，写作“读完书”。结果补语标记“完”及动貌标记“了”都是用来表示动作完成，所以通常都会在句型中同时出现，表现动作及句子的完整性。泰语中没有结果补语结构，能对应到汉语补语的结构为泰语的状语结构。泰语状语结构中的“เสร็จ（sed）”相当于汉语补语标记“完”，“แล้ว（leow）”则是动貌标记“了”。不一样的是，泰语表达动作结果的结构为“V＋O＋ADV”。在这种情况下，学习者会以整体的方式记忆动宾词组，再将补语放置宾语后。因此，泰籍学习者时常在有动词及宾语的句型中构成典型偏误句型，如“*做作业完了”。

汉语的补语结构是华语教学的教学难点之一，笔者认为教师应在课堂中加强学习者对结果补语“V＋C”紧密性原则的认知。这样一来，泰籍学习者不但能减少学习困扰，还能完全掌握结果补语，更能避免在高级阶段学习时出现结果补语的偏误。

参考文献

程　岚：《结果补语的教学理论与实践》，明德大学暑期硕士项目，2002 年。

陈俊光：《对比分析与教学应用》，台北：文鹤出版社，2011 年。

江惜美：《华语教学的现况与省思》，发表于“多元文化与族群和谐国际学术研讨会论文集”，台北，2007 年 11 月。

黄伯荣主编：《现代汉语》，北京：高等教育出版社，2011 年。

黄素娥：《越南学习者习得华语补语的偏误分析及教材设计》，桃园中原大学应用华语文硕士学位论文，2011 年。

刘月华、潘文娱、故韡：《实用现代汉语语法》，北京：商务印书馆，2001 年。

刘永君：《汉语补语在泰语中的对应表达形式及偏误研究》，济南大学语言学及应用语言学硕士学位论文，2008 年。

刘玉川：《泰国初级学生汉语补语习得偏误分析》，厦门大学语言学及应用语言学硕士学位论文，2008 年。

卢福波：《对外汉语教学实用语法》，北京：北京语言大学出版社，2011 年。

钱乃荣：《现代汉语概论》，台北：师大书苑有限公司，2002 年。

齐沪扬：《对外汉语教学语法》，上海：复旦大学出版社，2005 年。

王海峰：《基于大型语料库的现代汉语离合词定量研究》，《华语文教学研究》，2009 年第 6 卷第 1 期。

王娇娇：《泰国学生使用汉语结果补语偏误分析》，重庆西南大学语言学及应用语言学硕士学位论文，2010 年。

朱德熙：《语法讲义》，北京：商务印书馆，1982 年。

庄舒文：《时相与时态的搭配关系》，台湾师范大学华语文教学硕士学位论文，2002 年。

中华人民共和国外交部：《中国同泰国的关系》，http://www.fmprc.gov.cn/chn//gxh/cgb/zcgmzysx/yz/1206_30/1206x1/t5957.htm. 2018-01-17.

Corder, S.P. The significance of learner's errors. *International Review of Applied Linguistics in Language Teaching*.1968,5(1-4), 161-170.

Li, Wendan. Temporal and aspectual references in Mandarin Chinese. *Journal of Pragmatics*. 2012,44(14), 2045-2066.

Sun, Chaofen. Chinese resultative verb compounds: lexicalization and grammaticalization. *Breaking Down the Barriers*. 2013,625-649.

附件 1:

问卷题目

1. 他吃饭完
A） 正确 （Correct）
B） 他吃完饭
C） 他完吃饭

2. 你吃过饭
A） 正确 （Correct）
B） 你吃饭过
C） 吃过饭你

3. 我写完作业
A） 正确 （Correct）
B） 我作业写完
C） 我写作业完

4. 拿书下来我
A） 正确 （Correct）
B） 我拿书下来
C） 拿书我下来

5. 我看电影过
A） 正确 （Correct）
B） 我看过电影
C） 我电影看过

6. 我吃饭在
A） 正确 （Correct）
B） 我在吃饭
C） 吃饭我在

7. 你走下来了
A） 正确 （Correct）
B） 我下来走了
C） 我走下了来

8. 他上来跑了
A） 正确 （Correct）
B） 他跑上了来
C） 他跑上来了

9. 我唱歌完了
A） 正确 （Correct）
B） 我唱完歌了
C） 唱歌完了我

10. 我开着车去台北
A） 正确 （Correct）
B） 我开车着去台北
C） 我开车去着台北

11. 她人嫁错
A） 正确 （Correct）
B） 她嫁错人
C） 她嫁人错

12. 我看电影完
A） 正确 （Correct）
B） 我看完电影
C） 看完电影我

13. 我读完书
A） 正确 （Correct）

B） 我书读完
C） 我读书完

14. 我见到他
A） 正确 （Correct）
B） 我见他到
C） 我到见他

15. 他打电话完了
A） 正确 （Correct）
B） 他打完电话了
C） 电话完了他

16. 他吃过臭豆腐
A） 正确 （Correct）
B） 他吃臭豆腐过
C） 他臭豆腐吃过

17. 我吃鱼光
A） 正确 （Correct）
B） 我吃光鱼
C） 我鱼吃光

18. 茶喝完我
A） 正确 （Correct）
B） 我喝完茶
C） 我喝茶完

19. 我下来书拿
A） 正确 （Correct）
B） 我书拿下来
C） 我拿书下来

20. 我跑到学校
A） 正确 （Correct）
B） 我跑学校到
C） 我学校跑到

21. 我跑完步了
A） 正确 （Correct）
B） 我跑步完了
C） 我跑步了完

22. 我走到公园
A） 正确 （Correct）
B） 公园我走到
C） 我走公园到

23. 我看到小狗在吃鱼
A） 正确 （Correct）
B） 我看到在吃鱼小狗
C） 我看小狗在吃鱼

24. 他喝奶茶一杯完
A） 正确 （Correct）
B） 他喝一杯奶茶完
C） 他喝完一杯奶茶

25. 他说着故事给小孩子听
A） 正确 （Correct）
B） 他故事说着给小孩听
C） 他说故事着给小孩听

26. 他听新歌完
A） 正确 （Correct）
B） 他听完新歌
C） 他新歌听完

27. 见到小学老师

A） 正确 （Correct）
B） 见小学老师到
C） 小学老师见到

28. 我们课文读懂
A） 正确 （Correct）
B） 我们读课文懂
C） 我们读懂课文

29. 我买到书了
A） 正确 （Correct）
B） 我买书到了
C） 书买到了我

30. 我喝酒完很快乐
A） 正确 （Correct）
B） 我喝完酒很快乐
C） 我很快乐喝酒完

31. 他正吃着饭
A） 正确 （Correct）
B） 他正吃饭着
C） 他吃着饭正

32. 读英文完读华语
A） 正确 （Correct）
B） 读英文读华语完
C） 读完英语读华语

33. 他走到车站等公车
A） 正确 （Correct）
B） 他走车站到等公车
C） 他车站走到等公车

34. 我美国去过
A） 正确 （Correct）
B） 我去美国过
C） 我去过美国

35. 喝完酒再喝咖啡
A） 正确 （Correct）
B） 喝酒完再喝咖啡
C） 喝酒再喝咖啡完

36. 他打破玻璃
A） 正确 （Correct）
B） 他玻璃打破
C） 他打玻璃破

37. 我喝到好喝的果汁
A） 正确 （Correct）
B） 我喝好喝的果汁到
C） 我喝到果汁好喝的

38. 他听故事完就哭了
A） 正确 （Correct）
B） 他听完故事就哭了
C） 他哭了就故事听完

39. 过着快乐的生活
A） 正确 （Correct）
B） 过快乐着的生活
C） 过的快乐着生活

40. 他看电影完就睡觉
A） 正确 （Correct）
B） 他睡觉就看电影完
C） 他看完电影就睡觉

Error Analysis and Teaching Suggestion of the Chinese Resultative Complement “*wan*”（完）by Thai Advanced Chinese Learners

CHEN Xuan en & QIU Lijing

（Graduate Program of Teaching Chinese as a Second Language, Taiwan University, Taipei 100）

Abstract: The aim of the study is to observe errors made by Thai learners of Chinese as a second language （hence CSL） at an advanced level, focusing on the Chinese resultative complement, “V-*wan* （完）”. In this study, 28 Thai learners were asked to answer an online questionnaire about the resultative complement “*wan*” （完）. The percentage of correct answers for the advanced learners is 72.11%, which means that these learners did not fully understand the structure of “V-*wan*（完）”. Thai learners are not aware of the connections between verbs and complements in Chinese, due to the lack of VR-compounds and VR-complements in Thai language. According to an analysis of the result of the questionnaire, we categorize the learners’ errors in comparison with both Chinese and Thai syntaxes, and analyze the errors and provide suggestions for the teaching of resultative compounds. With the teaching suggestions provided in this paper, Thai CLS-learners could be taught to understand the connections between verbs and complements, and could be able to reduce errors and have a better output performance.

Key words: resultative complement “*wan*” （完）; Thai syntax; Chinese syntax; contrastive analysis; error analysis; grammar teaching

构式的生态[①]

约翰·泰勒（John R. Taylor）著

奚柳青　施春宏 译[*]

（北京语言大学语言科学院　中国　北京　100083）

摘　要：认知语法认为语言的语法可以被刻画为规约性语言单位的结构化清单。该清单被认为是结构化的，指的是这些语言单位并未构成被封装的信息块，每个单位都处于与其他单位一起建构的关系网络的枢纽位置。文中讨论了三种关系：图式与较为具体的实例之间的关系；部分与整体（部分在其中起重要作用）之间的关系；相似关系。文章聚焦于构式，即可分析为组构部分的语言结构。构式在某种程度上可以说是有理据的，即构式整体及其组构部分跟语言中的其他单位之间存在多重关系。这些关系的叠合累加，在语言系统内为构式创造了一个“生态位”。本文以英语构式性习语 the bang goes 构式为例来说明这种理据性。

关键词：构式　图式—实例关系　组合关系　习语性　能产性　固化度　拟声词

DOI: 10.14095/b.cnki.jics.2019.01.011

---

*　奚柳青，北京语言大学语言科学院，研究方向为汉语语法学。邮箱：xi_liuqing@163.com。

施春宏，北京语言大学语言科学院，研究领域涉及汉语语言学、应用语言学和理论语言学，近年来着力从事构式语法和语体语法的理论与应用探索，以及汉语作为第二语言的教学和习得研究。邮箱：shichunhongblcu@163.com。

基金项目：本项研究得到北京语言大学重大专项项目“基于多重互动关系的语法理论探索与应用研究”（18ZDJ04）和北京语言大学研究生创新基金（中央高校基本科研业务费专项资助，项目批准号：19YCX159）的支持，并得到华侨大学马伟忠博士和北京语言大学博士生李聪、陈振艳的帮助，谨此一并致谢。

① 译者注：本篇译作的原文信息：John R. Taylor（2004）The ecology of constructions. In Gunter Radden & Klaus-Uwe Panther (eds.) *Studies in Linguistic Motivation*, 49-73. Berlin, New York: Mouton de Gruyter. 文章以 Langacker 的认知语法模型为理论基础，认为语言单位之间相关联，形成了一个紧密的语言网络，每个语言单位在该网络中都占据了合适的位置。文章探讨了图式与实例之间的关系、部分与整体之间的关系以及实例之间的相似关系，并对部分构式的理据性进行了阐释。从网络系统中的生态性这个角度来多角度、多层次地刻画构式的理据，是文章的一大亮点。文章虽然发表于 15 年前，但其对构式生态的分析路径、对当下构式研究仍有特别的启发。另外，基于 Adele E. Goldberg 的认知构式语法理论（国内大部分基于构式语法的研究都以此为理论背景），将构式理解为形式和意义的配对体，而此文对构式的理解，除了形义配对体外，还包括纯粹的形式组合体和纯粹的意义成分组合体，并对这两类构式的结构情况做了阐释。基于这样一些情况，我们将此文译成汉语，以飨读者。

一、引言

本文目的有二：一是概括讨论构式的本质，以及当我说“构式是有理据（motivation）的”时可能意味着什么；二是研究英语中的“构式性习语”（constructional idiom）的理据。

本文以 Langacker 的认知语法（Cognitive Grammar）模型为前提，该模型有两个方面与接下来的讨论尤为相关。第一个方面关涉到语言作为一种象征系统（symbolic system）的地位，也即语言是联系形式和意义的一种手段。与语言的象征性本质相一致，认知语法只认同三种实体：音系结构（这种结构以其可感知到的形式而属于语言①）、语义结构（即意义或概念化）、象征结构（即音系结构和语义结构的结合）（Langacker，1987:76）。虽然对象征结构的研究包含了对音系结构和语义结构的研究，但由于音系结构和语义结构存在一定程度上的自主性（autonomy），因此仍将它们归之于音系学和语义学。音系可能是依据其特有原则组织而成的，因此，并非音系结构的每个要素都需要与语义结构的某个要素形成象征关系。同样，并非语义结构的每个要素都必须直接地被音系结构的某个成分象征化。

认知语法需要被高度关注的第二个方面是语言知识的内涵。该模型认为一种语言的知识（即“语法”），存在于一个人所掌握的既定语言规约的清单（inventory）中，与语言的象征性本质一致，这些（语言规约）与音系结构、语义结构和象征结构有关。说话者已经完全掌握的既定规约被称为“单位”（unit）。重要的是，这个清单被认为是“结构化的”（structured）（Langacker，1987：57），也即每个单位都参与到与许多其他单位所形成的各种关系中。认知语法研究在很大程度上就是阐明这些关系。我认为，正是因为这些关系在更大的语言系统中为结构创造了“生态位”（niche）②，才促动了语言结构的逐渐形成。

二、构式

我建议将构式（construction）定义如下：

---

① 原文注：因此，这里的“音系”（phonology）需要作相当广义的理解，包含正字法表达式、（符号语言中的）符号，以及口语交流中伴随言语而出现的手势姿态。

② 译者注：《韦氏大学词典》（*Merriam-Webster's Collegiate Dictionary*, 5th edition. Springfield，MA：Merriam-Webster，Incorporated，2000）将 *niche* 解释为 *a habitat supplying the factors necessary for the existence of an organism or species.* 意思是：为生物或物种存在提供必需因素的居住环境。由于本文的基本观念与生态学相关，我们在此将 *niche* 理解为 *ecological niche*，译作“生态位”。根据维基百科，生态位是指一个种群在生态系统中，在时间空间上所占据的位置及其与相关种群之间的功能关系与作用。语言单位的生态位是指语言网络中的特定单位在空间上占据的位置及其与其他单位之间的关系与作用。

（1）构式是一种内部复杂的语言结构，这种结构可以分析为若干组构成分。[①]

鉴于认知语法认定了三种语言实体，我们可以将语言中的构式界定为三种类型：音系构式、语义构式和象征构式。

• 音系构式（phonological construction）。音系形式[kæt]是一个音系构式，因为它可以被分析为几个音系单位成分，即音段[k]、[æ]、[t]。

• 语义构式（semantic construction）。复杂概念[BLACK CAT]“黑猫”是一个语义构式，它可以被分析为概念构成成分[BLACK]“黑”和[CAT]“猫”。

• 象征构式（symbolic construction）。表达式 black cat“黑猫”被看作是音系结构[blæk kæt]和语义结构[BLACK CAT]的结合，由象征结构成分[BLACK] / [blæk]和[CAT] / [kæt]组成，是一个象征构式。

正如引言中提到的，认知语法的一个重要主题就是阐明存在于语法系统中各结构之间的关系。其中，有两种关系尤为重要：

• 纵向（vertical）关系（或范畴化关系），即更具图式性特征的结构与更为具体的实例之间的关系；

• 横向（horizontal）关系（或组合关系），即结构及其隶属的更大结构之间的关系。[②]基于上面（1）所定义的构式内涵，组合关系是构式的关键特征。

值得注意的是，纵向关系和横向关系彼此独立。例如，高度具体的结构之间或高度图式化的结构之间都可能存在组合关系。同样地，图式一实例（scheme-instance）关系既可以应用于内部简单的结构，也可以应用于内部复杂的结构（即本文对术语“构式”的使用）。

此外，还需要提及第三种关系：

• 两种（或多种）语言结构，无论其图式化程度或内部复杂程度如何，都有可能被认为是相似的。相似关系很重要。因为正是对结构之间的相似性的感知使较为图式化的结构得以浮现，这些结构抓住了实例之间的共性。

现在，我来讨论一下与构式相关的这三种关系。首先，我将关注与音系构式相关的关系。从音系实例入手，是因为我相信通过它可以非常清楚地说明构式的特征。而

---

① 原文注：根据这一定义，构式对应于 Langacker 的“合成结构”（composite structure）（Langacker，1987：487）。译者注：Langacker 将构式定义为“象征性集合体”（symbolic assembly），即构式是音系结构和语义结构的配对（pairing）；而 Taylor（2004）一文还强调构式的组构部分分别都是构式，即除了象征构式，构式还包括音系构式、语义构式。根据 Taylor 的理解，构式是不包括语素的；而强调形义配对的构式观，一般会把语素归入构式，但并不将纯粹的音系结构或语义结构看作构式。

② 译者注：即部分和整体之间的关系（参见下文）。基于结构主义语言学的基本观念，关于组合关系更丰富的理解是，一个结构体（即构体）与其组构成分（即构件）之间的关系包括各构件在组成构体时所形成的构件之间的关系（部一部关系）和构件与构体之间的关系（部一整关系）。

且，音系学的视角可以为分析其他类型的构式提供一个模型，从而有助于澄清这些领域中出现的方法论和概念方面的问题。

（一）构式之间的图式—实例关系

[kæt] 、[pɛt]、[sɪŋ]以及更多这样的音系结构之间存在着可感知的相似性，这种相似性使得抓取了实例之间共同性的图式性构式得以出现。这种图式可以表征为[CVC]。该图式确立了可以合理地出现在此构式中的实体的种类，即“辅音”（consonant，简作C）和“元音”（vowel，简作 V）类实体，以及它们组合起来的方式。该图式还将复杂结构表征为“音节”，由下标“ σ ”来表示。以上两方面都需要更细致的验证。

首先，将构件实体分为“元音”和“辅音”。可以肯定的是，这种分类应该存在一个与语言无关的基础（basis）。元音是气流通过声带时受到最小阻碍而产生的相对洪亮的片段，而辅音产生时气流受到较大程度的阻碍，不大洪亮。由于响度是一种梯度概念，它本身并不能明确区分元音和辅音。触发这种二分范畴的原因应是音节中音段的功能。（实际上，这只是因为音段与音节结构相关，而响度首先是音段中与语言相关的参数。）因此，一个音段被视为元音或辅音，不仅依据它固有的语音特征，还依据它在音节图式（syllable schema）中所占的槽位（slot）。正是在这个意义上，构式界定了能够作为其组构部分而起作用的范畴。虽然元音和辅音这种范畴是基于一般语音特征，但这些范畴是通过音段在图式性构式中所担角色的功能而浮现出来的。

与元音和辅音一样，音节可能也具有一般性的语音基础，即音系结构的特征表现为响度较低的音段位于响音峰的边上。然而，既定语言中特定的声音序列作为一个音节，不仅是因为它具有固有的语音特性，而且还因为它与图式性的音节构式（syllable construction）相符合（即它可以被视为一个图式性音节构式的实例）。那么，“音节”的概念就出现在构式性图式的层面，而非实例层面。图式性构式抓住了大量内部结构相似的具体构式的共性，正是基于这些共性，我们可以假定存在“音节”这种单位。诸如[kæt]、[pɛt]等构式之所以被视为音节，是因为它们例示了图式性构式。

当然，[CVC]并不是英语中唯一的音节图式，英语中还允准其他类型的音节图式，如[CV：]、[CVV]、[CCVCC]等。[①]音节中存在许多共现限制，例如，长元音或双元音后至多可以跟随一个非舌冠辅音。[②]该限制指出了区分音节中的子部件的必要性，例如起首音节（onset）和韵律成分，以及元音和辅音的次类，如短元音和非短元音、舌冠辅音和非舌冠辅音。这些“自然类”（natural classes）的音段，就像元音和辅音的概念一样，作为具体语言的构式性图式的特征而浮现。同时需要注意的是，对英语音节进

---

① 原文注：[V:]表示“长”元音，如 see[si:]；[VV]表示双元音，如 so[səʊ]。

② 原文注：因此，fiend [fi:nd]和 sound[saʊnd]是可接受的音节，而* [fi:mp]和* [saɪŋk]则不可以接受。舌冠辅音包括[t、d、θ、ð、n、s、z、l、r]，与之相对的是唇音[p、b、f、v]、软腭音 [k、g、q]。

行详细说明还需要参考具体的音段。例如，[h]只能出现在音节开头，而[ŋ]只能出现在音节的韵基中，且仅在“短”元音后出现[①]。这意味着，英语中的“音节”需要由庞大且复杂的构式网络来表征，其中包含不同抽象程度的图式，不仅涉及相互交叉的音段组，还涉及具体的声音。此外，众所周知的是，不同语言在允准存在的音节种类方面差异很大。虽然音节的特征可能更多地植根于语音的共性，但英语（以及任何其他语言）的音节网络在很大程度上是该语言所特有的。

至此，我已经在一定程度上利用音系的例子说明了构式间图式－实例的关系，这些从音系中获得的见解同样适用于语义构式和象征构式。让我们来简单地考虑下象征构式的情况（这里的“象征构式”大体上与传统所谓的“句法构式”相对应）。在诸如 a cat“一只猫”、the dog“这只狗”等表达式的基础上，我们可以假定存在$[DET\ N]_{NP}$这样一个名词短语图式[②]。该图式涉及图式性单位[DET]和[N]，而该构式本身被定性为一个名词短语（NP）。认知语法中的一个重要主题是探求诸如名词、限定词、名词短语等词汇范畴和句法范畴的概念基础（Langacker，1987）。但是，仅仅使用概念化（conceptualization）并不能作为刻画特定语言中词汇范畴和句法范畴的充分条件。与音节的情况相同，名词短语图式本身决定了能够合法地出现于其中的范畴，由此进而说明将上述表达的范畴视为名词短语具有合理性。Explosion“爆炸”是名词而不是动词的原因在于它能在名词短语中与限定词共同出现。归根到底，名词要根据分布来确认，以作为可以例示名词短语图式中名词槽位（N-slot）的单位。

[DET N]不是英语中唯一的名词短语图式。与音节中呈现的情况一样，英语名词短语也需要密集的构式网络来刻画，此时可以参照诸如有定限定词、不定限定词、领有词、量词、数词、物质名词、复数名词等范畴。同时，名词短语内的共现限制同样需要被表现出来，例如，some“一些”后面只能加物质名词和复数可数名词。此外还要参照具体的词项，例如 whereabouts“下落”这个特殊的名词只能和限定词 the 或领有词共现（如 his whereabouts“他的下落”，但*these whereabouts 和*some whereabouts 被规则所排除[③]）。另一方面，要全面刻画 whereabouts 这个词的分布状况，需要参考能够让这个词出现于其中的那些名词短语构式。与此同时，这些名词短语构式的全面刻画不仅需要参考组成构式的图式范畴，还需要参考其特定实例，例如名词 whereabouts。

① 原文注：[lɒŋ]是可接受的英语音节，但*[lɒːŋ]不是。

② 原文注：作为一个象征结构时，名词短语图式将需要根据其音系和语义的属性来刻画。它的音系结构制约了限定词音系形式与名词音系形式的结合，而其语义结构制约了限定词语义结构和名词语义结构的结合，从而侧显名词实体的基础实例。

③ 原文注：这些结果得到了英国国家语料库 http://thetis.bl.uk/lookup.html 的证实。

（二）构式中的部分—整体关系

由定义（1）得知，构式可以被分析为几个组构成分。那么问题来了，构式本身是否可以作为更大构式的一部分而起作用呢？总的来说，的确如此。

因此，一个音节可以作为更大的音系构式——音步（foot）的一部分。例如，音步可以由一个强（或重读）音节后面加一个弱（或非重读）音节构成。该构式可以表征为$[\sigma_s\sigma_w]_{foot}$。需要再次说明的是，构式本身决定了其组构成分的特征，因为强弱音节这组对立的概念只出现于包含它们的构式这一层级之中。如果单独分析音节，则无法将它们分类为强音节或弱音节，强与弱是相对而显的概念，只有在音节被认为是音步构式（foot construction）的一部分时才会出现。

一个构式内嵌于更大的构式，是句法中常见的现象。例如，名词短语构式是小句构式（clausal construction）的基本组成部分。因此，我们可以将及物性小句刻画为$[NP_{Subj}\ V_{Trans}\ NP_{Direct\ Obj}]$。（对及物性小句而言，作为一种象征结构的“规约式”，意味着它包含音系极和语义极两方面的陈述；参见前面注释）。我们再一次发现，只有参照小句图式，才能将小句的组成成分归类为“及物动词”“（及物小句中的）主语 NP”和“（及物小句中的）直接宾语 NP”。

有时，某种类型的构式可以成为与之同类型构式的一部分。名词短语自身可以包含名词短语，小句可以包含在另一个小句里。以名词前领有构式（prenominal possessive construction）为例，它的图式结构是$[NP\text{-}POSS\ N]_{NP}$，其中，“POSS”是表领有的语素。该构式的实例有 the man’s hat“这个人的帽子”、the neighbors’ car“邻居的车”、some students’ essay“一些学生的文章”等。鉴于名词前领有构式本身是一个名词短语，我们可以推断名词前领有构式可以占据较大的名词前领有构式内部的 NP 槽位。情况确实如此。在短语 the boy’s father’s boat“这个男孩的父亲的船”中，名词前领有构式 the boy’s father“这个男孩的父亲”承担了较大构式中的领有者角色。这个嵌入过程可以重复叠加为：the boy’s father’s friend’s boat“这个男孩的父亲的朋友”。[①]构式的这一特点有效地说明了生成语言学家一直宣称的人类语言的关键特征——“递归性”。（Radford，1988：128）一组有限的“规则”（或认知语法中的“构式性图式”）可以生成无限的句子（或者从认知语法的角度来说，可以创造出无限的实例）。

（三）和其他观点的比较

我对“构式”的理解与现有文献不同。可以肯定的是，最近的认知语言学文献在构式由什么构成这一问题上存在许多不确定性[②]。尽管如此，主流观点似乎将这一概念

---

① 译者注：关于这种领属性递归结构，陆俭明（1985）从指人的名词自相组合造成的偏正结构这个实例出发做过非常精彩的分析，请参看。

② 原文注：例如，在 Foolen & Van der Leek（2000）最近编辑的一卷中，对此话题有多种多样的理解，请参看。

限制于句法构式（syntactic constructions）中，这大体上与我所主张的图式性象征构式（schematic symbolic constructions）相对应。以下是 Goldberg 提出的定义：

（2）所谓构式，就是指这样的形式—意义对，它在形式或意义方面所具有的某些特征不能从其组成成分或业已建立的其他构式中完全预测出来。（Goldberg，1995：4）

Goldberg 定义中分出的类与定义（1）所分出的类之间有交叉。因此 Goldberg 的构式定义包括被动构式（passive construction）、领有构式（possessive construction）、及物构式（transitive construction）、双及物构式（ditransitive construction）诸如此类带有图式性特性的构式。但是，该定义将这些图式性构式中的具体实例排除在外，而假定实例的特征可以从图式的特征中充分预测出来。而且，定义（2）排除了承认音系构式的可能性，因为它们不构成形式一意义对。另一方面，单语素词项也“可能”会被证明是构式，如意义结构[CAT]和音系结构[kæt]的结合体并不能够从语言中其他形式一意义关系中推导出来。

Croft 的“激进构式语法”（radical construction grammar）（Croft，2001）是近期的重要进展。Croft 的理论是“激进的”，就像我们所概述的路径一样，它认为构式能决定其组构成分的特征。虽然诸如“名词”和“动词”这样的范畴可能是基于语义一概念（semantic-conceptual）的普遍观念，但是当涉及特定语言的分析时，这些范畴只能根据它们在具体语言中所能出现其中的构式来界定。与 Goldberg 一样，Croft 设法解决句法问题（即象征结构），然而，他对下面的认识也有简单认同（Croft，2001：61-62）：“激进”理论（approach）[①]也可以与音系范畴（如元音、辅音、音节）的研究有关。

（四）理据（Motivation）

这里提出的构式理论使我们能够以一种较为系统的方式解决语言结构是否在某种程度上以及以某种方式具有理据性的问题。现将“理据”定义如下：

（3）一种语言结构的理据在一定程度上与语言中的其他结构相关联。

---

① 译者注：Edward M Anthony 在 1963 年发表了一篇题为 Approach, Method and Technique（*English Language Teaching* 17，2：63-67）的文章，对这三个概念作了特别说明。文中指出，Approach 是关于语言本质及语言教学与学习本质的一系列相关假设（assumption），它陈述某一种观点、某一套哲学体系或某一则信条，因此接近“理论”（也可理解成“分析路径”）；Method 是指对语言材料进行有序表达的总体规划，它建立在某一理论（approach）之上，可以译为“方法”。（Anthony 此文的翻译参见施春宏、马文津译《理论·方法·手段》，刊于《国际汉语教学研究》，2015 年第 4 期。）本文对理论（approach）和方法（method）、方法论（methodology）进行了严格区分。

我坚持认为，语言中的所有结构都在一定程度上具有理据性。这也就是说，语言结构——无论是音系结构、语义结构还是象征结构——并不存在与语言的其他事实隔离的情况。而语言中的每个规约性结构（conventional structure）都必须被学习和存储，毕竟，这就是使它们成为规约性成分并赋予它们单位地位的原因。也就是说，每个结构独享一个位置的情况并不存在，实际上每个单位都有指向其他单位的指针（pointer），因此可以在许多不同的“地址”下“归档”（filed）。我将语言单位的这种表现称为语言的“生态”（ecology），一个语言单位占据了一个由其他语言单位提供的“生态位”（niche）。这样做有助于将熵（entropy）值原理引入语言系统。可以肯定的是，某些结构可能比其他结构具有更高的理据性，也就是说，它们在语言中的位置由不同类型结构之间的众多联系所提供，而其他结构可能相对孤立。不过，语言中的一切几乎都可能在某种程度上都是有理据的。一个结构缺乏理据，即没有参与到语言中其他任何结构的关系中，则很有可能被认为根本不属于该语言。[①]

就像我的构式理论一样，我对理据的定义比基于当下讨论的定义似乎更宽泛。当前对理据的认识，在很大程度上局限于试图根据相关语义构式的特征来解释象征单位的横向组合性；另外，探索一个象征单位与其他象征单位结合的可能性，要着眼于该单位对包含它的语义构式所作出的语义贡献。虽然我不想低估一个表达式的形式方面与象征化的语义结构之间存在相关的可能性，但是将理据概念限制于这种关系之中可能并不合理。这至少有两个原因：

第一，如果我们将注意力局限在句法（及形态）组合的语义理据上，原则上就排除了音系结构也有理据的可能性，或者排除了音系结构促动句法结构的可能性。事实上，在认知语言学文献中，音系结构在很大程度上被忽略了。我倾向于将这种忽视视为认知语言学的一种通病，至少在认知语言学过去几十年的发展过程中是这样。我怀疑“认知语言学”中的“认知的”（cognitive）被当作“概念的”（conceptual）的同义词，而“概念的”仅仅被用来指语义结构。由于音系单位（如音段、音节、音步）无法用语义学术语来刻画，因此它们被搁置在基于语义学的考察范围之外。另一方面，正如 Langacker（1987：789）观察到的那样，音系结构并非比语义结构缺少“认知”的现象，实际上它不亚于是一个“认知的”现象。

第二，这样的理论在方法论上可能存在问题。在一定程度上，它是将语言的可观察方面（即句法和形态的组织）与不可观察方面（即语义结构）联系起来。这样一来，将语义结构视为句法组织的理据的观点通常就会有循环论证的嫌疑。一方面推断语义

---

① 原文注：例如，如果有一个词或短语来自未知语言，具有未知意义，不能做音系发音，那么它就是完全没有理据的结构。

结构来自句法组织，而另一方面又声称句法结构由语义结构所促动。[①]

我们可以通过诉诸语言中较普遍的结构型式来反驳这种循环论证。例如，over（“越过”“在……上”）既可以指派路径（path），如 He walked over the hill“他走过了小山”，也可以指派地点（place），如 He lives over the hill“他住在山上”。这两种用法是相关的，因为 He lives over the hill 这句话中的地点可以识解为路径的终点。因此，可以说路径和地点之间的关系（实际上，这种关系是转喻）的解读促动了地点这一解读。[②]就这一点而言，这可能是一个有力的例证，但是，它无法判定“地点作为路径终点”这种解读理据的真实程度。至关重要的是，该理据来自于这一事实：在英语中路径/终点的多义性（polysemy）早已相当成熟了。介词 past、down、through 等都有该用法，如 We drove past the post-office“我们开车经过邮局”/ The police station is past the post-office“过了邮局是警察局”，We walked down the hill“我们走下山”/ The cottage is down the hill“村庄在山下”，Go through the kitchen“穿过厨房”/ The pantry is through the kitchen“过了厨房是食品储藏室”。这些路径/终点多义性的实例之间的相似性说明对具有多义关系的图式的识解具有合理性。over 产生多义性正是因为它精确地例示了这个早已成熟的图式，该图式以及支持它的实例为 over 的终点义创造了一个“生态位”。我们可以设想有这样一种语言，其表示路径的介词没有成组地表现出终点读解。在这种语言中，如果象征路径义的词 over 也象征终点义，我们应该倾向于认为这是一个意外的、特殊的词项个例，它并未得到特别有效的促动。这种特殊读解在其语言系统中也没有“生态位”。

在讨论理据时，音系的相关性可以用“hamburger”这个词来阐述。根据《牛津英语词典》(OED)，表达式 Hamburger steak“汉堡牛排”大概出现在 19 世纪末 20 世纪初，意为一块用碎牛肉做成的牛排或者类似牛排的东西。Hamburger“汉堡市人”由 Hamburg“汉堡市”加后缀 er 派生而来，与 Frankfurt“法兰克福”派生出 Frankfurter“法兰克福人”、London“伦敦”派生出 Londoner“伦敦人”、village“村庄”派生出 villager“村民”的方法类似。也就是说，汉堡牛排和汉堡市相关。

说话人似乎在某个时间开始将这个词分析为 ham+burger。对此我们之所以能如此自信，是因为出现了 cheeseburger“芝士堡”、eggburger“鸡蛋堡”这样的词，甚至还

---

① 原文注：在这些方面，Hudson（1990）质疑了 Langacker（1987）对名词、动词范畴的概念基础的阐释。另一个可能存在循环性的例子是 Raaden（1989：571-2）对介词 at 的阐释。Radden 坚持认为，在时间意义上，at 用于缺乏内部持续时间的时间点，因此可以说 at noon、at seven o'clock。这种用法被认为是空间 at 用法的隐喻延伸。该观点的问题在于，例如 at Christmas、at Easter、at night、at weekend 等表达式实际是表示时间段的延伸。Radden 对此的看法是，在这些例子中，时间段“被视为没有持续段”。但是能够证明确实“被视为没有持续段”的唯一证据，恰恰是，用介词 at 来解释它们。

② 译者注：Goldberg（1995：167）指出，可以把结果短语看作一个表示处所变化的隐喻，即把状态变化看作是向着某个新处所运动。同样地，地点可以看作路径结束的隐喻。

出现了名词 burger“汉堡”。那么到底是什么引发了对该词的重新分析呢？第一个重新分析 hamburger 的人不可能受到语义角度的驱使，因为当时 burger 还不是语素，因此也没有意义。虽然 ham 确实有意义（“火腿”义），但它的意义与该问题并不严格相关，毕竟汉堡不是用火腿做的。如果语义是唯一的考虑因素，那么将 meat 分析为 m+eat（meat 指吃的东西），hear 分析为 h+ear（hearing 是耳朵听到的事物）就应该是合理的，或者说似乎更合理一些。当然，这些例子都很奇怪。它们之所以奇怪，不是因为语义上不合理（正如我所提及的，如果在 meat 中分析出语素 eat，比在 hamburger 中分析出语素 ham 更合理），而是因为这种分析不符合英语中的一般派生过程。英语中并不存在这样一个一般性图式，它允许将辅音前缀附加到元音开头的词干上来派生词语。这也可以从另一个方面说明将 meat 分析为 m+eat 缺乏理据。

那么，是什么引发了对 hamburger 的重新分析呢？我认为答案就在音系上。hamburger 的第二个音节包含一个长元音[ɜ:]，由于元音较长，便可能带来次重音：[ˈhæmˌbɜ:gə]。[①]该词的重音模式[ˈσ][ˌσσ]适用于复合名词。例如复合名词 dog-lover“狗族”、man-hater“厌世者”、horse-breeding“养马”等数不胜数的名词都显示出了这种重音模式。此外，具有强一弱重音模式的[bɜ:gə]能构成一个音步。正如 Cutler（1990）所指出的那样，英语中有一个显著的趋势：多音节词与重音开头音步的重音模式彼此一致。语言的这些方面共同促使 burger 作为承载意义的单位出现（该过程得到了以下事实的有力支撑：剩余音节[ham]组成了一个有意义的词，尽管其含义和该情况没有直接关系）。而对 Londoner“伦敦人”进行类似的重新分析是不可能的。Londoner [ˈlʌnd ənə]的第二个音节包含固有的非重读元音[ə]，在英语中，-doner[dənə]]不能作为一个语素出现，更不可能成为词。总之，对 hamburger 进行重新分析，并非受到语义角度的驱使，而是依赖其音系特征，并且受到多音节词和复合名词的音系图式的促动。

三、习语性、能产性和固化度

正如前文所说，就图式性（schematicity）而言，具体构式的情况并不相同。本节我将进一步简要说明构式在三个维度所表现出来的差异[②]：构式的习语性、能产性和固化度。

1.习语性（idiomaticity）。构式的习语性一定程度上与其特征无法从语言的其他方面预测出来。Goldberg（1995）将这一标准应用于她对构式的定义上，即将构式这个术语限定为形式结构和意义结构的结合，且这些结构的特征无法从其他语言事实中预测出来。根据 Goldberg 的定义，The famer shot the rabbit“农夫射死了兔子”不应被看作构式，因为这个表达式的特征完全可以从英语中的其他事实中预测出来。这些“其他

① 原文注：这里假定的是不带 r 的重音，然而，带 r 音问题（rhoticity）与这里的论题无关。

② 原文注：有关这些问题的更全面的描述，请参阅 Taylor（2002）。

事实”包括：（1）及物性小句图式[NP_{Subj} V_{Trans} $NP_{Direct\ Obj}$]及其相关的音系和语义规范；（2）允准表达式 the famer 和 the rabbit 及其相关语义的名词短语图式；（3）以动词过去时形式为小句基础的图式；（4）shot 是 shoot“习用的”过去时形式；（5）词项 farmer、shoot、rabbit 所象征的形式－意义关系。假如有了所有这些知识，说话者就能准确预测出 The farmer shot the rabbit 是英语中一个完全可以接受的表达，并能推算出其意义。另一方面，说话者并不能推算出 The farmer kicked the bucket“农夫死去了”、The farmer spilled the beans“这个农夫说漏了嘴”、The farmer pulled my leg“农夫开我玩笑”的（习语性）意义。虽然这些表达式例示了及物性小句图式的形式方面，但它们的语义特征仍需要在实例这个层面来具体说明。

2.能产性（productivity）。该概念主要适用于具有图式性特征的构式。如果一个图式性构式能根据图式的规则自由地产生实例，那么该构式就是能产的。例如，一个较能产的图式是[X by X]构式，意指事情展开过程的进度，其中[X]表示测量进度的单位。表达式 one by one“一个个地”、day by day“一天天地”、page by page“一页页地”都是这个图式的实例，日常使用中这样的表达式可能有几十个。虽然说话者可以根据这个图式创造出新的实例，但是并非 X 槽的每个备用者都能产生出可接受的表达式。我们不能说人们“一群群地”(*several by several）进来了，同样，如果说某人“一张张支票地”(*cheque by cheque）花遗产，也会有些奇怪。图式性构式的知识特别包括它的潜在实例适用范围的知识，如短语 by and large“总的来说”是非能产构式的一个例子。英语中不存在一个图式可以允许一个介词和一个形容词并列，如*in and big、*out and small、*at and hungry 都是不能说的。在一定程度上，by and large 是被自己所允许，被其自身极高的固化程度所允许。最后，就高度能产性图式而言，我们可以转回到及物性小句构式 [NP_{Subj} V_{Trans} $NP_{Direct\ Obj}$]，虽然它并不是一个完全能产的构式。有两个问题需要关注：一是能够填补 V_{Trans} 槽位的动词范围，二是主语和直接宾语名词性成分的语义角色。及物动词的典型例子如 hit“打”、kill“杀”、shoot“射”，这些动词给主语所指对象指派一个有意的动作行为，这种有意行为对直接宾语所指称的对象产生了实质影响。感官动词（如 see“看”、hear“听”），认知动词（如 remember“记”、know“了解”、forget“忘”）以及表达认知态度的动词（如 like“喜欢”、regret“遗憾”、want“想”）也都被同化为及物动词范畴，此时感知者、认知者或者经历者都被识解为主语，被感知者、被认知者和被经历者则被识解为直接宾语。距及物性原型更远的是 The fifth day saw their departure“第五天看到了他们的离去”和 The last decade witnessed many changes“过去的十年见证了许多变化”这类小句，其中主语名词性成分标示了背景或上下文，这类小句严格来说表达的是一元参与者事件（one-participant event）[①]。能够出现于背

① 译者注：文中的意思是，*The fifth day saw their departure* 之类的小句实际表达的是一元参与者事件，然而在形式上却采取了二元参与者事件的表达方式（即及物性小句），因此离原型的及物性小句更远。

景一主语（setting-subject）小句的动词数量是非常有限的，比如我们不能说*The fifth day heard the explosion。作为及物性小句构式的次类，背景－主语表达式中适用的动词（以及主语和直接宾语可以支配的种类）需要有具体限定。与此同时，对动词 see 和 witness “见证”的全部特征的描述，不仅包括动词指派感知者的可行性，例如“I saw/witnessed the accident（我看见/见证了该事件）”，而且包括它们在背景－主语构式中的适用性。

3.固化度（entrenchment）。一个构式是固化的，这在某种程度上表示它在说话者的心理语法（mental grammar）中得到了表征。固化度是语言单位成功使用的频率的函数[①]。对于大部分英语使用者来说，我敢说 Have a nice day“祝你今天过得愉快”这个表达式已经高度固化了，尽管这个表达并不是特别的习语化（至少它并不像 kick the bucket “死去”那样习语化）。虽然它的意义可以从它所例示的祈使构式（imperative construction）的语义和其组成部分的意义中预测出来，但使用 Have a nice day 的人是否根据祈使图式来在线识解这一表达式，则是值得怀疑的。尽管它符合祈使图式，但它已作为预先构造的单位被存取。我们还可以谈论图式的固化。一个图式被固化，在某种程度上指它已经被频繁使用，也就是说，它在大范围的不同实例中被即时使用，固化的图式可随时用于合适的新实例。上文提及的将 ham+burger 重新分析为 hamburg+er 之所以能够发生，是因为相关的音系图式已经固化了。

四、“bang goes”构式

本节将借助英语中的一个具体构式来举例说明理据性的概念。考虑下列构式：

（4）Bang goes my weekend!（我的周末泡汤了！）[②]

对这个表达式的分析首先是形式和语义方面的说明，其次还需要考虑在更广泛的英语语境中该表达式所处的位置。这将需要考察构式的组构部分（组构部分是实例的图式性单位）以及以例（4）那样复杂表达式作为实例时的图式性构式。例（4）中的表达式在一定程度上受到英语中各种相关其他事实的促动，从而在该语言中占据一个生态位。

让我们先从语义方面来看。例（4）中的表达式构成了一个相当具体的场景：你已计划好了周末的某项活动并翘首以待，但就在周末之前，出现了一些干扰你计划的事。可能是你的老板要求你在周一一大早就提交一份报告，或者你的家庭成员要求你去拜访一位年迈的亲戚。干扰活动的事具有优先地位，因此你需要取消原先的计划。你感

① 译者注：Taylor（2002：26）指出“单位”是指通过高频率成功运用并且已经固化成型，或者能自由运用的结构。这里所说的构式的固化性主要是强调频率在构式使用中的作用，它决定着构式的固化程度。

② 译者注：例句译文只是用来帮助理解其意，并不完全等同于原文表达的意思。对特殊构式、边缘构式的翻译，是一件相当困难的事（甚至解释说明都是如此），很容易丢掉原句的神韵，一般只能“不求甚解”便宜行事了。

到恼火，但又不能合理地违背你的职责。这种表达式有一种随意的甚至是诙谐的语气，即这种事实际上并非特别重要到处于危急之中。如果你的祖母已经去世并且葬礼预计在星期六举行，那么使用表达式（4）就会非常不合适。同样，在得知你深爱的人已经与另一个人组建家庭，或者在得知你身患绝症时，若用 Bang goes my marriage! “我的婚姻泡汤了”或者 Bang goes my life! “我的生活破灭了”来表达，同样也不合适。

我们可以用其他名词性成分来替换 my weekend “周末”，例如 Bang goes my Saturday afternoon! “我的周六下午泡汤了！”、Bang goes my nice new theory! “我的绝佳新理论成了泡影！”、Bang go our chances of making a million! “我们大赚百万的机会泡汤了！”等，这种替换可能性说明（4）应被视为更具图式性特征构式的一个实例。这个构式可以用[bang go NP_{Subj}]表征，其中 NP 意指被珍惜的对象。名词性成分用作动词的主语，这从它与 go 在数上具有一致性就可看出。这个构式能产性很强，非常多的名词性成分都能在 NP 槽位出现。然而，并非任何 NP 都平等地适用于该构式，并且这个小句也不能由其他类型小句提供适用的各种可能性。

表 1　基于互联网检索的 bang（go）搭配统计

bang（go）搭配实例	数量	bang（go）搭配实例	数量
bang goes my	132	bang goes our	31
bang go my	22	bang go our	2
bang goes your	2626		
bang go your	9		
bang goes his	31	bang goes their	8
bang go his	3	bang go their	1
bang goes her	2		
bang go her	0		
bang goes its	1		
bang go its	0		
bang goes the	604		
bang go the	191		
bang went my	42	bang went our	10
bang went your	0		
bang went his	59	bang went their	3
bang went her	8		
bang went its	0		
bang went the	493		

点击数量说明：

bang（go）搭配类别	数量
非歧义的单数主语	3435
非歧义的复数主语	37
第一人称领有主语	239
第二人称领有主语	2635
第三人称领有主语	117
带定冠词的主语	1288
现在时动词	3663
过去时动词	615

这些例子都来源于互联网搜索引擎 WWW.AllTheWeb.com。本次检索到 bang goes 共 4072 条，而 bang go、bang went 分别只检索到 587 条和 1012 条。[①]这说明现在时多于过去时，单数主语明显多于复数主语。表 1 中所显示的检索结果还能总结出该构式的一些其他特征。我们再次注意到，单数主语数量超过复数主语，被珍惜的对象绝大多数与言语行为参与者（主要是受话人）有关，而不是与第三方有关。同样，对现在时的偏好是显而易见的，不仅表现为表 1 中完成时 bang has/have gone 没有出现，而且也没有出现将来时 bang will gone 及其他情态表达（如 bang might go 等），另外，像 bang doesn't go 这样的否定表达完全没有检索到。

bang goes 构式的这些特征表明该构式与言语行为情境紧密相关。说话者表达了自己对眼下不得不放弃满怀希望的计划而产生的烦恼，或者因听话者不得不放弃计划而向他们表达同情（也许还带点儿讽刺）。过去时在一定程度上适用于说话者讲述过去的经历，而其他时态、各种情态，当然也包括否定式，都与这个特征不相容。

接下来我们在更广的语言情境中讨论 bang goes 构式的地位。该构式的一个显著特征是主语名词性成分出现于动词之后。英语中还有些其他构式也具有这个特征，如例（5）中的指示构式（deictic constructions），例（6）中的前置定向构式（preposed directional constructions）和例（7）中的前置处所构式（preposed locative constructions）。

（5）a. There's Harry, wearing his new jacket. 那是哈利，穿着他的新夹克。
b. There goes Harry, with his new girlfriend. 哈利走了，跟他的新女友一起。
c. Here comes the bus. 公交来了。

（6）a. Away ran the children. 孩子们跑开了。
b. Out of the hole crept a timid mouse. 洞里爬出一只胆小的老鼠。
c. Along this road marched the army. 军队沿着这条路游行。

（7）a. Up on the hill used to stand the governor's residence.
山上曾经是总督的住所。
b. On the bed was lying the sleeping child. 床上躺着熟睡的孩子。
c. On the other side of the lake stands the war memorial.
湖的另一边有战争纪念碑。

例（5）是由 here 或 there 引导的指示构式，用于引导听者注意说话者说话时感知域中的一个实体；通常情况下，动词是 be“是，在”、come“来”和 go“去”，时态是现在时。（Lakoff，1987）例（6）表示一个位移实体移动路径的定向构式。它由方向短语引导，而动词表示位移或位移方式（如 run“跑”、climb“爬”和 crawl“爬”等）。

① 原文注：可能这些从互联网中搜到的线性序列并非都是 bang goes 构式，但是没有理由怀疑这些数据不反映该构式使用的实际模式。

定向构式可以用在叙述中，因此，与指示构式不同，它可以与过去时态相关联。例（7）是由处所表达引入的处所构式，其动词是一个处所动词，常见的是 be“是，在”、stand“站”和 lie“躺”。由于处所构式用于描述实体的位置，因此它与各种时态都兼容。

例（5）-（7）中的指示构式、定向构式、处所构式都与他们各自构式特有的特征相关联，涉及其语义和可填充 X 槽与 V 槽的项目类型。然而，它们的相似之处在于指出了英语中存在主语后置的图式性构式，即[X V NP_{Subj}]，其中指示构式、定向构式和处所构式是其实例。Bang goes on 构式也是[X V NP_{Subj}]构式的实例，这也与其本身的特定特征相关。这些特征不仅涉及它的语义，而且包括起头组构成分的词项 bang 和以现在时或过去时呈现的动词 go 的具体特征。在其他方面 Bang goes 构式还有其独特之处。例（5）-（7）的构式中还可以用代词作主语，此时主语通常出现在动词之前主语的常规位置，如 There he is “他在那儿”、Away they ran“他们跑开了”和 on the bed he lay“他躺在床上”。代词主语的位置不能出现在 bang goes 构式中，因为这个构式似乎根本不能接受代词主语，如*Bang it goes、*Bang goes it 都不合法。

bang goes 构式只允许动词 go 进入的事实使我们更加关注 go 这个动词。（参见 Radden，1996）动词 go 不仅可以标示空间的位移（如 I went to the airport“我去过机场了”），而且可以标示状态随时间而改变（如 The milk went sour“牛奶变质了”、The light went red“灯变红了”）。不仅如此，它还可以进一步地用于标示静态的情景，在该场景中概念化主体被扫描为概念化的时间（Langacker，1987: 172），如 The road goes through the mountains“这条路穿过群山”。另外，动词 go 还可以唤起一项活动的序列结构，如 It takes only five seconds to go through the alphabet“浏览字母表只花了五秒钟”；还可以唤起文本（诗、笑话等语言文本，或音乐文本）的序列结构：

（8）a. Do you know how the poem goes? 你知道这首诗怎么写的吗?

b. I forget how the joke went. 我忘了这个笑话怎么说的了。

c. The tune goes like this. 这调子就像这样唱。

我们观察到例（8c）接下来通常会有说话者实际哼出或唱出正在考虑的曲调，这就带来了 go 的“引述”（quotative）用法。例（9）中动词 go 引入一个刚提及的听到或看到的感知事件；然而它不能引入一个报告或描述，如例（10）。

（9）a. He went[ʃ: : :]. 他发出了[ʃ: : :]声。

b. He went [OBSCENE GESTURE]. 他做了[下流手势]。

（10）a. *He went a hushing sound. 他发出了一声嘘嘘声。

b. *He went an obscene gesture. 他做了一个下流的手势。

（11）"Yes, of course", went the young man. "嗯，当然"，年轻人说道。

引述的事件可以是话语表达，如例（11），而且如此例所示，引述部分可以是前移的。

就像例（11），当引述部分前置时，该表达式例示了与 bang goes 构式相关联的[X V NP_{Subj}]图式。有趣的是，引述性的 go 不但可以像例中所示那样与引语本身相联系，而且可以与拟声词相联系，也即与一个通常标示可听事件的词相联系。与 go 可匹配的拟声词包括 pop、crash、crack、bump、thud、slap、whoosh、whiz、swish、bang 等。拟声词可以放在开头或结尾。

（12）a. The light bulb went pop. 灯泡爆了，砰。
b. Crash went the Heffalump's head against the tree-root.
咔嚓，赫法卢普的头撞到树根上了。
c. Whoosh, whoosh, whoosh went the blood through her veins.
嗖，嗖，嗖，她的血管里流淌着鲜血。
d. The balloon went bang when it burst. 气球爆裂时嘭地一下。

这使我们关注到 bang 这个词本身。像 go 一样，这个词有多种用法（Riemer，1998）。作为一个名词，它标示一种声音（There was a loud bang），或许是爆炸的声音，或许是一个物品与另一个物品突然接触的声音。"突然"和"嘈杂的碰撞"这两个概念在口头使用中占主导地位，如 They banged on the door"他们大声地敲门"，He banged the door shut"他猛地关上了门"。bang 的进一步使用是作状语修饰语，如 It was bang on target"它击中了靶子"、Your remark was bang on"你的评论非常到位"。在这两个例子中，存在着一个"精准"的概念：抛射物正好击中了靶子中所期望的位置，所做评论与正在讨论的高度相关。

bang 的这些用法似乎是由词语的拟声特性所促动的。人们能感觉到 bang 的发音与该词表示的声音直观上相似。实际上，《柯林斯英语词典》（*Collins English Dictionary*）以及《简编牛津英语词典》（*Shorter OED*）认为这个词与其日耳曼同源词一样，是起源于模仿的。这个词的拟声特性在例（13）中清楚地显示出来：

（13）a. He shut the door, bang! 他把门一关，砰！
b. He fired the rifle, bang! 他开枪了，砰！

然而，如果冷静地考虑这个问题，我想人们会觉得这个词的发音其实并非真的类似于物体碰撞发出的声音。

那么，如何解释我们非常强烈的直觉——这个词是拟声的这个现象呢？我认为，原因就在于这个词所触发的语音和语义之间的关联。有相当多的表示嘈杂的撞击和/或突然移动的单音节词，他们都包含元音[æ]：

（14）slam slap crack clap flap crash bash clang spank smack wham prang

也有几个以[b]为词首的词与突发事件相关联：

（15）boo beat bat batter bump binge bingo

还有许多词，词尾的鼻音（特别是软腭鼻音）与声音或位移有关联：

（16）sing ring ping zing fling sling dong gong hum vroom boom

此外，诸如 prang，clang，slam，wham，batter 等可能并不单单属于以上某一种范畴。所有这些关联都有助于加强由 bang 这个词所象征的声音－意义关系的恰当性。我想，正是由于这种关联网络，英语使用者才感受到音系结构[bæŋ]是用来表示突然撞击声的合适形式。由这个词所象征出的声音－意义关系是被促发而成的，这种促发与其说来自意义和发音之间的客观相似性，不如说来自从属于该词音系成分关联网络的累积效应。①

如上所述，拟声词 bang 可以和引述词 go 共现，并带上前置或后置的主语名词性成分。

（17）a. The balloon went bang, when it burst.　气球爆裂时嘭地一下。
　　　b. Bang went the balloon, when it burst.　嘭地一下，气球爆裂了。

看起来我们似乎又回到了原处——Bang went the balloon 的结构与 Bang goes my weekend 完全相同。然而，从语义上讲，这两个表达式在侧重点上有所不同。Bang 在 Bang went the balloon 中表示的是气球爆裂时所发出的声音，但没有迹象表明“我的周末”会在周末计划被取消时发出声音。然而，这两个 bang 的用法并非毫无联系。如果有某物 goes bang，那么这个构式指的是某物遭到了损坏，或者由于爆炸，或者来自突然的撞击；而 bang goes 构式侧重的是这个角度：由于某种原因对计划的干扰，我周末

① 原文注：Rhodes & Lawler（1981）广泛探讨了（单语素）词的声音和意义之间的关联。

的计划被破坏了。这些构式在形式上也有所不同：拟声的 bang 可以用在引述词 go 后（The balloon went bang），但 bang goes 表达式则不可如此（*My weekend went bang）。引语构式也能与代词主语相匹配（It went bang、Bang it went），但是该用法不能用于 bang goes 构式。

这些因素表明需要将 Bang goes 构式作为英语中独特的构式性习语来识解，其特征无法从该语言的其他方面完全预测出来，因此需要由英语使用者专门学习。然而，尽管该构式有习语的特征，但它并没有与英语的其他语言事实完全隔离。这种构式受到诸多近邻关系的促动，既有形式的，也有意义的，还有语言中的其他结构。①由于该构式在构成英语的语言单位清单中占据了生态位，它便得以存在并存活下来。②

事实上，类似的观点适用于 bang 这个词本身。该词所象征的声音－意义关系不能从语言中的其他事实中预测出来。然而，语言中的其他现象有助于促动声音－意义关系，并有助于加深说话者的印象：该词的声音在某种程度上与它所象征的意义相匹配。bang 在表示位移、声音和撞击的词语群中也占有一个生态位。从某种意义上说，bang 这个词的理据是 bang goes 构式本身具有理据性的一个缩影。

五、结论

Langacker 将语言的语法定义为“规约性语言单位的结构化清单”（Langacker，1987：57）。不管怎么说，一种语言的流利使用者需要掌握的单位数量是巨大的。人们可能会认为，这会在学习、存储和检索方面给说话者带来极其沉重的负担。然而，清单中的每个单位实际上并非构成经过封装的信息块。通过用来组构清单的紧密关系网络，语法的熵值得以减少，语言单位学习、存储、检索因而得以加速。这些关系叠合在一起用来“促动”语言结构，并为语言系统内的单位创造“生态位”。每个结构都处于与其他单位建立的关系网络的枢纽位置。这里有三种关系得到了说明：一是部分与更大构型之间的关系；二是更具图式性特征的单位与更为具体的实例之间的关系；三是实例之间的相似关系。就象征构式（传统上称为“句法结构”）来说，这种关系涉及音系、语义和象征的成分，同样也涉及构式本身的情况。构式本身既包括允准实例的图式，也包括图式性特征更明显的构式的实例。这些关系我们以英语中的 bang goes 构式为例做了探索分析。该构式的特征（以及它的存在本身）无法从语言的其他事实中预测出来，在这个意义上，该构式是习语性的。然而，正如我试图说明的那样，该构式的构件（bang 和 go）也用于该构式之外，即用于与它们价值关系密切的构式。此外，该构式的形式表明，它应被视

① 原文注：即使是 bang goes 构式中诙谐、轻松的语气，也可能并非该构式所独有。就笔者而言，bang 作为副词使用时（如 It was bang on!），就有一些诙谐的感觉。

② 原文注：我遇到过一些英语使用者声称他们不熟悉 bang goes 构式。然而，如果被问及，甚至这些人也能够相当准确地快速描述出 Bang goes my weekend! 所能表达的各种情境。他们理解该表达式的能力，可能是受到了构式诸方面与其他较为熟悉的英语事实之间众多相似关系的促动。

为更具图式性特征的 [X V NP_{Subj}] 构式的一个实例，而该构式的特殊语义值决定了能够占据 NP 槽的名词性成分的特征，并且限制了对形成小句有作用的时态和情态的范围。由于这些因素，英语使用者可以用表达式 bang goes 非常恰当和经济地表达对计划夭折的轻微恼怒。正是在这个意义上，我们才能讨论表达式 bang goes my weekend!的理据性。

原文参考文献

Croft, William. *Radical Construction Grammar: Syntactic Theory in Typological Perspective.* Oxford: Oxford University Press, 2001.

Cutler, Anne. Exploiting prosodic probabilities in speech segmentation. In Gerry Altmann （ed.）, *Cognitive Models of Speech Processing: Psycholinguistic and Computational Perspectives.* Cambridge, Mass: MIT Press, 1990.

Foolen, Ad & Frederike van der Leek（eds.）*Constructions in Cognitive Linguistics.* Selected papers from the fifth International Cognitive Linguistics Conference, Amsterdam, 1997. Amsterdam/Philadelphia: Benjamins, 2000.

Goldberg, Adele. *Constructions: A Construction Grammar Approach to Argument Structure.* Chicago: University of Chicago Press, 1995.

Hudson, Richard. Review of Langacker（1987）. *Lingua* 81, 1990.

Langacker， Ronald W. *Foundations of Cognitive Grammar*, Vol. 1: Theoretical Prerequisites. Stanford: Stanford University Press, 1987.

Lakoff, George. *Women, Fire, and Dangerous Things: What Categories Reveal about the Mind.* Chicago: University of Chicago Press, 1987.

Radden, Gunter. Figurative uses of prepositions. In Rene Dirven & Richard Geiger（eds.）, *A User's Grammar of English: Word, Sentence, Text, Interaction*, Part B: *The Structure of Sentences*. Frankfurt: Lang, 1989.

Radden, Gunter. Motion metaphorized: The case of coming and going. In Eugene Casad（ed.）, *Cognitive Linguistics in the Redwoods*. Berlin: Mouton de Gruyter, 1996.

Radford, Andrew. *Transformational Grammar: A First Course*. Cambridge: Cambridge University Press,1988.

Riemer, Nick. The grammaticalization of impact: Bang and slap in English. *Australian Journal of Linguistics* 18, 1998.

Rhodes, Richard & John Lawler. Athematic metaphors. *Proceedings of the Annual Meeting of the Chicago Linguistic Society* 17, 1981.

Taylor, John. *Cognitive Grammar*. Oxford: Oxford University Press, 2002.

译文参考文献

爱德华·安东尼（Edward M. Anthony）著：《理论·方法·手段——语言教学与研究中的三个基本概念》，施春宏、马文津译，《国际汉语教学研究》，2015 年第 4 期。

陆俭明：《由指人的名词自相组合造成的偏正结构》，《中国语言学报》，1985 年第 2 辑。

Goldberg, Adele E. *Constructions: A Construction Grammar Approach to Argument Structure*. Chicago: University of Chicago Press, 1995.

Taylor, John. *Cognitive Grammar.* Oxford: Oxford University Press, 2002.

The Ecology of Constructions

John R. Taylor

（the University of Otago）

Translated by XI Liuqing & SHI Chunhong

（Beijing Language and Culture University，Beijing 100083 China）

Abstract: According to Cognitive Grammar, the grammar of a language can be characterized as a structured inventory of conventional linguistic units. The inventory is said to be structured in the sense that the units do not constitute encapsulated chunks of information; on the contrary, each unit stands at the hub of a network of relations to other units. Three kinds of relations are discussed: the relation between a schema and its more fully specified instances; the relation between a part and the whole in which it features; and relations of similarity. The focus in this chapter is on constructions, defined as linguistic structures which are analysable into component parts. A construction may be said to be motivated to the extent that it, and its parts, bear multiple relations to other units in the language. It is these relations which, cumulatively, create a "niche" for the construction within the language system. Motivation is illustrated on the example of a constructional idiom in English: the *bang goes* construction.

Key words: construction; schema-instance relation; syntagmatic relation; idiomaticity; productivity; entrenchment; ideophone

激进构式语法[①]

William Croft（威廉·克罗夫特） 著

赵芸芸　王伟超[*] 译

（中国社会科学院语言所　中国　北京　100732；
北京语言大学语言科学院　中国　北京　100083）

摘　要： 本文主要讨论激进构式语法理论（RCG）。语言类型的多样性导致了这一假说的形成，即所有语法范畴都是属于特定语言和特定构式的，因此构式是句法表征的基本单位。它也促成了如下假说：除了构式的部分/整体结构及在构式中出现的语法角色以外，不存在任何形式化的句法结构，构式也是属于特定语言的。本章为语法范畴、语法概括、语法共性及将语言内部和跨语言的变异整合进构式语法提供了诸多创新性方法。

关键词： 激进构式语法　语法范畴　分布分析法　类型学　语言内变异　角色（构式内）

DOI: 10.14095/b.cnki.jics.2019.01.012

---

*　赵芸芸，中国社会科学院语言所，研究方向为语法学及二语习得。邮箱：yunyunzhao1992@163.com。
王伟超，北京语言大学语言科学院，研究方向为语法学及理论语言学。邮箱：mijiag@163.com。

①　译者注：原文信息为 William Croft (2013) Radical Construction Grammar. In Thomas Hoffman & Graeme Trousdale (eds.) *The Oxford Handbook of Construction Grammar*,162-175. Oxford: Oxford University Press. 我们之所以将其翻译过来，主要是因为正如 Croft 自己指出的那样，激进构式语法作为构式语法理论的一个变体，与其他构式语法理论差异很大，其“激进”之处主要在于：（1）语法范畴是构式专属（construction-specific）和语言专属（language-specific）的，因此构式是语法的基本单位（constructions are the basic units of grammar）；（2）坚决主张在句法理论中取消“句法关系”，即取消构式中句法成分之间的关系，认为构式中唯一的句法结构就是构式与其组成成分之间的部分—整体关系(part-whole relation)；（3）构式是语言专属的，不同的语言有不同的构式；（4）语言共性存在于从语义到语符的映射关系中，并据此提出了概念空间（Concept Space）和语义地图模型（Semantic Map Model）等。此外，相较于其他构式语法理论，尤其是 Adele E. Goldberg 所主张的（认知）构式语法，我国学者对 Croft 的激进构式语法了解较少，但正如张伯江先生所说：“激进构式语法名曰激进，实际上已经是一个较为成熟的理论体系，有一套行之有效的方法，相信我国读者能够从中得到有益的东西。”（《激进构式语法——类型学视角的句法理论》，世界图书出版公司，2009年）正是出于以上两方面的考量，我们觉得有必要将这篇概览性的文献译介出来，以飨读者。本项工作是构式语法基本文献翻译系列的一部分，翻译过程中得到施春宏教授的指导和审校，谨此致谢。

一、引言

激进构式语法是一种形态句法表征模型，它是从类型学研究成果与当代句法理论着力解决的论题二者的结合中浮现出来的。激进构式语法作为类型学与句法理论相结合的产物，从根本上说仍是构式语法理论的一个变体，然而该变体与本书[①]中所描述的其他构式语法理论差异很大，遑论其他非构式语法理论了。

多数当代句法理论倾向于关注科学理论的两个维度。（Laudan，1977；Croft，1999）科学理论并非铁板一块，它们的区别体现在理论的组成要素和对特定现象的分析（analyses）上。前者是特定理论所持研究传统（research tradition）的一部分。简单来说，研究传统代表了“我们进行科学研究的路径”，它并不是直接可证伪的：“研究传统既不是解释性的，也不是预测性的，同样也不是直接可检验的”。（Laudan，1977：81-82）在语言学领域，形式主义和功能主义是两种主要的研究传统（或“研究路径”，按照它们在语言学中的常用称谓）。研究传统以 Laudan 所谓的形而上学承诺（metaphysical commitment）为特征，该承诺是指科学家一方关于何为科学现象的承诺。语言学中，形而上学承诺的实例包括句法限制条件是否是天生的；较意义而言，句法结构是否是自主（独立）的；语法是稳固的心理实体还是在使用中逐渐发展起来的，等等。

相比之下，对特定现象如作格性、语态或复杂谓语的分析，更接近经验证据。在同一研究传统中，对同一现象常存在着不同的分析，并会基于经验数据而在这些分析中做出取舍。尽管任何一种特定的分析都可以用一种特定研究传统的形而上学承诺来表征，但特定的分析也可能被转化为另一种研究传统。（Croft 1999：96-97）

语言学理论所特有的研究传统的第二个方面是表征承诺（representational commitment）。（Croft，1999：91-96）表征承诺是对特定句子或话语的语法分析进行表征的一系列结构或符号。表征承诺系统本质上是用来描述句子语法结构的形式化语言。这是句法理论最显著的特征，对于学习这一理论的学生而言更是如此。形式句法表征的特点之一就在于表征会随着时间的推移而在某种程度上变异和演变。例如，由最简方案（MP）、词汇功能语法（LFG）、中心语驱动短语结构语法（HPSG）、角色参照语法（RRG）等对同一个句子所做出的句法结构分析，差异是极大的。这四种模型尚且还只是已被提出过的诸多模型中的一个子集。同样，句法结构分析在乔姆斯基生成语法过去五十年间的不同变体中，以及上述提及的其他模型 30 年间的不同变体中的差异也是相当显著的。

激进构式语法对其他句法模型的批评集中在句法研究传统中另一个讨论较少的方面：即句法分析的论证方法，这是 Laudan 称之为持特定研究传统的科学家方法论承诺

---

① 译者注：即 Thomas Hoffmann & Graeme Trousdale (eds.) *The Oxford Handbook of Construction Grammar*. Oxford: Oxford University Press.下文凡言及的“本书”皆指此《牛津构式语法手册》。

（methodological commitment）的一部分。尽管其他的方法论承诺，如使用自拟的例子和使用自然产出的话语间的比较，已经得到了较多关注（例如 Sinclair，1991；Fillmore，1992；Stubbs，1996），但是相较形式主义和功能主义而言，已有文献对句法论证方法的讨论明显不足。然而，对句法论证的批评正揭示出了激进构式语法所排斥的一些深层的形而上学假设。

首先，对句法论证的批评，连同类型学研究的实证性结果，共同导致了激进构式语法中大部分表征承诺的缺乏。激进构式语法极少给出表征承诺，认为不需要学习（以及重新学习）一种复杂的、精细的表征语言。这是因为激进构式语法认为，在其他理论中组成表征语言的砌块，即语法范畴是语言专属的，也是构式专属的。激进构式语法为形式化的句法结构给出的唯一普遍的表征承诺就是构式的部分—整体结构，以及它们在构式中担任的语法角色。

取而代之的是，语法的实质性共性存在于构式的语言形式和意义的映射关系中。正如本书所讨论的其他类型的构式语法理论一样，激进构式语法也认为构式是句法结构和语义结构的配对体。也就是说，构式是符号或象征单位。构式语法理论和非构式语法理论关于“符号”的区别在于，在构式语法中，符号可以是复杂的形式结构，而不（仅仅）是像词或语素的原子形式。句法共性就是复杂的句法结构与其相应的语义结构的跨语言映射关系的共性，此类映射关系是复杂的，部分是任意的，而且是或然性的（作为一种跨语言的概括）。因此，认为句法结构向语义结构的映射不具有普遍性是没有意义的。

在跨语言比较中观察到的变异性要求我们必须对句法范畴及句法结构的表征进行创新。这样的创新包括：用以表征范畴结构的连续或半连续的概念空间；将形式—意义间的映射转变为该形式在整个概念空间中的频率分布；抛弃抽象的句法关系；其维度由经验的言语表达模型来进行定义的句法空间。当然，这些新奇表征形式的发展是一个不断进化的过程。

二、分布分析：构式和语法的砌块模型

句法论证的基本方法是分布分析（distributional analysis）。“分布分析”曾是美国结构主义学者采用的名称，然而，在当代语言学理论中，该方法有不同的名称：运用形态句法（语法）测试、满足语法标准、拥有语法特征、显示语法表现及呈现一系列句法论元等。所有这些术语本质上描述的都是同一种方法。

在分布分析中，通过考察某一句法单位在一系列句法结构中的显隐来形成有关它的正确分析的假说。一个较为简单的例子是对英语特定论元短语（确切地说，是充当与它们相结合的动词论元的特定短语）的分析。如在英语的主动语态构式中，特定论元短语出现在动词之后，且无介词连接，如例（1）所示：

（1）a. The wind knocked <u>the potted plants</u> over.　风吹翻了盆栽。

b. The police tapped <u>my phone.</u>　警察监听了我的电话。

这就是所研究的短语在主动语态构式中特定位置或角色（role）上的分布（或特征、表现）。换言之，所研究的短语是否以特定角色出现是我们判断该短语是否属于某一特定语法范畴的测试方法或标准。在该分布的基础上，我们可以做出假说，下划线上所显示的短语形成了单一的语法范畴，即直接宾语。

从分布分析中可以得出两点结论。第一个结论是，一个句法单位的分布实际上是在一系列构式（constructions）的基础上定义的。“测试”“标准”“特征”或“表现”就是构式，它们自身就是句法结构。构式语法理论的各种变体都明确承认构式的存在（参见对本书有贡献的其他任何著作）。非构式语法理论虽然不明确承认构式的存在（实际上，有些理论甚至否认构式的存在，例如 Chomsky，1981：121；1993：4），但是它们使用的句法论证方法实际上已经先设了构式的存在及其可辨性。和其他构式语法理论一样，激进构式语法也明确假定构式的存在。

分布分析法定义了一个句法结构的集合，即研究中的词、语素、短语等和另一个句法结构的集合，即用为测验、判断标准等的构式（确切地说，是在所使用的构式中的相关语法角色）之间的映射关系。例如，例（1）显示了下划线所表示的短语集合与主动语态构式，确切地说，与主动语态构式中动词后名词短语所表示的语义角色之间的映射关系。

分布分析最初被认为是形式结构间的一种关系模式。然而，分布分析可能并已经扩展到了语义方面。例如，在考察英语助动词 must 的补足语的分布时，必须区分认识义和道义义。认识义允许补足语采用表示过去事件的“have+过去分词”形式，如 He must have taken his jacket.“他一定拿了他的夹克”，而道义义则只允许补足语采用表示潜在将来事件的无定光杆形式，如 You must wear a jacket to the dinner.“你必须穿夹克来出席晚餐”。

第二个结论是，分布分析法一般用来做出一系列假说，用以说明句法单位作为相关角色在用作测试、标准等构式中的显隐情况。我们重申，将构式用作测试手段、标准等是理所应当的，分布分析法常用来揭示句法单位的身份和其独特性，并不揭示与句法结构在其中或显或隐的构式相关的任何内容。例如，例（1）中的分布类型是用来定义直接宾语这一语法范畴的。

该结论是基于所谓语法砌块（building block）模型的形而上学承诺和表征承诺做出的。在该模型中，语法由属于不同语法范畴的最小单位（词或语素）构成，而构式也被定义为这些单位的结构化组合。因此，分布分析法的目标就是识别出作为“砌块”的语法范畴，以及属于这些语法范畴的单位。同时，该模型也假定语法范畴是有关说话人语法知识的心理表征的一部分。总之，这些千变万化的“语法理论”都是对这些语法砌块是什么，以及它们是如何组合的这一观点的反映，这些观点之间既存在差异，也会随着时间的推移而不断进化。

三、经验变异和激进构式语法

然而，当分布分析法与砌块模型遇到经验事实时，就会出现问题：分布模式不相匹配。例如，我们也可以对例（1）中以特定角色出现的短语在另一构式，即英语被动语态构式中的分布进行比较，如例（2）：

（2）a. The potted plants were knocked over by the wind. 盆栽被风吹翻了。
b. My phone was tapped by the police. 我的电话被警察监听了。

从上例中可见被动主语范畴和主动直接宾语范畴似乎正相对应。然而，例(3)—(4)显示这一点事实上并不正确：

（3）a. The road extends **ten miles** into the mountains. 这条路向山中延伸了十英里。
b. 2010 saw **the first hung parliament**[①] **in Britain for over thirty years.**
2010 年见证了英国三十余年来的第一次悬浮议会。
（4）a. ***Ten miles** is extended by the road into the mountains.
*十英里被这条路向山中延伸。
b. ***The first hung parliament in Britain for over thirty years** was seen by 2010.
*英国三十余年来的第一次悬浮议会被 2010 年见证。

上述例子表明下划线标示的短语分布（特征、表现等）在被动语态构式中并不相同：经内省判断，例(4)中的句子不合语法。因此，(1)—(2)中的“the potted plants”和“my phone”的分布与（3）—（4）中的“ten miles”和“the first hung parliament…”的分布存在差别。

跨语言的事实也表明，不同的构式似乎定义不同的语法范畴（Dryer，1997）：作一通格与主一宾语不相匹配；在一些语言中，“动词”这个词类包括的范围可以更广（包括“形容词”）；而在另外一些语言中，这一词类包括的范围相对较窄（少数“动词”加上其他一些元素方可和英语的“动词”构成翻译上的等价关系）。

① 译者注：hung parliament 译为“悬浮议会”，是指无任何党派占明显多数的议会。

换句话说，语言事实揭示出了分布分析法和砌块假设这两方面的矛盾。面对这些经验事实，语法学家们广泛采用的对策是选择特定的构式来作为定义语法范畴的标准。例如，被动构式通常被用作定义主动直接宾语范畴的标准，由此可以推断出"ten miles"和"the first hung parliament..."不是直接宾语。在跨语言的比较中，在每一参与比较的语言中各选用一个构式（不一定要是相同的构式）来定义一个语法范畴，并且判定出该范畴是否与诸如英语中主语或动词这样的范畴相同。如果一种语言选择的用作判断标准的构式不能产生出期望的范畴，那么就需要另择构式（关于在跨语言比较中对这一策略的批评，见 Croft，2009）。另外一个应对分布矛盾的方法是由分布分析法所使用的构式中的多数来定义某一语法范畴。

这一策略，即任意地选择某一构式或构式中的某一子集作为判断标准，可以追溯到美国结构主义学者，激进构式语法称其为方法论机会主义（methodological opportunism）。方法论机会主义实际上抛弃了分布分析法，因为它对分布事实的采用是有选择性的。例如它并未解释为什么例（3）中"ten miles"和"the first hung parliament..."与例（1）中"the potted plants"和"my phone"有相同的句法分布。方法论机会主义的目的是维护其本体论上的砌块假设：如果存在"砌块"的有限集合，那么不同构式对语法范畴的定义应该是相同的（例如：主动语态直接宾语=被动语态主语）。

然而，分布模式的错配普遍存在于人类语言中，这在任何跨语言的比较和对单一语言的详细分析中都是显而易见的事实。很多语言分析的目标就是建立可以解释分布模式不匹配现象的假说，但是任何致力于对特定集合的"砌块"做出的分析，都不得不被迫为那些与定义它们的构式不相匹配的分布模式做出特定的解释（对跨语言分析的批评，见 Croft，2005、2009；对单一语言分析的批评，见 Croft，2007a、2010a）。Dryer（1997）主张每种语言中的"砌块"在本质上都应是不同的（也可见于 Barðdal，2011），这无疑是正确的。语言内部的变异也表明在单一语言内部，每一个构式的"砌块"实际上也是不同的。换句话说，如果不抛弃分布分析法的方法论承诺，那么就必须抛弃语法砌块模型的形而上学承诺，这就是激进构式语法的基本结论。

在激进构式语法中，不存在独立于构式的语法范畴，因为每一个构式均对其自身的分布进行定义，这些分布可能（并且通常）与含有相同词或短语的其他构式的分布不同［也可见 Broccias and Hollmann（2007）关于"名词"和"动词"，Barðdal（2006）关于"主语"和"宾语"，van Canegem-Ardijis（2006）关于荷兰语"形容词"及 Pedersen（2005）关于西班牙语"宾语"的论述］。在例（1）—（4）的句子中，分布情况的错配告诉了我们有关主动和被动构式使用范围的一些信息，而并没有告诉我们角色填充语的语法范畴；具体来说，被动构式（Passive）对能充当被动主语（Passive Subject）成分的要求比主动构式（Active）对能充当主动直接宾语（Active Direct Object）成分的要求更为严格（按照类型学惯例，特定语言的语法范畴和构式名称的首字母需要大写）。换句话说，激进构式语法完全遵循分布分析的方法论承诺（限于篇幅，还有一些重要的方法论承诺此处无法讨论，见 Croft，2010b）。

因此在激进构式语法中，构式就是语法的基本单位（第一个“激进”假说）。激进构式语法认为复杂的实体才是基本的，正如关于感知的完形理论一样，故在此意义上，它是一种非还原主义理论。一个经常被问到的问题是，构式是如何识别的？非构式语法理论，以及继续遵循砌块模型的其他构式语法理论，实际上都认为构式是理所当然的，因为分布分析法已经先设了构式的存在（§2）。事实上我们可以根据形式，特别是意义方面的特性来对构式进行描述。构式形成范畴，而且像其他的范畴一样，它们可能有内部结构（例如：原型和扩展），且不同构式间的边界可能难以定义（确切地说，边界可能受识解过程的影响，见 Croft and Cruse，2004：93-95）。

另一个说明激进构式语法向构式首位观点转变的例子体现在论元结构变换的过程中词汇规则和构式两种观点之间的论争。这一论争主要围绕动词多义性和未专门化的动词语义（unspecified verb meanings）而展开，前者认为动词多义性主要由规则（词汇规则）派生而来，而后者认为未专门化的动词语义只有与特定论元结构构式相结合时才能使其语义得到填充。Croft（2003）认为动词—论元结构组合有着相当大的特异性，因此用未完全专门化的动词语义来解释，这在经验上是不充分的。动词只有在特定的论元结构构式中才有意义，因此必须设立属于特定动词的小类，甚至属于特定动词的论元结构构式。以下研究也提出了相同的观点：如 Boas（2003）对英语结果构式的研究、Cristofaro（2008）对古希腊语谓词+补足语构式的研究、Iwata（2008）对英语处所易位构式的研究以及 Barðdal（2008）和 Barðdal 等（2011）对西斯堪的纳维亚诸语双及物构式和其他论元结构构式的研究。

（形态）句法方面的非还原主义研究路径也可以拓展至音系学。试探性的提议可见于 Vihman and Croft（2007）。在激进模板音系学（Radical Templatic Phonology）中，基本的复杂单位是音系模板。这些模板自身就是对音系词结构（更确切地说，是对整个词的音值和声波曲线）的概括。Vihman 和 Croft 提供了广泛的证据说明音系的习得要受到此类模板形成过程的指引，并且论证了成人的音系也应该以模板的形式进行重塑。

四、激进构式语法中的语法范畴和语法概括：新的模型

激进构式语法排斥独立于定义它们构式的语法范畴的存在，例如它排斥砌块模型。随之而来的结果就是，激进构式语法不包括有关所有特定理论的“砌块”以及这些“砌块”结合规则的精细模型。在激进构式语法中，仅有的表征承诺就是一切构式语法理论共通的特征：规约化的象征单位，该单位是包含一个或多个形态句法要素形式与包含一个或多个语义成分意义的配对体。

然而，砌块模型的形而上学承诺和表征承诺提供了基本的实践和理论目的。其实践目的是给出一个用来把握语法型式的框架，即为语言学描述和语言学假说的构建给出语

法概括。砌块模型提供了一个有关说话人语法知识的简单模型，该模型可以与人类思维的可计算模型等相容。因此，一个理论如果排斥砌块模型，那么它必须能提供其他可替代的方式来对语法型式进行表征，同时也要提供可替代的假说来对语法知识进行表征。

例如，激进构式语法认为对特定语言语法的描述应该是完全基于构式的。语法中有关语法范畴的部分（这是一种组织语法描述的常见方法）应由定义这些语法范畴的构式的部分来替代：关于词类的部分应由表达命题行为（指称表达，述谓构式，修饰或属性构式）的构式的部分来替代，关于“直接宾语”等语法关系的部分应由与论元结构构式（包括语态构式）有关的部分来替代，关于形容词、数词等不同类型修饰语的部分应由关于属性构式的部分来替代等。总之，依据语法范畴做出的语法概括应由所研究的构式决定的语法单位的分布分析来替代。

假定的语法范畴是一种表征语法概括的方式。例如，英语中的直接宾语范畴可以用来对一类短语在不同类型的构式（主动语态构式、被动语态构式、信息[WH]问句构式）中出现的概括情况做出表征。在构式语法的诸多变体中，语法概括也可以从构式间的分类关系和承继关系中获得。例如，及物动词构式（Transitive Verb construction）可以对英语中的一个词语大类做出语法概括，而更具概括性的动词谓语构式（Verbal Predicate construction）则包括了及物动词构式、不及物动词构式等。构式甚至可以对英语里更大的词语类别做出语法概括。

然而，无论是语法范畴，还是构式的分类层级，都无法较好地得到全面的语法概括。首先，正如§3中所述，不同的构式总体上不能描述同一语法范畴，也即由不同构式中的相关角色所定义的语法范畴的分布并不相同。同样的情况也可以在构式的分类层级中观察到。例如，tickle“使满足”是一个及物动词，而die“死”是一个不及物动词，也就是说 [Sbj tickle Obj] 和 [Sbj die] 分别为及物动词构式 [Sbj TrVerb Obj] 和不及物动词构式 [Sbj IntrVerb] 的一个实例。然而，break“打破、破碎”既可以出现在及物构式中，也可以出现在不及物构式中；weigh“重量为……”只能出现在及物（主动语态）构式中，不能出现在被动语态构式中。尽管有这么多的分布差别，我们为何仍将它们都称之为动词？那是因为它们也都出现在另一个构式，即形态动词构式（Morphological Verb Construction）中，可由在时态一致屈折变化形态构式（Tense-Agreement inflectional construction）中的出现情况来定义（例如：现在时的-Ø/-s交替，过去时的-ed语素）。

只要我们允许交替实例（如break）的存在，那么这些关系就可以用构式与其部分间的层级关系来表征，如图1所示，就是构式语法理论常用的多重承继模型。当然，我们也可以用其他模型来表征这些关系，例如，图2是对分布模式的几何式表征。Bybee（1985）提出了另外一种表征语法概括的方法，如图3，她排斥如[Past]（过去）一类的抽象语素的概念，转而认为，如[Past]一类的概括是从不同的个体词间在形式（结尾音位/d/）和意义（表示“过去”）方面有相似性关系的网络中浮现的。

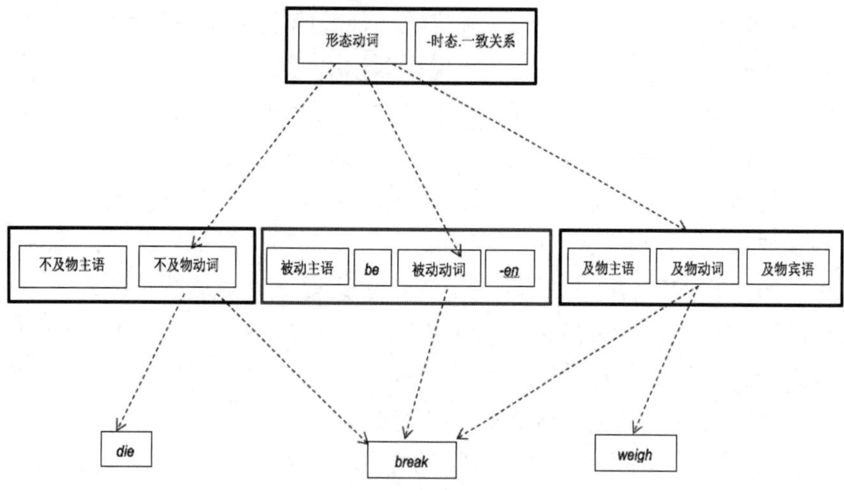

图 1　语法概括的层级表征

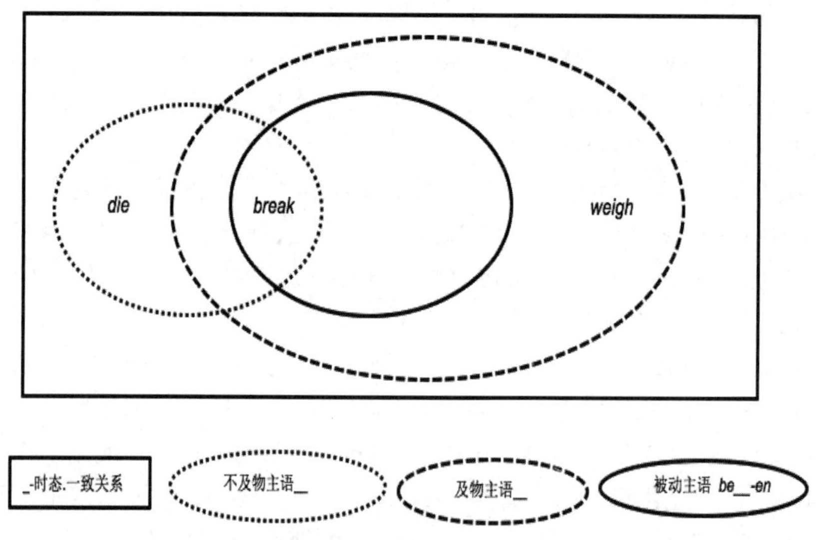

图 2　语法概括的几何式（维恩图）表征

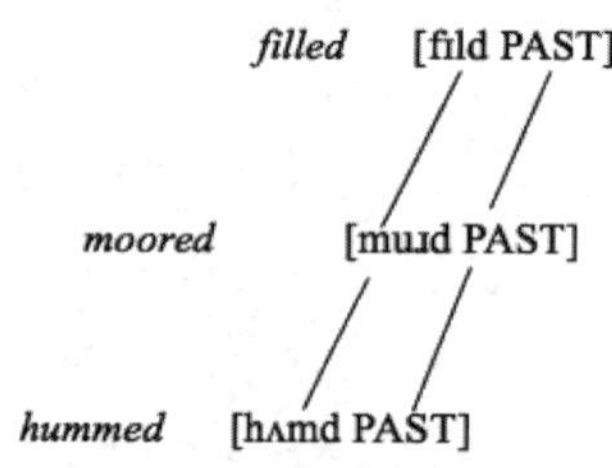

图 3　语法概括的网络式表征

以上所述都是语法学家容易获得的用来得出和表征语法概括的方法，其中一些手段比其他手段更为充分。具体地说，网络模型和几何模型能够获得使用分类系统或独立于构式的语法范畴所难以获得的语法型式。至此，我们仅对这些模型做出简要描述，然后回到第二个目标，即讨论语法知识是如何被表征的。

网络模型同样适用于类型学的形态句法分析，在类型学中它被称为语义地图模型（semantic map model）。当不同语言间的语法范畴存在较大差异时，语义地图模型就是我们得出跨语言语法概括的一种高度灵活的方法。举个简单的例子，在作格语言中，不及物动词构式的主语（一般记作 S）与及物动词构式的宾语（P）有着同样的格标记和/或指示（一致）构式，因此在语法上合为一类（作为通格），而及物动词构式的主语（A）自成一个独立的范畴（作为作格）。作—通格语言的 A 与 S+P 的对立与主—宾格语言 A+S 和 P 的对立相异。然而 A 和 P 二者不会合为一类共同与 S 形成对立，只有在 S 也被包括进来时，三者才会共同合为一类（A+S+P，中性并合），这种核心论元范畴的变异及限制条件可以用图 4 的概念空间（conceptual space）来表征。概念空间是一个网络（图）结构，用图 4 中的粗实线表示。A、S 和 P 为概念空间中的单位，更确切地说，它们是语义范畴（事件参与者角色范畴）。不同语言可能在与核心论元角色相关的语法范畴上存在差异，例如作—通格语言的分组可以在图 4 中以点线所代表的语义地图（semantic map）表示（用斜体标注），而主—宾格语言的分组可以用虚线所代表的语义地图表示（用正体标注）。不管怎样，该并合系统可能的跨语言总体变异情况要受到图 4 中网络结构的限制：具体地，除非同时包括 S，否则 A 与 P 不能合为一类；其他可能存在的系统包括 A、S、P 三者标记全部相同的中性系统，以及 A、S、P 三者标记互不相同的三分系统。该语义地图由 Comrie（1978：332）提出，代表了语义地图模型在类型学中的最早应用之一。

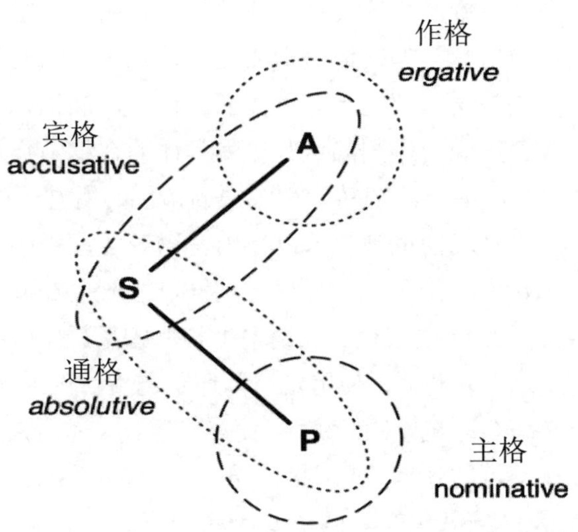

图 4　核心参与者角色（A，S，P）的概念空间以及作—通格和主—宾格两种并合系统的语义地图

语义地图模型基于相似性做出语法概括：如果一个属于特定语言的构式将两种功能归为一类，如 A 与 S 或 S 与 P，则使用者会感知到这两种功能之间具有某些相似性。概念空间将相似性关系表征为节点间具有不同程度的直接性的联系：A 与 S 相似，S 与 P 相似，但 A 与 P 只有在包含 S 的更为概括的层面上才相似。因为语法范畴，像一般范畴一样，是建立在其成员的相似性的基础上，因此语义地图模型可以取代语法范畴。与之相比，传统的语法范畴就像是经典的充要条件范畴，并不能捕捉到成员间不同程度的相似性，而这些相似性在描述心理范畴时又是不可或缺的（Murphy，2002）。

语义地图模型在类型学中广泛应用。该模型已经应用于一些语法范畴，如完成体、传信范畴（Anderson，1982、1986）中动态（Croft 等，1987；Kemmer，1993）、不定代词（Haspelmath，1997）、不及物谓词类型（Stassen，1997）、情态（van der Auwera & Plungian，1998）、描述性形容词（van der Auwera & Malchukov，2005）以及其他多种范畴。对语义地图模型的概述见于 Croft（2003）及 Haspelmath（2003）。Croft（2001，2003）认为概念空间（即用节点表征的单位间的相似性关系网络）是普遍的，而语法范畴则是语言专属的，二者都是说话人语法知识表征的一部分。

然而，语义地图模型很难扩展到用来描述跨语言的变异，因为此时对语法构式的描述要以数量更大的情状类型为基础，例如，Levinson 等（2003）中用以引出空间构式的 71 幅空间图，或 Dahl（1985）用以引出时—体构式的 250 份调查问卷文本。Croft & Poole（2008）采用了一种几何技术，即多维量表，来表征这些情状类型在更为复杂的域中的相似性关系。原理是一样的：将两种情状类型归为一类的构式表明这两种情状类型被识解为具有某种程度的相似性。多维量表允许我们同时对几何模型中诸多情状类型间的大量相似性关系进行表征。（见 Croft & Poole，2008；Croft，2010c）

来自语义地图模型及多维量表研究的实证性结果表明，观察到的跨语言变异现象暗示说话人对大量精细的情状类型在语义上的细微差别十分敏感：在几何表征中，距离、角度的微小差别在语言学上都是十分重要的。这在语法知识方面所揭示的意义就是：说话人对在普遍概念空间中排列的这些极为具体的、细节详尽的情状类型十分了解，这一点形成了语言专属的语法范畴（构式中的角色）所基于的语义表征。

基于跨语言证据的语义表征也被单一语言内言语表达过程中发生的变异分析所证实。（Croft，2010d）说话人对处于相似环境下的同一经验（在此例中是“梨子影片”，Chafe，1980）会使用不同的言语表达。在语义上相似的场景中，说话人会使用同一范围内的言语表达（例如特定的动词、使用定冠词还是属格代词），但是，这些变体的频率分布取决于场景间细微的语义差别。例如，比起定冠词，说话人是否更偏好格代词，这取决于该物体会被（不可转让地）占有的可能性。影响言语表达变体频率分布的语义因素与影响语法表达式跨语言变异的语义因素相同（也可见 Croft，2001：107；Hollmann，2007）。

这些跨语言和语言内部的模式与句法语义关系基于使用的样例模型正相契合。在基于使用的模型中（Bybee，1985、2010 及本书；Langacker，1988；Barlow & Kemmer，2000；Croft，2000），说话人将语言使用的实例作为样例储存下来。至于构式，说话人把来自话语的构式实例及其在使用场景中的意义存储下来，对这些使用模式的概括就形成了语法知识。很多基于使用的语言习得研究也指出，语法知识的习得始于构式的典型样例，在此基础上逐渐形成语法概括。（见 Tomasello，2003、2006 及其参考文献）Deuchar & Vihman（2005）将激进构式语法用于双语习得过程中的混合语现象。他们认为儿童对词语的运用不像成人，包括儿童会使用一种不适合会话语境的语言，如英语—西班牙语混合语 hat dos“戴着一顶帽子找另一顶”，就来自儿童整体化的构式发展，其中，词类由儿童构式中的词语使用来定义。

激进构式语法最终产生了关于句法—语义映射关系的典型语义模型。和具体情状类型相联系的是用于该情状类型的各种构式的频率分布，（见 Croft，2010d）这些情状类型（精细的意义）是在多维概念空间中组织起来的，形式化的构式类型在该概念空间中有特定的频率分布。这两种结构（情状类型的概念空间及形式化的构式类型在该空间中的频率分布）都是语法知识组织过程中的一部分。

另外一个基于使用来组织语法知识的例子是构式的图式化水平。结构主义和生成语法学家以及一些构式语法学家都假定在可分析的语言数据中，或只是在语言数据的形态句法（而非语义）型式中，最大图式性构式的存在。基于使用的模型的目的是成为关于说话人实际语法知识的模型，而非用来生成句子的抽象模型。在该基于使用的模型中，只有当图式性构式被足够高的型率及形态句法和语义间的高相似性程度所证实时，方可假定它的存在；更为具体的构式若有足够高的例率也可以设立。（见 Bybee & Thompson，1997；Croft & Cruse，2004，第 11 章；Barđdal 等，2001）

另外一种组织语法知识的方式是就形态句法类型的句法空间，及基于言语表达过程的构式类型分析而言的，第 6 节会对二者有所描述。总之，语法知识是在形态句法结构、概念空间及二者的象征性匹配这些互相交叉的多重维度中组织起来的。

五、构式的内部形式结构

上述跨语言和语言内部的经验证据支持了激进构式语法对于动词或直接宾语之类具体的普遍语法范畴没有表征承诺这一观点。普遍语法范畴所追求的对单一语言内部及跨语言构式的概括，实际上过于复杂，难以得出。因此，必须采用更加精致的手段来推出语法模式，如语义地图模型、多维量表。这些语法模式是在说话人把话语中构式的形式和意义的实例储存为大量典型样例的基础上形成的。

因此，在激进构式语法中，语法构式中的特定要素是在语言使用中做出的属于特定语言或特定构式的推断。那么，构式的内部形式结构如何？一切构式语法理论都认为构式是复杂的形态句法单位，由多个要素组成，如例（2）所示，英语中的施事被动构式由被动主语、助动词（be 或 get）、采用过去分词形式的动词、介词 by 以及施事短语构成。构式中的这些成分是由它们在构式这一整体中充当的角色（role）定义的，也就是说，构式的组成成分和构式之间存在着部分—整体关系。一般的语法理论假定构式的各要素之间也存在句法关系，例如，被动主语被认为与动词或助动词形成主语关系，施事短语被认为是受到介词 by 的支配，介词 by 及其支配的短语被认为与动词形成旁格关系，而动词被认为与助动词形成补足语关系（或其他诸如此类的关系）。

激进构式语法并不假定上述句法关系的存在，它认为句法关系，会面临和普遍句法或语法范畴同样的经验和方法论问题。激进构式语法认为可以用语义关系来解释语法型式，语义关系就是指构式的语义结构成分之间的关系，这些语义关系是激进构式语法和其他构式语法派别都假定存在的。

句法关系通常被建模为：成分关系（在生成语法及其分支中）、依存关系（在一些欧洲语言模型，如词汇语法中）或两者兼有（在词汇功能语法中）。这些学者通常利用分布分析法来论证成分关系或依存关系的存在。但是，正如他们对句法范畴的论证一样，分布分析法给出了与成分关系和依存关系相矛盾的结果，因此为了给某一特定的句子建立单一成分树结构或依存网络，这些学者便采用了方法论机会主义的做法。我们认为如范畴的情况一样，可以认为成分的组合是属于特定构式的，为该构式的功能所驱动，并且在不同的构式间组合的情况并不相同。（见 Croft，2001：第 5 章）

句法关系可以分为两个大类：搭配关系（collocational relations）和编码关系（coded relations）。搭配关系将特定表达中的规约化组合连接起来，包括从选择限制到短语的习语性组合的所有情况。搭配关系常用来假定句法关系，尤其是“深层”句法关系，但是 Nunberg、Sag & Wasow（1994）令人信服地指出，搭配关系本质上仍是与语义有关的。例如，在习语性搭配 pull strings“发挥影响”中，pull 只有在与 strings 结合时才具有“发挥”的意义，strings 也只有在与 pull 结合时才具有“影响”的意义。这一观察在构式语法中有着自然的解读：存在着[pull strings]这个构式，与之并存的是对它的组成成分做出的属于特定构式的语义解读，该语义解读的整体语义结构为[EXERCISE INFLUENCE]（也可见 Wulff 在本书中关于构式语法中习语的论述）。

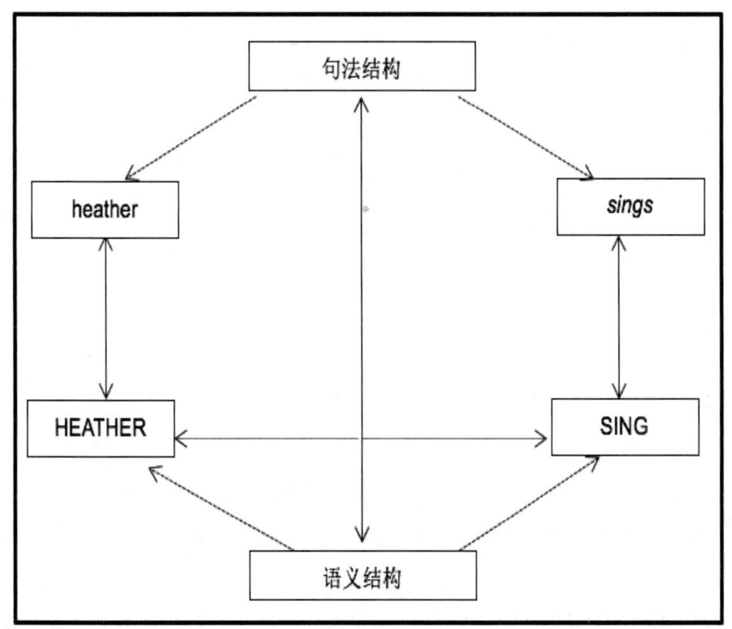

<----> ：部分间的关系（仅语义成分）

——> ：部分在整体中所充当的角色（句法成分及语义成分）

<——> ：象征关系

图 5　激进构式语法中构式的内部结构

编码关系，如指示（一致）关系和格标记，在很多语法理论中，一般都被当作是“表层”句法关系的证据。然而，在构式语法中，句法关系不是必须的。在所有构式语法理论中，都存在着对图 5 所示结构的如下表征承诺：（i）整体的形态句法结构；（ii）该结构的组成成分及其在整个构式中的句法角色；（iii）整体的构式义；（iv）构式义的组成成分及其语义角色；（v）意义的各组成成分间的语义关系；（vi）形式和意义，包括句法成分和语义成分间的象征关系。在理解一段话语时，说话人首先辨别出作为整体的构式及其构成成分；构式就是形式和意义的配对体，因此说话人可以识别出构式的意义；接着，说话人可以识别出各语义构成成分及其关系；最终，因为构式的组成成分和语义成分之间存在象征关系，所以说话人可以识别出哪一个句法成分表示的是哪一个语义成分。总之，说话人可以不借助任何类型的句法关系，通过理解构式的整体义，并承认构式的组成成分与相应的语义成分之间存在象征关系，来确认这些语义成分之间的语义关系。

也有经验证据表明将句法关系作为构式的形式结构的组成部分并不可取。如果存在独立于构式的句法关系，那么一定存在有关语义解读的普遍原则，它能够将句法关系与语义关系联系起来。为达到这一目标，非构式主义语法理论往往假定各种基于象似性的普遍原则（投射原则、连接规则等），因为在这些理论中，句法结构中不存在形式和意义的匹配。但是，跨语言的事实表明，假定的句法关系和语义关系间存在着相当多的非象似性映射关系，而这是一般的映射原则所不能处理的（Croft，2001：206-20）。例如，虽然作为方式副词的“well”“好”描述的是主要谓词所表达的动作的一种特征，然而在有的语言里，方式动词与动作的其中一个参与者构成一致关系，如在下述的马拉地语（Marathi）例子中，它与宾语构成一致关系。（Hook & Chauhan，1988：179；引自 Croft，2001：210）

（5）	ti	haa	bhaag	tsaangLaa	vaatsel
	she	this	part.MSG[①]	good. MSG	will.read
	她	这	部分$_{\text{阳性单数}}$	好$_{\text{阳性单数}}$	将.读
	She will read this part well. 她将好好读这部分。				

相反，我们必须假定构式组成成分与相应的语义成分间存在属于特定构式的映射关系——也即回到没有句法关系的构式语法中。（也可见 van Canegem-Ardijns，2006：447）

如果我们假设诸如指示标记和格标记类的结构能对句法关系进行编码，同样会出现严重的问题。（Croft，2001：220-233）指示标记和格标记形式上都是可变的，如果用它们来标示句法关系，那么句法关系就会处在难以想象的变动不安的状态中。更重要的是，由指示标记连接的句法成分经常可以省略（例如，小句中所谓的零形回指，短语中所谓的无核名词短语），因此，在句法上就不存在依靠指示标记与另一成分相联系的成分。而在激进构式语法中，这些在其他理论中被用来显示句法关系的构成成分，通常被认为是象征性的，换言之，它们能对形式和意义间的关系进行编码：指示标记指示关涉对象、格标记指示语义关系等。语义结构间接提供了通过指示标记和格标记在句法上建立可能联系的构成成分间的关系。一般用句法关系解释的现象，例如中心词和依附语的差别，处于论元和附加语之间的依附语间的差别，都可以被重新分析为构式的组成成分间形式和意义象征关系的某些特性。（Croft，2001：第 7 章）

因此，一方面，在激进构式语法中，对构式形式结构仅有的表征承诺就是：作为复杂完形的构式本身；构式的组成成分；这些组成成分在作为整体的构式中所充当的角色。另一方面，在激进构式语法中，也存在着一个对丰富的语义进行表征的承诺，它可能包含语义框架或场景的组成部分，这些组成部分由构式激活，但没有形式成分直接对其进行指涉；同时，在激进构式语法中也存在着一个丰富的象征结构，它不仅能将作为整体的形式结构和作为整体的意义结构相联结，而且也能将即便不是全部，

① 译者注：根据莱比锡标注规则（The Leipzig Glossing Rules），M=Masculine (阳性), SG=singular（单数）。

也是大部分句法成分与其对应的语义成分相联结。

然而，在激进构式语法中也存在着和其他构式语法理论共享的另一重要表征承诺，即复杂构式可以充当其他复杂构式中的角色。例如，被动语态构式中的被动主语角色，是由一个自身可能复杂的主语短语构式充当的：比如，该主语短语可能由一个名词和与之相结合的关系小句组成，而这个关系小句自身又是一个复杂的构式。复杂构式的这种嵌套类似于非构式主义语法理论中的成分结构，但其不同点在于，构式语法中内嵌构式的存在只能用构式的自主性来证明（即该构式独立于较大构式的规约性）。在构式语法中，有些“成分”可能并非是自主的构式，例如习语性构式 shoot the breeze“吹牛、闲聊”，其中 the breeze 就不再是自主的短语成分了，因为该习语构式对定冠词和名词的选择都是固定的。

六、构式的语言特异性和构式的组织

激进构式语法的第三个重要假说是构式自身，或更确切地说是构式的形式结构，也是语言专属的，不存在如被动或并列之类离散的普遍构式类型。这一假说仍然是建立在跨语言的证据之上的。跨语言的比较表明：在人们比较熟悉的语言中，对特定构式进行定义的句法特征的特定组合，在其他语言功能上相似或等价的构式里并非总是共同出现。例如，语态构式（Voice）有着大量的变体，远比“主动”（active）、“被动”（passive）和“倒置”（inverse）这种划分暗含的内容丰富。（Croft，2001：第 8 章）“被动”和“倒置”代表了两种理想的构式类型，它不同于典型的“主动”及物动词构式，前者以英语和其他西欧语言为代表，后者以克里语（Cree）和其他阿尔冈琴语（Algonquian）为代表。然而，如（6）所示的贝拉库拉语（Bella Colla）的构式不符合上述的任何一种类型。（Forrest，1994：151-52, 转引自 Croft，2001：294）该例中的动词采用基本（“主动”）形式，动词带有一个特别的“被动主语”一致（关系）后缀，但施事短语被标记为旁格，受介词支配。在贝拉库拉语中，当第三人称的施事作用于第一人称或第二人称的受事时，需要使用该构式，并且当受事是比施事更具话题性的第三人称时也使用该构式，这和阿尔冈琴语中的“倒置”语态构式没有什么不同。

（6）	k's -im	ci- xnas	-cx	x- ti- imlk -tx
	see-3SG.PASS①	ART②- woman	-ART	PERP③-ART- man –ART
	看见-第三人称.被动	冠词-女人	-冠词	现在时-冠词-男人-冠词

The woman is been seen by the man. 这女人被这男人看见了。

① 译者注：根据莱比锡标注规则（The Leipzig Glossing Rules），PASS=passive（被动语态）。

② 译者注：同上，ART=article（冠词）。

③ 译者注：同上，PRES=present（现在时）。

类似的，Cristofaro（2003，2007）表明传统的“有定”和“无定”的二分法不足以描写世界语言中所发现的从属小句构式的全部情况。

如语法范畴和句法成分间的关系一样，这种跨语言的变异也存在限制条件。构式的句法特征可以用来定义句法空间（syntactic space），例如语态构式的特征可以定义一个句法空间，特定语言中的语态构式可以映射到该句法空间中。具体来说，处于使用“主动”“被动”“倒置”这些名目来命名的范围内的构式，可以被映射到一个二维的句法空间中，在该句法空间内，基于格标记、指示标记及论元 A、P 的句法位置，我们可以判断出论元 A 与主语具有某种程度的相似性，而论元 P 与宾语具有某种程度的相似性。反过来，句法空间与一个有关论元 A、P 话题化程度的二维概念空间构成共变关系。（Croft，2001：第 8 章）相似的，与从属小句构式的句法空间构成共变关系的，包括与认知状态有关的功能参数和从依存性事态中复原出语义的可能性，以及主要事态和依存性事态间语义整合的程度。（Cristofaro，2003、2007）

总之，构式作为形态句法特征的完形组合，并不表现为离散的、普遍的类型。然而，构式的形态句法特征的组合不是没有限制的，它要受到这些构式所具有的功能的驱动。

另外一个关于构式中同现的形态句法特征组合的问题是：构式是如何结合起来而产生句子的，或者反过来说，话语的形态句法特征是如何被分为不同的构式的？例如，在英语中，论元结构构式（谓词、论元以及与之相关的格标记和指示标记的结合）独立于时—体—态（TAM）构式（屈折形态与助动词的结合），尽管二者在包含动词成分这一点上存在着交叠。论元结构构式和时—体—态构式的分离尽管不是一种普遍共性，但仍然十分广泛。为何会如此？

在言语表达过程中发现了一个可能的解释。Chafe（1977a，b）从本质上解决了以下问题，即说话者如何从未经分析的、独特的经验出发，产出由重复使用的部分所组成的话语，这些重复的部分是在先前的话语中用来描述与当前经验不同的其他经验时所使用的词语。他认为这包含三个过程：子块化、命题化和范畴化。在子块化（subchunking）过程中，说话人将经验分解为同一类型的较小单位。粗略地说，子块是“小句规模的”经验。[Chafe（1994）没有将这个过程看作是将较大的经验分为一系列的子部分，而将其看作是将注意的焦点从一个“小句规模的”子块向另一个“小句规模的”子块的转移。] 随后，这些子块被命题化（propositionalized），即被分成不同的部分，包括：可以在其他子块中复现的部分（指称语）及其余部分（它一般仅限于对该子块的经验进行表征）。最终，命题化子块的部分（客体、特征、行为）被范畴化（categorized）为复现的实体，这些实体曾在先前的话语中用于对其他经验的言语表达。

该言语表达模型提供了一种理论，该理论可以用来解释经验上的完形如何被分解为不同的部分，这些部分又如何被范畴化为与先前经验一样的部分，即作为实义词。

话语既对经验中的特定客体、特征、行为的独特性进行重建，又对该经验进行整体上的重构。（Croft，2007b）对经验和组成它的实体的独特性的重建，要依靠在该经验中对实体进行具体化（particularize）的语法构式。它们对实体进行个体化和量化，同时指定实体在空间、时间及谈话者的心理空间中的位置，这些语法构式通常是各种各样的屈折构式和修饰构式（修饰谓语和指称表达）。从部分中重建出整个子块，要依靠论元结构构式和相关的小句结构（structuring）构式。将子块彼此相连，则要依靠小句联结、指称追踪以及其他连贯（cohering）构式。例如，在语句 And one kid takes the rock that he tripped on and he throws it to the side of the road“一个孩子拿起了曾绊倒他的石头，把它扔到了路边”中，该经验（来自对“梨子影片”的叙述）被子块化为两个事件，且这两个事件被范畴化为“拿起”和“扔”，同时伴有复现的参与者——孩子、石头和路。说话人借助陈述式现在时来叙述整个事件，将这些事件具体化。事件的参与者则分别通过数词 one（从三个孩子组成的群体中选择一个）、关系从句（指明有关的一块石头）和部分短语 the side of（以路为参照指明特定地点）而具体化。事件中的参与者角色通过及物构式和使—移构式得以结构化，这些构式可以用来表明“谁对谁做了什么”。最后，从句间的连贯性则由并列连词 and 以及对 kid 和 rock 进行跨句追踪的代词 he 和 it 来提供。

这一言语表达模型提供了一个受功能驱动的框架，可以用它来区分在话语中相结合的不同类型的构式。一般来说，具体化、结构化和连贯化功能是由独立的构式予以编码的，这些构式在话语产生的过程中互相结合。例如：论元结构构式将命题化的子块结构化，而时—体—态构式将事件具体化，这两种言语表达功能一般都是由独立的构式来实现的。另一种情况虽然极其少见，但仍有存在的可能，即言语表达过程中构式的特定组合是规约化的。例如，在具有基于体貌的分裂作格形式的语言（如印地语）中，一种论元结构构式（作格构式）用于完成体，而另一种论元结构构式（宾格构式）用于未完成体。

在构式语法中，无论是概念空间结构，还是言语表达过程，都为构式的组织提供了功能基础。此外，构式也可以以其所具有的形式（形态句法）特征为基础来组织。正如它对语法概括的表征一样，激进构式语法探索了一种表征构式组织方式的新模型，如由构式形式特征定义的句法空间，它可以补充，甚至替代那些更为传统的模型，如分类层级。

七、结语：激进构式语法和类型学理论

即使以年轻的当代构式语法为标准，激进构式语法也是一种新近产生的语法理论。它遵循严格的方法论承诺、分布分析法以及使用跨语言的有效标准发现的类型学型式。一方面，比起其他的构式语法模型，激进构式语法极少给出有关构式的形式结构的表征承诺。另一方面，它要求建立一个有关语义结构的丰富的、精细的模型，并对构式

的语义结构及构式中语义结构成分与句法结构成分之间的映射关系赋予极大的解释力。

激进构式语法从类型学理论中引入了诸多概念（Croft，2003b），同时它也提供了一种方法，能使构式语法为类型学研究做出贡献。类型学最显著的方法论原则是对世界范围内在发生学和地理位置上分布的语言样本进行比较。不同的语言在结构上差异很大（结构特征本质上是属于特定语言的），因此对语法结构进行跨语言比较的基础必须是其功能。换言之，类型学家比较的是不同语言如何用形态句法形式来对其功能进行编码。因此，形态句法类型学是对形式—功能配对体的跨语言研究，它能与构式语法直接相容。

激进构式语法严格遵循分布分析法，承认分布分析法要以对构式的识别为基础，这些构式一般充当分布分析的语境。类型学代表了分布分析法向跨语言研究的拓展。正因为功能为编码它的构式的跨语言比较提供了基础，因此类型学家才能通过功能来比较这些相似构式的分布。

特定语言内与跨语言的分布分析法的整合可以用类型学研究中一个经典案例来说明，即 Keenan & Comrie 对关系小句和名词短语可及性等级的类型学研究。（Keenan & Comrie，1977，1979）关系小句构式根据中心语在修饰它的关系小句内所充任的句法角色（主语、宾语等）来定义其分布。一种语言可能不只有一种关系小句构式，而且在同一语言内，中心语的句法角色分布可能会随着关系小句构式的不同而不同。Keenan 和 Comrie 将跨语言的维度考虑进这一分布模式中，即在语言之间和语言内部均对关系小句构式进行比较。Keenan 和 Comrie 根据句法角色的等级排序（主语<宾语<间接宾语<旁格<属格<比较宾语），提出了关系小句在这些句法角色间分布的跨语言普遍限制。因此，基本的类型学方法是语言内部和跨语言的分布分析法的结合。

Keenan & Comrie 的分析，像其他经典的、方法论上严密的类型学分析一样（如 Greenberg，1966/1990；Stassen，1985、1997、2009；Koptjevskaja-Tamm，1993；Haspelmath，1997；Cristofaro，2003），为识别语法共性（即语法构式的共性）的句法论证提供了坚实的基础。（Croft，2009）首先，共性必须建立在对平衡样本中诸多语言进行同时比较的基础上。比较的必须是跨语言的相同构式（即不允许方法论机会主义），必须使用在不同语言间均有效的标准来识别构式（即不允许使用属于特定语言的标准）。正如上文所述，这些标准归根结底都是基于功能的。分布模式必须得到细致的考察（即一个或两个以上的构式角色填充语），否则，就必须从用例出发，在适当的条件下谨慎地做出推断。如果不规则的模式看起来与其他分布事实相联系（即其他构式看起来与所考察构式的分布存在互动），那么这些构式间的联系也必须使用本段所描述的方法得到跨语言验证。

严格的类型学分析所揭示出的形态句法结构以及分布模式间的显著差异，构成了激进构式语法的基本原则。它以单一语言内不同构式及不同语言相同构式间广泛存在的分布类型错配为依据，对句法结构砌块模型进行排斥。正如 § 4 指出的那样，不使用句法砌块来识别和表征语言共性的有用手段，即语义地图模型和多维量表，都源于类型学。激进构式语法提出的对句法结构的简化，代表了构式语法的理论观点（语法构式中所存在的象征关系）与类型学中对句法关系构成挑战的实证性证据这二者的结合。最终，构式的非普遍性也是类型学研究的成果之一。同时，构式分析、框架语义学及言语表达过程的研究也开始为构式的识别提供一种框架，而这些构式的共性特征可以通过跨语言的比较得以发现。

参考文献

Anderson, Lloyd B. The 'perfect' as a universal and as a language-particular category. In Hopper Paul (ed.), *Tense-aspect: Between Semantics and Pragmatics*. Amsterdam: John Benjamins, 1982. 227-64.

Anderson, Lloyd B. Evidentials, paths of change, and mental maps: typologically regular asymmetries. In Chafe Wallace & Johanna Nichols (eds.), *Evidentiality: The Linguistic Encoding of Epistemology*. Norwood: Ablex, 1986. 273-312.

Barðdal, Jóhanna. Construction-specific properties of syntactic subjects in Icelandic and German. *Cognitive Linguistics*, 2006. 17: 39-106.

Barðdal, Jóhann. *Productivity: Evidence from Case and Argument Structure in Icelandic* (Constructional Approaches to Language, 8). Amsterdam: John Benjamins, 2008.

Barðdal, Jóhanna. Lexical vs structural case: a false dichotomy. *Morphology*, 2011. 21-1.

Barðdal, Jóhanna, Kristian Emil Kristofferson & Andreas Sveen. West Scandinavian Ditransitives as a family of constructions: with special attention to the Norwegian 'V-REFL-NP' construction. *Linguistics*, 2011. 49:53-104.

Barlow, Michael & Suzanne Kemmer (eds.). *Usage-based Models of Language.* Stanford: Center for the Study of Language and Information, 2000.

Boas, Hans C. *A Constructional Approach to Resultatives*. Stanford: Center for the Study of Language and Information, 2003.

Broccias, Cristiano & Willem B. Hollmann. Do we need summary and sequential scanning in (Cognitive) grammar? *Cognitive Linguistics,* 2007. 18: 487-522.

Bybee, Joan L. *Morphology: A Study into the Relation between Meaning and Form*. Amsterdam: John Benjamins, 1985.

Bybee, Joan L. *Language, Usage and Cognition*. Cambridge: Cambridge University Press, 2010.

Chafe, Wallace. Creativity in verbalization and its implications for the nature of stored knowledge. In Roy

Freedle (ed.), *Discourse Production and Comprehension*. Norwood, New Jersey: Ablex, 1977a. 41-55.

Chafe, Wallace. The recall and verbalization of past experience. In Peter Cole (ed.), *Current Issues in Linguistic Theory*. Bloomington: Indiana University Press, 1977b. 215-46.

Chafe, Wallace (ed.) *The Pear Stories*. New York: Ablex, 1980.

Chafe, Wallace. *Discourse, Consciousness and Time: the Flow and Displacement of Conscious Experience in Speaking and Writing*. Chicago: University of Chicago Press, 1994.

Chomsky, Noam. *Lectures on Government and Binding*. Dordrecht: Foris, 1981.

Chomsky, Noam. A minimalist program for linguistic theory. In Kenneth Hale & Samuel Jay Keyser (eds.), *The View from Building*. Cambridge, Mass.: MIT Press, 1993. 1-52.

Comrie, Bernard. Ergativity. In Winfred Lehmann (eds.), *Syntactic Typology*. Austin: University of Texas Press, 1978. 329-94.

Cristofaro, Sonia. *Subordination*. Oxford: Oxford University Press, 2003.

Cristofaro, Sonia. Deconstructing categories: finiteness in a functional-typological perspective. In Irina Nikolaeva (ed.), *Finiteness: Theoretical and Empirical Foundations*. Oxford: Oxford University Press, 2007. 91-114.

Cristofaro, Sonia. A constructional approach to complementation: evidence from Ancient Greek. *Linguistics*, 2008. 46: 571-606.

Croft, William. What (some) functionalists can learn from (some) formalists. In Michael Darnell, Edith Moravcsik, Frederick Newmeyer, Michael Noonan & Kathleen Wheatley (eds.), *Functionalism and Formalism in Linguistics,* Vol. 1*: General Papers*. Amsterdam: John Benjamins, 1999. 85-108.

Croft, William. *Radical Construction Grammar: Syntactic Theory in Typological Perspective*. Oxford: Oxford University Press, 2001.

Croft, William. Lexical rules vs constructions: a false dichotomy. In Hubert Cuyckens, Thomas Berg, Rene Dirven & Klaus-Uwe Panther (eds.), *Motivation in Language: Studies in Honour of Günter Radden*. Amsterdam: John Benjamins, 2003a. 49-68.

Croft, William. *Typology and Universals,* 2nd edition. Cambridge: Cambridge University Press, 2003b.

Croft, William. Logical and typological arguments for radical construction grammar. In Mirjam Fried & Jan-Ola Östman (eds.), *Construction Grammar(s): Cognitive and Cross-language Dimensions (Constructional Approaches to Language,* 3*)*. Amsterdam: John Benjamins, 2004. 273-314. [Reprinted in Vyvyan Evans, Benjamin K. Bergen & Jörg Zinken (eds.) *The Cognitive Linguistics Reader*. London: Equinox, 2007. 638-73.]

Croft, William. Word classes, parts of speech and syntactic argumentation [commentary on Evans and Osada, "Mundari: the myth of a language without word classes"]. *Linguistic Typolog*, 2005. 9: 431-41.

Croft, William. Beyond Aristotle and gradience: a reply to Aarts. *Studies in Language,* 2007a. 31: 409-30.

Croft, William. The origins of grammar in the verbalization of experience. *Cognitive Linguistics,* 2007b.18: 339-82.

Croft, William. Methods for finding language universals in syntax. In Sergio Scalise, Elisabetta Magni & Antonietta Bisetto (eds.), *Universals of Language Today*. Berlin: Springer, 2009. 145-64.

Croft, William. Pragmatic function, semantic classes and lexical categories [commentary on Smith, "Pragmatic functions and lexical categories"]. *Linguistics,* 2010a. 48:787-96.

Croft, William. Ten unwarranted assumptions in syntactic argumentation. In Kasper Bøye & Elisabeth Engberg Pedersen (eds.), *Language Usage and Language Structure*. Berlin: Mouton de Gruyter, 2010b. 313-50.

Croft, William. Relativity, linguistic variation and language universals. *CogniTextes*, 2010c. 4: 303.

Croft, William. The origins of grammaticalization in the verbalization of experience. *Linguistics*, 2010d. 48: 1-48.

Croft, William, Jóhanna Bar.dal, Willem Hollmann, Violeta Sotirova & Chiaki Taoka. Revising Talmy's typological classification of complex events. In Hans Boas (eds.), *Contrastive Construction Grammar*. Amsterdam: John Benjamins, 2010. 201-35.

Croft, William & D. Alan Cruse. *Cognitive Linguistics*. Cambridge: Cambridge University Press, 2004.

Croft, William & Keith T. Poole. Inferring universals from grammatical variation: multidimensional scaling for typological analysis. *Theoretical Linguistics*, 2008. 34: 1-37.

Croft, William, Hava Bat-Zeev Shyldkrot & Suzanne Kemmer. Diachronic semantic processes in the middle voice. In Anna Giacolone Ramat, Onofrio Carruba & Guiliano Bernini (eds.), *Papers from the 7th International Conference on Historical Linguistics*. Amsterdam: John Benjamins, 1987. 179-192.

Dryer, Matthew S. Are grammatical relations universal? In Joan Bybee, John Haiman & Sandra A. Thompson (eds.), E*ssays on Language Function and Language Type*. Amsterdam: John Benjamins, 1997. 115-143.

Dryer, Matthew S. Why statistical universals are better than absolute universals. In Kora Singer, Randall Eggart & Gregory Anderson (eds.), CLS 33: Papers from the Panels. Chicago: Chicago Linguistic Society, 1997. 123-45.

Deuchar, Margaret & Marilyn Vihman. A radical approach to early mixed utterances. *International Journal of Bilingualism*, 2005. 9: 137-57.

Fillmore, Charles J. Corpus linguistics vs computer-aided armchair linguistics. In Jan Svartvik (eds.), *Directions in Corpus Linguistics*. Berlin: Mouton de Gruyter, 1992. 35-60.

Forrest, Linda B. The de-transitive clauses in Bella Coola: passive vs. inverse. In Tamly Givón (eds.), *Voice and Inversion*. Amsterdam: John Benjamins, 1994. 147-68.

Greenberg, Joseph H. Some universals of grammar with particular reference to the order of meaningful elements. In Keith Denning & Suzanne Kemmer (eds.), *On Language: Selected Writings of Joseph H. Greenberg*. Stanford: Stanford University Press, 1966/1990. 40-70. (Originally appeared in Joseph H. Greenberg (eds.), *Universals of Grammar*, 2nd edition. Cambridge, Mass: MIT Press, 73-113.)

Haspelmath, Martin. *Indefinite Pronouns*. Oxford: Oxford University Press, 1997.

Haspelmath, Martin. The geometry of grammatical meaning: semantic maps and cross-linguistic comparison. In Michael Tomasello (eds.), *The New Psychology of Language,* vol. 2. Mahwah, N. J.: Lawrence Erlbaum Associates, 2003. 211-42.

Haspelmath, Martin. Pre-established categories don't exist: consequences for language description and typology. *Linguistic Typology,* 2007. 11: 119-32.

Hollmann, Willem. From language-specific constraints to implicational universals: a cognitive-typological view of the dative alternation. *Functions of Language,* 2007. 14: 57-78.

Hook, Peter Edwin & Mohabhat Singh Man Singh Chauhan. The perfective adverb in Bhitrauti. *Word*, 1988. 39: 177-86.

Iwata, Seizi. *Locative Alternation: A Lexical-constructional Approach*. (Constructional Approaches to Language, 6.) Amsterdam: John Benjamins, 2008.

Keenan, Edward L. & Bernard Comrie. Noun phrase accessibility and universal grammar. *Linguistic Inquiry*, 1977. 8:63–99.

Keenan, Edward L. & Bernard Comrie. Data on the noun phrase accessibility hierarchy. *Language*, 1979. 55:333–51.

Kemmer, Suzanne. *The Middle Voice*. (*Typological Studies in Language*, 23.) Amsterdam: John Benjamins, 1993.

Koptjevskaja-Tamm, Maria. *Nominalizations*. London: Routledge, 1993.

Langacker, Ronald W. A usage-based model. In Brygida Rudzka-Ostyn (eds.), *Topics in Cognitive Linguistics.* Amsterdam: John Benjamins, 1988. 127-161.

Laudan, Larry. *Progress and its Problems: Towards a Theory of Scientific Growth*. Berkeley and Los Angeles: University of California Press, 1977.

Murphy, Gregory. *The Big Book of Concepts*. Cambridge, Mass.: MIT Press, 2002.

Nunberg, Geoffrey, Ivan A. Sag & Thomas Wasow. Idioms. *Language*, 1994. 70: 491-538.

Pedersen, Johan. The Spanish impersonal se-constructions: constructional variation and change. *Constructions*, 2005. 1: 145.

Sinclair, J. *Corpus, Concordance, Collocation*. Oxford: OUP, 1991.

Stassen, Leon. *Comparison and Universal Grammar*. Oxford: Basil Blackwell, 1985.

Stassen, Leon. *Intransitive Predication*. Oxford: Oxford University Press, 1997.

Stassen, Leon. *Predicative Possession*. Oxford: Oxford University Press, 2009.

Stubbs, Michael. *Text and Corpus Analysis*. Oxford: Blackwell, 1996.

Tomasello, Michael. *Constructing a Language: A Usage-based Theory of Language Acquisition*. Cambridge, Mass.: Harvard University Press, 2003.

Tomasello, Michael. Construction grammar for kids. *Constructions*, 2006. 1: 689.

Van Canegem-Ardijns, Ingrid. The extraposition of prepositional objects of adjectives in Dutch. *Linguistics*, 2006. 44: 425-57.

Van der Auwera, Johan & Vladimir A. Plungian. Modality's semantic map. *Linguistic Typology,* 1998. 2: 79-124.

Van der Auwera, Johan & Andrej Malchukov. A semantic map for depictive adjectivals. In Nikolaus P. Himmelmann & Eva F. Schultze-Berndt (eds.), *Secondary Predication and Adverbial Modification: The Typology of Depictives*. Oxford: Oxford University Press, 2005. 393-421.

Vihman, Marilyn & William Croft. Phonological development: toward a 'radical' templatic phonology. *Linguistics*, 2007. 45: 683-725.

Wulff. Stefanie. World and idioms. In Thomas Hofffmann & Graeme Trousadle (eds.) *The Oxford Hand Book of Construction Grammar*. Oxford: Oxford University Press, 2013.

Radical Construction Grammar

William Croft

(University of New Mexico)

Translated by ZHAO Yunyun & WANG Weichao

(Chinese Academy of Social Sciences, Beijing 100732 China;
Beijing Language and Culture University, Beijing 100083 China)

Abstract: This chapter discusses the theory of Radical Construction Grammar (RCG). The typological diversity of languages leads to the hypothesis that all grammatical categories are language specific and construction specific and so constructions are basic units of syntactic representation. It also leads to the hypothesis that there is no formal syntactic structure other than the part/whole structure of constructions and the grammatical roles that occur in constructions, and that constructions are language specific. The chapter offers innovative approaches to grammatical categories, generalizations and universals, and integrates both language-internal and cross linguistic variation into construction grammar.

Key words: Radical Construction Grammar; grammatical categories; distributional analysis; typology; language-internal variation; roles （in constructions）

走向整合的语言科学[①]

莫滕·克里斯琴森（Morten H. Christiansen）

尼克·蔡特（Nick Chater） 著

杨 旭[*] 译

（复旦大学中文系 中国 上海 200433）

摘 要： 一直以来，语法都被视为抽象的规则系统；所有语言都遵循普遍模式；我们天生具有“语言本能”。但是，一种新的范式正在兴起，它关注我们如何学习和使用语言，是对许多类似假设的颠覆。

关键词： 语言科学 综合 现在或永不瓶颈 文化演变

DOI: 10.14095/b.cnki.jics.2019.01.013

一、引言

哲学家苏珊·哈克（Susan Haack）曾把科学比作填字游戏（Haack, 1993）。在填字游戏中，线索越复杂，从这些关联中获得的信息就越多。比方说，第 3 列有助于我们解决第 5 行，反之亦然。这正是自然科学中不同方法和层次的解释得以整合的基础。语言学却与之相反，其中句法、语义、语言类型及变化、计算语言学、语言处理、儿童语言习得和语言演化等研究领域各自为政，观点林立且互不相容。语言学如此支离破碎，好比在填字游戏中先独立地把握线索，等到最后才试图把它们整合到一起——

* 杨 旭，复旦大学中文系，研究方向为语法理论和现代汉语语法。邮箱：17110110012@fudan.edu.cn。

① 译者注：原文来自《自然》期刊子刊《自然人类行为》（*Nature Human Behaviour*）2017 年第 1 卷，翻译得到了原作者的许可，获取网址为：https://www.nature.com/articles/s41562-017-0163。莫滕•克里斯琴森，美国康奈尔大学心理学系教授，以语言演化、人类语言习得的联结主义模型研究而闻名。尼克•蔡特，英国华威大学华威商学院行为科学组教授，主要从事认知和行为科学研究，尤其对推理、决策和语言感兴趣。邮箱：christiansen@cornell.edu（莫滕•克里斯琴森）。感谢原作者授权翻译，感谢吉林大学博士王峰就部分内容的指点！

这注定是一个失败的策略。

幸运的是，受益于跨学科研究，语言科学中出现了综合的趋势。这种综合推翻了已有的关于语言本质的假设，把语言处理及学习与基本认知原则联系在了一起，并且把语言看作文化演化的产物，不受编码为基因的“发育蓝图”（Bauplan）的制约。

二、乐观和倒退

现代语言学开始于 20 世纪 50 年代乔姆斯基创立的转换语法。这种语法致力于生成所有的自然语言中合乎语法的句子，是一种有着严格数学特征的规则系统。转换语法在经过几个重要的发展阶段后，很快就形成了如下引人注目的宣言：所有的人类语言都遵循同一个深层普遍模式；“普遍语法”内置于大脑之中，并且在语言发展中逐步浮现，好比小鸡长出翅膀一样；语言演化瞬间完成，很可能来源于一次大规模基因突变。从一开始，生成语法就许诺在不同学科之间建立关联：心理学家在语言处理的时代寻找语言转换的踪迹；发展论者试图把儿童语言解释为“流动”（influx）的生成语法；工程师努力把生成语法整合到他们开发的自然语言系统中去；神经科学家和基因学家一直在寻找普遍语法的生物基础；研究语言变异的学生在评估所谓普遍规则的“普遍性”。

但是，这些一开始很有希望的进展以及许多其他努力很快就以失败告终。心理学家找不到支持转换的证据。儿童语言可以是生成性的，但必须满足一些极端的假设（比如儿童从不犯错，他们只是在说一种很独特的语言；双词句也是复杂句，只不过因为某种原因被删短了）。语言学对基于计算机的自然语言处理没什么帮助。IBM（国际商业机器公司）工程师弗雷德・贾里尼克（Fred Jelinek）的一句话流传很广：“每当我们解雇一名语言学家，我们的系统都会变得更准确。”（Moore, 2005）神经科学无法分离出专门处理语言的机制，所谓“语言基因”被证明是虚幻的存在。世界语言中充满了普遍模式的反例（Evans & Levinson, 2009）。有一些研究者尝试解决这些问题，但主流语言学却选择忽视问题的存在。理论语言学家、心理语言学家、儿童语言研究者、计算语言学家、对语言感兴趣的生物学家、田野语言学家等开始分化，以至到了难以理解对方理论的地步。主流语言学理论开始主动创造一些区分（比如能力和运用、核心和边缘、学习语言和处理语言、语言变化和语言演变），目的就是让这种不同学科视角自我封闭的做法合理化。

当然，在物理学和生物学中，不同层次的分析之间以及不同数据之间的整合和互动司空见惯（尤其是粒子物理学家会和宇宙学家合作，演化理论学家会和地理学家合作，胚胎学家会和基因学家合作，不一而足）。只有在不同学科之间进行整合和不断的交流，我们才有可能解开自然之谜。许多主流语言学家说语言学是生物学的一部分，或者说理论语言学和理论物理学是平行的，但事实绝不是这样。

三、走向另一种综合

二十多年前，我们还是爱丁堡大学的硕士生，就为语言研究的这种分裂状态深感不安，并且有这种感觉的绝不止我们。不管是在我们学校，还是在世界各地，许多非正统的理论框架、计算机模型和实证项目开始出现。这些“少数派”方法逐渐占据重要地位，尤其让人兴奋的是这种趋势越来越普遍，为一种全然不同的综合性研究奠定了基础。

在新兴的理论框架中，构式是个核心概念（Goldberg, 2006）。构式是学得的形式-意义配对体，包括具有意义的词成分（如词尾“-s”和“-ing”）、词本身（如“penguin”）和多词序列（如“cup of tea”），还包括词汇模式和图式（如“the *X*-er, the *Y*-er”，具体如“the bigger, the better”）。构式语法的拟正则性（quasi-regular）使得我们可以同时处理类规则（rule-like）模式和例外矩阵，后者通常是被基于抽象规则的传统观点强制排除在外的。从这个视角来看，学习语言无非就是学习使用构式来理解和输出语言的技巧。因此，不同于传统视角把儿童视为年幼的语言学家，即必须从有限的输入中推导出形式语法，基于构式的框架则把儿童视为不断进步的语言使用者，在循序渐进中磨炼他们的语言处理技巧。这样，普遍语法的假定也就成了画蛇添足，取而代之的是一种敏感性，即对语言输入中的多种概率信息，包括词的语音、词与词的共现模式和来自语义、语用背景的信息等特别敏感。对儿童所接触的话语进行计算机分析后表明，儿童可以从中获得的信息要比之前假定的多得多。（Behrens, 2008）比如，通过对词和短语的共现规律进行统计学分析，儿童可以推断出词的范畴和语义；跨语言的分析则表明，名词和动词的听感不一，之后的实验还表明，儿童会使用这些线索来学习新单词，成人在处理句子时也依赖这些线索。（Christiansen & Chater, 2016a）

鉴于语言具有时空限制性（here-and-now nature），尽快汇集和整合信息的能力十分关键。我们都有过这种经历，一不留神就忘记说到哪里了。我们只能很短暂地记住声音信息，新信息很快会覆盖旧信息。即便是回忆简短的话，我们也可能感到很吃力，而此时言语还在快速地涌向我们（大约一分钟 150 个词）。所以，大脑必须快速地处理信息，不然就永远记不起来了。这种“现在或永不瓶颈”（Now-or-Never bottleneck）或许可以解释为什么在语言信号中语言结构和处理过程是高度局部的（比如语音要组合为词，复数和时态标记总是紧邻被修饰词，相邻的词会变成短语等）。从这个视角来看，语言习得是通过把概率信息快速整合从而推断出局部模式的。（Christiansen & Chater, 2016b）

巧合的是，那些开发实时响应系统的工程师也发现了类似的局部模式匹配方案。就拿手机上的语音识别系统来说，如果你问它户外的气温，即使是延迟几秒钟，也会使应答听起来很怪异和不自然。所以，人工语音识别系统必须处理受时空限制的语言。他们采用的策略很有启发性，即依靠与单个词、多词串或带有“通配符”（wild card）的词串成分（比如“what’s your *X*”，其中的“*X*”可以是某人的名字）相匹配的概率模式，而非由抽象规则产生的句法树。他们也融入了尽可能多的前语境或其他背景知识（如所讨论的领域），以保证它们都是全新的（或至少大部分时间是）。所以，近似悖论的是，所有我们能够与之交谈的计算机（如斯坦利·库布里克导演的电影《2001 太空漫游》中的超级计算机 HAL），都必须构建在类似于人的现在或永不瓶颈中。

四、语言和文化演化

在基于构式的框架中，世界语言令人惊异的多样性很容易理解。（Evans & Levinson, 2009）语言会使用声调、搠音（click）[①]或手势来表示不同的语义；一些语言明显缺乏名动区分（比如海岸撒利希语），另外一些语言则具有很多颗粒度较细的句法范畴（如泽套语）；一些语言没有形态（如汉语普通话），另外一些语言则利用形态把一句话打包为一个词（如卡育加语）。当然，由于相似的认知限制和文化/历史因素，确实会出现一些跨语言模式，但是这些模式都具有盖然性，而非普遍语法的严格属性。个体语言通过文化演变而发生变化，其演变方式类似于生物演化，达尔文早已指出了这一点（Darwin, 1871）。构式越容易突破现在或永不瓶颈——或者说越有利于交际，那么就越容易激增。因此，语言起源无须求助于基因跨越，只要语言自身的累积性文化演化就够了。（Christiansen & Chater, 2016a）

文化演化视角已获得实证支持。有学者做了由人类参与、基于实验室的实验（Scott-Phillips, 2010）。其中有一个经典实验显示，人们会把学到的东西传给旁人，就像小时候玩的电话游戏一样，从而导致在“代际”学习者中间出现类语言结构。最重要的是，这个视角解释了儿童为何在不依赖内在语言本能的情况下也能准确地学到语言。语言习得之所以成为可能，是因为我们选择了尽可能容易的语言，这样才能适应儿童的处理和学习偏向。新的语言学习者所需要做的就是模仿先辈，因为他们有着相同的偏向。（Christiansen & Chater, 2016a）

五、转换视角

研究语言的传统视角认为，基于构式的路径所研究的现象都处于边缘，忽略了只有普遍语法才能把握到的高度抽象的普遍语言模式；而且只关注语言使用，从不关注抽象的语言知识。问题在于，句法理论所关注的很多现象过于抽象，以致很难与具体

---

① 译者注：“click”过去被翻译为“吸气音”，“搠音”是采用了朱晓农先生的翻译，其得名来由可参考朱晓农：《语音学》，北京：商务印书馆，2010 年，第 7 章第 2 节。

的语言现象联系起来，更别说要与那些研究人们如何处理语言的实验、或研究儿童如何习得其母语的观察保持一致了。

那么抽象规则对把握语言的核心结构是必需的吗？语言学家彼得 •库里卡瓦（Peter Culicover）认为，如果基于构式的理论能够解决不规则和异质现象，那么同样的方法肯定也适用于规则的语法核心。（Culicover, 1999）

六、行动起来

尽管语言科学的理论概貌正在改变，但是在其他领域，有关普遍语法的假设仍然盛行。学者们提出了音乐、道德乃至宗教的内化语法。我们认为，这种基于语言的新类比揭示了一种不同的视角，即它们也是由大脑偏向所塑造的文化演变的产物。

重新整合语言科学为把语言研究的不同方面联系起来提供了契机：可以把语言习得视为习得处理具体构式能力的过程；把语言演化视为由大脑的处理和学习偏向所塑造的过程；基于构式的扩散和修正，可以为语言变化和变异提供一种历史性的解释；可以把语言学和建构可操作的计算机语言处理系统联系起来。（Christiansen & Chater, 2016a）过去，由于各个大学部门、会议和基金机构的语言研究支离破碎，导致重新整合被延误，但如今潮流已被逆转，一种整合的语言科学正逐步成形。[①]我们设想，广泛和跨学科的语言科学部门在未来会越来越普遍！

参考文献

Behrens, H. (ed.) *Trends in Corpus Research: Finding Structure in Data* (TILAR Series). Amsterdam: John Benjamins, 2008.

Christiansen, M. H. & Chater, N. *Creating Language: Integrating Evolution, Acquisition, and Processing*. Cambridge, MA: MIT Press, 2016a.

Christiansen, M. H. & Chater, N. The Now-or-Never bottleneck: A fundamental constraint on language. *Behavioral and Brain Sciences*, 2016b, 39, 1-72.

Culicover, P. W. *Syntactic Nuts: Hard Cases, Syntactic Theory, and Language Acquisition*. Oxford: Oxford University Press, 1999.

Darwin, C. *The Descent of Man and Selection in Relation to Sex* (Vol1). London: Murray, 1871.

Evans, N. & Levinson, S. C. The myth of language universals: Language diversity and its importance for cognitive science. *Behavioral and Brain Sciences*, 2009, 32(5): 429-448.

① 译者注："盲人摸象"的故事可以为语言科学的整合提供许多启示，可以参考笔者拙文《"盲人摸象"对语言学研究的启示》，见：http://blog.sina.com.cn/s/blog_611c7e6b0102xthi.html

Goldberg, A. E. *Constructions at Work: The Nature of Generalization in Language*. Oxford: Oxford University Press, 2006.

Haack, S. *Evidence and Inquiry*. Oxford: Blackwell Publishers, 1993.

Moore, R. K. Results from a survey of attendees at ASRU 1997 and 2003. Ninth European Conference on Speech Communication and Technology, 2005.

Scott-Phillips, T. C. & Kirby, S. Language evolution in the laboratory. *Trends in Cognitive Sciences*, 2010, 14(9): 411-417.

Towards an Integrated Science of Language

Morten H. Christiansen & Nick Chater

translated by YANG Xu

（Department of Chinese Language and Literature, Fudan University, Shanghai 200433 China）

Abstract: It has long been assumed that grammar is a system of abstract rules, that the world's languages follow universal patterns, and that we are born with a "language instinct". But an alternative paradigm that focuses on how we learn and use language is emerging, overturning these assumptions and many more.

Key words: science of language; synthesis; now-or-never bottleneck; cultural evolution

《边画译》前言译介

约瑟夫·哈盖尔（Joseph Hager）著

胡雨田　方环海 译*

（厦门大学海外教育学院　中国　厦门　361102）

摘　要：本文介绍了哈盖尔的著作《边画译》。19 世纪西方汉学研究进入了专业汉学阶段，在这个时期，欧洲本土学者对汉语和汉字进行了大量的研究，哈盖尔也是其中之一。他于 1801 年发表的《边画译》是一本专门研究汉字的学术专著，该书分为两个部分，包括前言和汉字 214 部。在前言部分，哈盖尔向欧洲读者详细地介绍了汉字发明前中国人的记事方式、中国最古老的字符、汉字古字体、汉字起源、汉字语音和汉字的笔画结构等关于汉字的方方面面。该书作为 19 世纪欧洲学者出版的第一部汉字研究专著，在欧洲掀起了汉语研究的新高潮。

关键词：西方汉学　《边画译》　汉字

DOI: 10.14095/b.cnki.jics.2019.02.014

一、译者前言

语音、词汇、语法和汉字被称为汉语教学的四要素，其中汉字教学在对外汉语教学中的重要性越来越明显。要想学好汉语，不仅需要学习语法知识，汉字也是重中之重，而对于母语为字母文字的西方学习者来说，汉字这种表意文字不同于西方字母文字的诸多特征加大了他们在汉字学习过程中辨识、记忆和书写的难度。如今对外汉语教学方法已日趋完善，仍然面临着汉字难教、难学的问题，这让我们不禁思考，在西方汉学史中，汉学家们是如何在当时的历史条件背景下学习汉字，甚至用汉字书写著

① 胡雨田，厦门大学海外教育学院，研究方向为西方汉学。邮箱：shawnhp@126.com。
方环海，厦门大学海外教育学院，研究方向为西方汉学、对外汉语教学、认知语言学等。邮箱：fanghuanhai@xmu.edu.cn。
基金项目：国家社会科学基金项目“19 世纪稀见英文期刊与汉语域外传播研究”（15BYY052）、教育部人文社会科学规划项目“17-19 世纪欧洲汉学视野中的汉语类型特征研究”（13YJAZH021）的阶段性成果。

作的。

回顾历史，我们可以发现西方人对汉字特征的认识有一个漫长的过程。早在 16 世纪，来华传教士为了传教工作已经主动开始学习汉语汉字了。汉学发展到了 19 世纪，欧洲汉学掀起了一股热潮，日耳曼学者哈盖尔正是 19 世纪欧洲汉学研究热潮的第一位贡献者。他的著作《边画译》被称为 19 世纪欧洲学者出版的第一部汉语研究专著，也是第一部汉字研究专著。本文是对《边画译》（英文书名是 *An Explanation of the Elementary Characters of the Chinese: With an Analysis of their Ancient Symbols and Hieroglyphics*，《关于汉语基本字根的释读，以及对汉字的古老符号和象形字符的分析》）前言部分的译介。《边画译》，根据哈盖尔的解释，其意思就是“对汉字偏旁的阐释”。可见，这本书所写的内容就是对汉字、汉字的部首笔画以及象形文字的介绍。该书发表于 1801 年，是 19 世纪第一部汉语研究专著，全文一共有 119 页，分为两部分，前 76 页为前言，后 41 页为汉字 214 部。本书中，前言部分占比极高，哈盖尔指出编写此书的目的，意在使欧洲人重新重视起对汉字的研究，并有意将此书作为他正在编写的汉语字典的前言。

二、前言正文

在任何时代，人们都几乎没有对古代或遥远国家的书写文字有过比现在更大的兴趣。腓尼基人、伊特鲁里亚人和埃及人的字母；古代北欧文字，凯尔特语和帕西人的文字；印度和北美的象形文字,我们对这些文字早已有了研究：任何东西，无论是深奥还是困难，都是通过寻求和讨论而得来的——在相当长的一段时间里，唯独汉字显然是一个例外。20 世纪以来，巴耶尔（Bayer）和傅尔蒙（Fourmont）几乎同时发表了他们关于中国的研究，尽管他们对历史、哲学、天文学和其他科学都进行了广泛的研究，但始终没有涉及汉字。大约四十年前，《法国百科全书》在其他字母表中列出了中国的基本汉字。但是，除了解释它们之外，没有添加任何一个变体，并且任何关于汉字的东西，都是作为一种书写模式的样本，而不是对它的解释。在我的记忆中，后来也没有哪一位作家敢于展现出真正的文字，除了那些到现在都还没有被破译的书，并且我们欧洲人也无法分辨出一个真实的中国汉字与一个虚构的汉字。

宝桂内（Deguignes）学识渊博，以他对中国文化的了解也许最能弥补这方面的不足，但他除了在《书院回忆录》中有偶然的观察之外，从来没有发表过任何与原始文字有关的东西。甚至不知疲倦的耶稣会士、钱德明（Amiot）和韩国英（Cibot），虽然他们对汉字的传播有很大的影响——尤其是钱德明（Amiot）。在他的书信《北京》里，他传播了汉字的各种实例——但它们都没有增加阅读的必要规则，更多的是从附加说明的实例，例如威廉·奥塞利爵士（Sir William Ousely）的优秀论文中，促进对波斯语手稿的阅读。现在傅尔蒙（Fourmont）的作品很少见，他的《汉语沉思录》是由拉丁语写成的，其内容烦琐且冗长，令读者兴趣索然。与此同时，至于巴耶尔的著作，其中刻印的汉字也是如此的粗陋，对人们的汉语学习没有什么好处。因此，我认为对那些已经被忽视的汉字重新进行研究，是非常有必要的，为了编撰一本汉字字典，我积累了丰富的资料。愿上帝保佑我能出版这积累了丰富资料的汉字字典，并将此卷作为那本书的前言。

目前我需要请求原谅，因为我在英国只居住了一年，在国外还没有形成准确的语言风格，还没有达到完美的地步。

伏羲，中国的第一个皇帝（他不与佛相混淆，佛是印度宗教成员，也可以称为部陀），被公认为是中国文字的第一个发明者（见图 1）。因为直到他的时代，中国人都在使用结绳记事。这种方法在秘鲁人当中也适用。当美洲大陆第一次被发现时，智利人仍然不用字母，而是靠传递不同颜色和结的绳子来表明商业意图。这些在秘鲁语里被称为古秘鲁的结绳语。

图 1　写有“伏羲”字样的碑文

第一个文字是两条线（见图 2），包括一条整线和一条分开的线，这代表了两种中国元素，阳和阴，完美和不完美，天和地，男和女，对埃及的伊西斯和奥西里斯来说，这些所有的性质都被提及了。

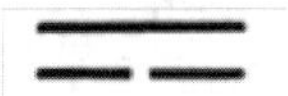

图 2　表示“阴阳”的线条

通过将这些第一行以不同的方式组合起来，产生了著名的卦，或八卦（见图 3），即设计中国的象形文字来代表了 8 种元素，4 种是阴性，4 种是阳性。宝桂内（Deguignes）说这个教义相当于杨布里科斯（Iamblychus）与埃及人的关系，塞内卡（Seneca）在他的《自然问题》中也指出了这个教义。

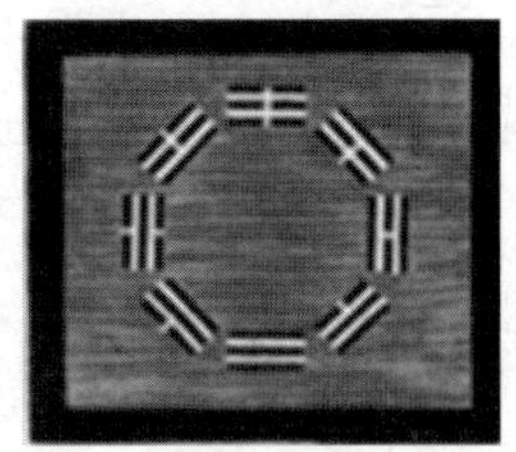
图 3　八卦

八卦在最常见的地方向人们展示，并以这样的方式组合：它们在中国仍然存在是因为它们出自伏羲之手，虽然赫耳墨斯是一个古老的时期，但钱德明（Amiot）认为八卦比任何一种赫耳墨斯神（Hermes）的发明都要早。这些都是中国古代最古老的经典著作，在欧洲以《易经》的名义闻名于世。《易经》短短几行文字中包含了最崇高的真理，并且今天的人们在每一个重要的事情中也要参考《易经》中的意见。就像鲁德贝克（Rudbek）、谢弗（Scheffer）、李（Leem）所描述的拉普兰人的符文鼓室那样，《易经》的目的是为了占卜。

至于在书写发明之前使用的结绳，它们的痕迹似乎仍在《洛书》里保留了下来，或者是留在了甲骨文上。直到今天，我们都用各种不同的组合来表示，如：用这个图形，天和地、完美和不完美，能通过偶数和奇数的方式表现出来。据说这些组合图

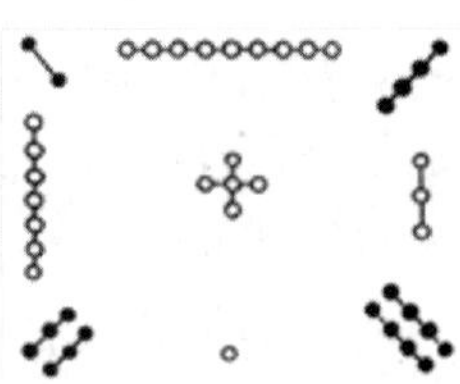
图 4　结绳记事图例 1

形在事件发生之前就已经向伏羲提出了关于他卦象的观点。这种图形无论是在上述的形式还是出现在中国其他作品中的形式都与结绳非常相似，比如图 4—7：

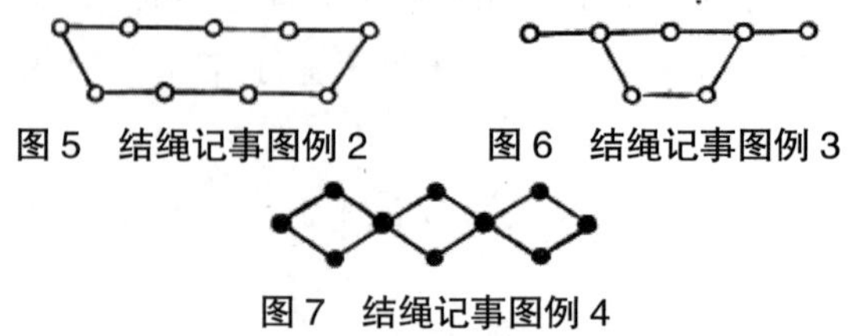

图 5　结绳记事图例 2　　图 6　结绳记事图例 3

图 7　结绳记事图例 4

由于在八卦之前没有使用过任何文字，因此显而易见的结论是，结绳是用来占卜的。

不仅在这九和十的组合中，结绳的形式似乎被保存了下来，而且在中国天文学中也有，其起源同样来自于该君主制最遥远的时代。与其他国家不同，中国人和日本人，他们的信徒，用的不是像埃及人、迦勒底人或印度人那样的动物，而是用像打结的绳子一样的东西来代表他们的星座。如图 8：

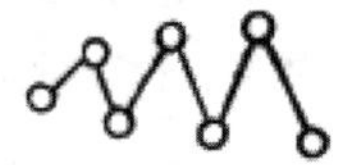

图 8　结绳记事图例 5

因此，大熊座在中国和日本的天文学著作中都有代表， 或 ，甚至还用汉字来象征一颗星星或繁星，这些汉字仍然只要是写成 ，在古代就代表 。

同样的结绳似乎也暗示了算盘（中国推算仪器）的理念，这种不用铅笔或钢笔就能计算的方法似乎很自然地出现在文字使用之前。事实是，这个仪器所代表的只是一种打结的绳子，就像附录显示的那样（见图 9）。

图 9　中国古代的算盘

但在要做减法或加法的情况下，需要在每一个瞬间解开或形成新的结，这些可移动的结或滑动的珠子被人为地放在了铁丝上而不是软线上，这是古时中国普通老百姓在日常工作中所使用的工具。他们当中虽有些没有书写能力，但有很多算是使用算盘的专家了。

现在，由于中国的算盘主要是被用于点钞，所以难怪中国的铜钱，是唯一一种从远古时代就被人认为是中国货币的东西，而且跟算盘一样，铜钱是以十倍或几十倍计算的（除了日本）。铜钱与其他国家的硬币相反，它的中间有一个洞，这样一来，就可以以十倍或几十倍的倍数把它们串在一根双股线上，以中国珠算滑珠的方式以及最早的结绳方式来计数。如图 10：

图 10　中国古代的铜钱

值得注意的是，由维尔塞鲁斯（Velserus）和宾纳流斯（Pignorius）所展示的古罗马算盘，应该与中国的算盘相似。正如拉卢培尔（La Loubere）所观察到的那样，而且一个世纪前被一个学习社会学的人发表在了《哲学学报》上。然而这个人误以为中国人习惯从左到右计数，这与耶稣会士马丁内斯（Martinez）和其他一些人的主张相反。

中国人和罗马人的计算工具不仅有惊人的相似之处，而且更奇怪的是，中国和罗马数字之间也存在着巨大的相似性。与希伯来人和希腊人的习俗相反，罗马人表达他们的数字 1、2、3 不是用字母表的第一个字母，而是用Ⅰ Ⅱ Ⅲ。中国人表达数字的形式与此相同，但在书写时，与罗马人的做法相反，他们遵循的是一个垂直的顺序，他们的代码是写在同一个水平位置上的，即一 二 三。罗马人以这样的方式表示他们的数字 10（X），中国人改变了它的方向，表示 10 为十；罗马人表示 11、12、13 为Ⅺ Ⅻ XIII，中国人则是 土 圭 圭，我们只需要转动纸张就能感受到巨大的相似性。

罗马人表示 20、30，有时表示 40 会用这种方式，即 XX　XXX　XXXX。

中国人有时把数字 2、3 和 4 排在第 10 位之前来表示 20、30、40，但有时也会根据罗马数字的方法来表示，即 卄 卅 卌 。

简而言之，罗马人表示 5（就是 10 的一半），为Ⅴ。在古代，中国人表示 5 是 X，或 10 在两条线之间，表示 10 这个数字被分成了两个部分，即 㐅。但更奇特又似乎并非偶然的是这三个主要的罗马语代码 1，5 和 10（Ⅰ Ⅴ X）和中文表示这几个数字用的是相同的读音。1 的发音是 **YĔ**，或和 **I** 的发音相当：因此我们可以看到，比如说，《易经》（中国的第一本古典书籍）同样也被称为 ***I-king***。

5，汉语读作 U，听起来跟罗马文的Ⅴ一样。

10，读作 **XĔ**。如上所述，与Ⅺ相同；并且，众所周知，罗马语的 X 是从希腊语的 Ξ 或 ξ 借来的，罗马人的语言中没有这样的发音，而希腊语中的 ξ 与波斯语“shin”相同（“shin”在 Xerxes，Roxanes 这几个名字里和好几个用希腊字母表示的波斯文里都能看见），因此罗马语 X 同样与汉语的 **XĔ** 相同。

如果我们认为希腊哲学家毕达哥拉斯（Pythagoras）曾游历过印度，或许甚至是中国，一点也不会令人感到奇怪。他是意大利一所著名学校的创始人，人们认为最先开化了罗马人的罗马立法者努玛（Numa）曾在那所学校里受过教育。这一观点得到了希腊人 ἄβαξ 的证实，这与马赫德尔（Mahudel）所描述的中国人完全相似，甚至相似度比罗马算盘还高，这些算盘不是用绳子或金属线和珠子，而是利用针和凹槽使它们能在上面滑动。甚至有一个算盘，它的名字来源于他的作者毕达哥拉斯学派，该学派很好地证实了毕达哥拉斯从中国带来了算盘这一观点。

“我们也发现，在中国人当中”，钱德明（Amiot）说，“所有的财产都归因于毕达哥拉斯（Pythagoras）的数字”，他接着说，“我们都知道，中国人认识算盘比希腊哲学家毕达哥拉斯（Pythagoras）早了很多个世纪，因此得出他从中国带来了算盘这个结论是合理的。”

“为什么”，宝桂内（Deguignes）说，“中国人和毕达哥拉斯（Pythagoras）都断言‘5’是自然的标志，并且掌握着宇宙的首要原则吗?”“为什么毕达哥拉斯（Pythagoras）的门徒把数字‘9’归因于火与锻冶之神，而中国人把它归因于火？为什么毕达哥拉斯的门徒把数字‘4’归因于奥拉斯（Eolus），而中国人把它归因于风？为什么毕达哥拉斯的门徒把数字‘2’归因于瑞亚（Rhea，希腊神话中第二代众神之王后），而中国人把它归因于大地？”

因为都是数字系统，所以音乐性在这两种语言中都是一致的。“毕达哥拉斯（Pythagoras）的数字系统是从中国人那里学来的”，鲁西耶（Roussier）说，“仅从最近在欧洲发表的学术论文数字的检验中就可以看出，在中文的音乐性上，古希腊人的七弦琴，毕达哥拉斯的竖琴，他们的四弦乐器的反演，以及他们伟大系统的形成，都是中国的剽窃品。”

在特洛伊木马屠城之前，即使是由帕拉墨得斯（Palamedes）发明的一个古希腊的游戏，也被证明与中国象棋有明显的相似之处。这五条并非正方形的线、神圣的边界（原文为 ἱερὰ γραμμή）和五个棋子（原文为 Ψῆφοι），都与中国象棋完全一致。

这种交流必然存在，同样也可以从天文学中得到证实。贝利（Bailly）在他杰出的作品《科学史》中早就发现了这一证据。希腊人和罗马人关于十二生肖的划分与中国人相同；都有同样的数量和对应的行星；跟罗马人一样，各个行星运用在一周中的同一天，这些不可能仅仅是巧合。

即使是宗教信条，我们在普鲁塔克（Plutarch，希腊文学家）的书中所读到的东西也很奇特，书里写道：尊重努玛（Numa）以人或兽的形式表现神性的禁令——在最初的一百六十年间，罗马没有神圣的形象和雕像——他们确实建造了庙宇，但没有在里面供奉任何一种类型的东西——这些关于形象的努玛法规完全符合毕达哥拉斯（Pythagoras）的教义——这本应该与我们发现的中国人完全相似。钱德明（Amiot）说，在最初的三个朝代，中国祭祀上帝的庙宇没有任何雕像或形象；除了四面用来采光的带窗户的高墙,里面什么也看不见。这些中国寺庙似乎与日本的寺庙相似，日本的寺庙要么是空的，要么就是在中央放一面镜子，作为自我认识的象征。虽然亚历山大的克莱门斯（Clemens）认为努玛（Numa）是从摩西那里得到了这个教义，但就犹太人而言，塔西佗（Tacitus，罗马史学家）说，他们只崇拜一个神。城市的许多形象不在他们的寺庙里。此外，卢西恩（Lucian）说，在埃及，摩西是在他们的学校里长大的，但他们的庙宇没有雕刻任何摩西的形象。因此，我们可以得出这样的结论，如果毕达哥拉斯（Pythagoras）和努玛（Numa）没有直接从中国得到这一教义，他们就是通过埃及间接地得到的。

之后是伏羲的八卦，伏羲曾用八卦设计了自然界首个也是最重要的东西，根据钱德明（Amiot）的说法，它应该被认为是自洪水大灾难以来最古老的遗迹，因此是值得所有调查者注意的古代遗迹。神农，是伏羲的继承者，他发明了六十四卦图，他利用这个努力扩展了三位一体的意义。在中国的书籍中这些卦通常由八个圆形图画来表示，即图 11：

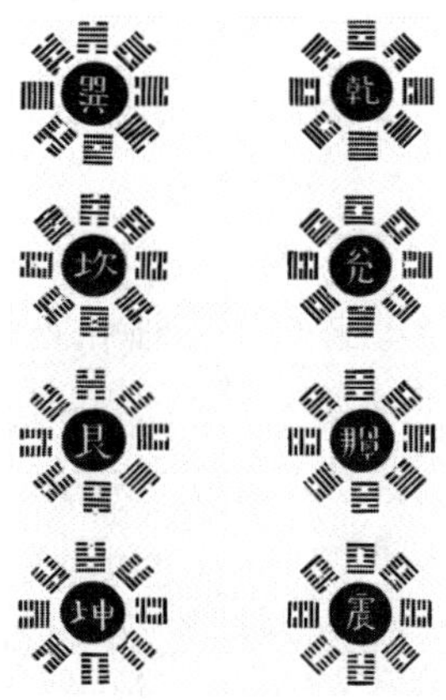

图 11　八卦图

每一个图形分别解释了一种卦，而中间的现代文字确定其属于哪一卦。这些卦象被认为是构成人类知识的整个圆，并且与八卦一起被认为是中国古代最古老的符号和象形文字。它们是结绳记事之后唯一使用的文字，直到皇帝下令应该由其他文字来代替，而不是用这些线型符号。虽然这是中国最普遍的观点，但有一些人认为这些文字出现的时期更早。

有一些人则认为，《洛书》最早出现在大禹时代的龟甲上（大禹是夏王朝的第一位帝王），并且河图只在伏羲时代出现过。虽然事实上两者都有同样的含义，但暗示着不同的名称和安排下同样的事情。

对于已经提到的线型符号之后最古老的文字，其中的一些已经被基歇尔（Kircher）粗略地呈现在了他的著作《中国图说》中了。然而，这些文字在后来的皇帝乾隆时代，得到了更好的诠释。他用外交手段丰富了文学界迄今需要的文字,包括所有从奖牌、印章、花瓶、石头和坟墓遗骸等地方可以收集到的古代文字的插图。他以他自己的诗作为例，用这些文字写了三十二种不同的古代汉字。

他们根据不同的事物来为这些不同的字符命名。例如，一种被称为玉株篆（一种像宝石的古代文字）。另外一种文字模仿龙爪。第三种则是像柳叶。每一种文字的不同形成过程都是一种偶然。比如说，有一种古老的文字被称为“婚姻契约”。关于这一点，周朝的时候是有提及的。周朝开始他们的统治比我们早了大约一千年，当时有一个中国人想撮合一对年轻人，但他们不会写字，他就让他们随意涂鸦，然后他在此基础上加上自己的元素。从这些字母的结合中，产生了一种后来在婚姻契约中使用的字母。

神农在田野上看到一株麦穗攒动，孩子般簇拥着白日飞升，并且还长着八只耳朵，为了记录这件奇事，他描摹出文字来代表它们，之后这被称为穗画。在中国古代，为了纪念不同寻常的事件而画出事物的轮廓是一种习俗。因此在伏羲时代，龙的出现有些不同寻常，人们为了保留对龙的记忆，并且将它传给后代，就发明了龙篆。

而有些字符是模仿了凤凰（凤凰是最好的鸟类）羽毛的文字，当它第一次出现在中国时就被采纳了。

周朝末期，又发明了其他的文字，那个时候中国被分裂成了六个不同的国家，为了用信件来传递秘密，就发明了这些各个国家彼此之间所不能理解的文字。

其他文字也被运用到了主权法令中，正如土耳其人、波斯人和阿拉伯人一样。不同的文字有用于大众铭文的，也有一些其他的文字用于其他目的。

在最近从日本传入欧洲的由蒂辛先生（Titsingh）所写的《日本百科全书》中，第 15 卷是以写作为主要内容，其中引证了一些文字，如图 12—15：

图 12　龙画（像龙或蛇的文字）

图 13　穗画（玉米穗文字）

图 14　麟画（麒麟文）

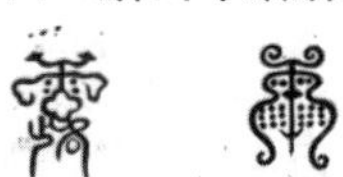

图 15　宝鼎篆（像珍贵花瓶的古代文字）

除了这显然的与三十二种中的四种相对应，以相同的名字来区分并且在《御制盛京赋》的附注中有提到的之外，下面的这些，既没有出现在它们之中，也没有被基歇尔（Kircher）引用，而是在这本《日本百科全书》中发现的。如图 16—24：

图 16　金钏文（像手环一样的文学作品）

图 17　虹霓篆（古代文字，模仿阴阳彩虹，因为彩虹和水胆在中国哲学中有所区分）

图 18　蝌蚪文

图 19　太极（事物的首要原则）

图 20　方直（一个方正的四边形）

图 21　规矩文（正方形和圆形的混合物）

图 22　古尚文

图 23　方胜（女性头饰）

图 24　《日本百科全书》中引用到的一些文字

我们不能轻易判断这些文字是否古老且真实，或是否其中有一些可能没有放到纽伦堡出版的亚当（Adam）、伊诺克（Enoch）和塞斯（Seth）的字母表的相同排名上。当然，最古老的铭文也只能追溯到商朝。耶稣会的神父韩国英（Cibot）最近对这一问题进行了调查，就中国本身，他认为由乾隆所收集的文字是值得怀疑的，并且他留下的中国古文字也比以前有更大的不确定性。不可否认的是这些文字曾经存在，从这些文字仍然在被使用这点上可以证明。如琉球岛国王的印章上就有（见图 25）：

图 25　琉球岛国王的印章

左边的文字是大清，也就是北京；但右边的文字跟已给出的文字非常相似，尤其是 ，这些在日本的作品中有解释，其将这个印章（琉球国王之印）展示如下（见图 26）：

vang 王　琉 Lieu
chi 之　球 kieu
yn 印　國 kue

图 26　琉球国王印章

如果我们特别注意右边三个垂直的字符，就会发现，中国现代和古代的汉字之间并没有什么相似之处，这也是前面其他分类已经提到的情况。例如， 根据上面的解释，表示小草或药草，这跟现代汉字的形状相同。 、 就像一棵树，跟现代汉字木相似。

同样的 表示天和地，与六（ ）的形状或八卦的六条线形状相同，八卦把天和地表示为 ，这些例子同样表明，中国的古文字和现代文字都只不过是模仿了恰当的数字或符号，正如许多例子所证实的那样，如山，在古代描述为 ，现在仍然用山代表。

井，在古代是 ，现在是井。

田，古今都是田。

如果许多文字丧失了曾经跟原始文字的相似之处，这种变化可以理解为时间的自然效应，并且这种现象在腓尼基、希腊以及中国都发生过。或者就像每一种语言中的许多词一样，经过多年的发展，已经大大偏离了原来的词根。如现代汉字“天”，现在已经不再赋予它所代表的物理或象征性了。但是如果我们在中文字典里查“天”这个字，并且研究它的不同变化，我们就有可能逐渐发现它的演变过程。

最开始它由三条线表示，即 。很显然，中国人和迦勒底人一样，都认为有三重天，即行星，恒星和重霄。这一概念一直延续到圣保罗（St.Paul），他说他曾被带到了第三重天。这里值得提到的是，在伏羲的八卦中，天也是用三根最上面的未断的线表示的。在这之后，这三根线以 这样或其他的形式假定了下来，直到最后演变成了天。

在同样的方式下，中国皇帝的祭祀主教法冠（国家最大的祭司）在古代是以下图的形式表示的。如图 27 所示：

图 27 中国皇帝的祭祀主教法冠

它与罗马圣公会主教以及维斯塔贞女的主教冠有很大的相似之处，[由努玛（Numa）创立，是罗马人与古代中国人之间联系的新证据]，我们用第 50 部来表示它，即巾。同样的，一个祖先大厅的古代容器，它的形状与伊特鲁里亚人或希腊人的容器不同，一般发现的样子如图 28：

图 28 罗马圣公会主教以及维斯塔贞女的主教冠带

经历很多次变化之后，再一次被引用，最终以第 206 部的形式固定了。

鼎不知何时起，这个文字同样象征着一个鼎，尽管一般来说一个容器不是一个鼎。

至于文字 ，它们取自中国已知的最古老的碑文，是大禹在完成了他的伟业之后刻在黄河源头附近的一块岩石上的碑文。如图 29：

图 29 中国最古老的碑文（禹王碑）

北京的传教士们没有任何副本，正如韩国英（Cibot）教父宣称的那样，为了满足学者对古文字学中关于纪念碑文的好奇心（这个纪念碑也许比阿鲁迪利亚的大理石，波斯波利斯的文字更为古老），我将在这里发表完整的铭文，就像之前《日本百科全书》所引用的内容一样，它的标题如图 30：

Ta	大	Ta-
yu	禹	yu's
pi	碑	inscription
ming	銘	engraved. §

图 30 《禹王碑》标题：大禹碑铭

中国人的汉字是否类似于埃及人的象形文字？这个问题从开始提出已经有好几年了，基歇尔（Kircher）以及后面麦兰（Mairan）都提出了自己的观点，后者利用巴多明教父（Parennin）的观点回答了这个问题。

这个悖论的评论家是尼达姆（Mr.Needham），他认为，在撒丁岛国王的收藏中，伊西斯女神像上潦草的字迹（因为他们不是象形文字）是真的中国文字。

然而，宝内桂（Deguignes）认为真正的埃及象形文字与中国文字之间有一种关系，宝内桂（Deguignes）非常精通中国的文学，他保证呈现并且真的创作了一部作品来说明 214 部中的每一个都与象形文字相对应。他们有相同的形状和含义，并且最终被确认了。这部作品发表于 1766 年，但从未公开，正如几个月前去世了的德·豪特劳斯先生（Mr.De Hauterayes）所说，“它的作者只留下了一个系统。”

除了钱德明（Amiot）对英国皇家学会的质疑之外，韩国英（Cibot）先生在他的文章《中国汉字》中也很好地驳斥了这种虚假的说法。比如十字架，正如贺拉波洛（Horapollo）所提到的那样，可能跟“十”的价值与中文中十的价值一样，不管是宝桂内（Deguignes）的学术研究还是其他人的发现似乎都证明了这两个国家之间古老的交往，但通过分析比较他的作品中所包含的汉字部件和尼布尔（Niebuhr）给出的埃及象形文字，我们会发现这个假设是没有依据的。海马、鳄鱼、朱鹭、姬峰，以及植物、荷花、纸草等在汉字中是没有的。它们既不是人的形象有鸟、狗的头，也不是鸟和动物的形象有人的头。同样的道理也适用于围绕着大的象征性图形的小而单一的文字，这些小的文字似乎是对它们的一种解释。因此极少的几个相似之处就证明了这两种语言之间的共同之处是少之又少的。

更奇怪的悖论来自拉斯佩（Raspe），它被收录在了塔西（Tassie）的收藏目录中，里面描述了一种带有帕塞波利斯文字的磁石圆柱（见图 31），他说，“很明显，它们很像汉字，这些文字不是一个发音清晰的字符，而是思想的特征。并且中文字典里有其中的一些文字，它们是以‘部’这种基本形式排列的。我请教过。”，他补充到，

“大英博物馆的图书管理员莫顿博士（Dr.Morton）拥有一件非常奇特的磁石圆柱，并且我相信，无论在哪里进行比较，同样的相似之处都会被证实。”

图 31　帕塞波利斯文字

拉斯佩（Raspe）以这种不谨慎的立场，得出了一系列不连贯的结论，比如汉字以前是在恒河这一带成形的；在波斯人发明其他文字之前一直使用的是汉字；甚至埃及人在被波斯人征服之后，也在使用汉字。“毫无疑问会出现假装用古老的汉字来解释埃及象形文字的独特系统的拥护者”，他补充到，“这个发现让我非常满意。”因此在他的下一篇文章中，他描述了一个带有帕塞波利斯文字的浮雕宝石，他称它们为帕塞波利斯文字（见图 31）或汉字题字，其态度坚定地就像他已经证明了一样。

然而，用他文章开头写的题词与显示出来的部件进行对比，就足以证明他的断言是无用的。

这些文字都是由两种符号放置在不同的位置而组成的，即 ‹ 和 ▎ ➤ 。

这种解释被拉斯佩（Raspe）称为“一种同样崭新而非凡的现象，它只需要被哲学考古学家所察觉并吸引他们的注意力”，这种说法跟他称一个大英博物馆的方形绿松石为一个阿拉伯题字一样没有根据，这个题字，如图 32：

图 32　大英博物馆方形绿松石题字

这和阿拉伯语一模一样，不管是库法体、西非体还是通常的字体；然而，这要么是中国印章要么是日本印章，印章上有正如之前所展示的古文字“天”（亓），表示得很明确，并且与蒂辛（Titsingh）先生的收藏品《日本百科全书》中的印章相似，如图 33：

a　　b

图 33　《日本百科全书》收录的印章

这些印章有同样的大小，一种是白色的底，另一种是黑色或彩色的底，中国人或日本人都将它们附在作品的前言或末尾。

拉普佩（Raspe）先生通过对帕塞波利斯文字和爱尔兰欧甘文字进行比较，将瓦朗西将军的观点归纳为“类比是被想象出来的，而不是被证明的”，也许在这个例子中这句话也能运用到他自己身上。

至于帕塞波利斯文字和埃及的象形文字，如果要进行比较的话，应该指向中国的古文字。韩国英（Cibot）说，“根据中国的主要考古学家和语法学家的说法，古文只有形象或是事物本身的代表”；因此，就像钱德明（Amiot）发现的那样，中国人称他们的古文字为“像”或“形”。但是由于遗留下来的东西很少，所以至少应该用下一个最古老的铭文来进行比较，例如由钱德明（Amiot）派给皇家学会的那些被认为是商朝或周朝的文字；从《哲学会报》中插入的一个样本，见图 34：

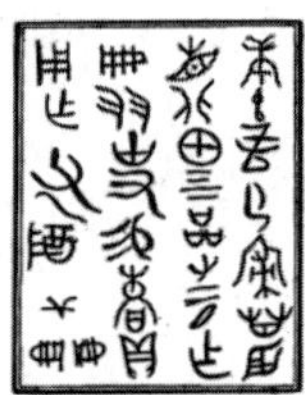

图 34　《哲学会报》中提及的商朝或周朝文字铭文

这些与其他的古代文字相似，但与埃及象形文字略有对应。两者之间最大的相似之处是，埃及语和中文都是从最古老的古迹上发现的，并且两者的书写方式都是水平和垂直的。

对于其余的来说，埃及象形文字的数量，正如波尔（De Pauw）所观察到的，“一定是非常有限的，因为几乎所有的古迹中都出现了同样的文字：布鲁斯（Bruce）也做了一个观察，他说尽管他曾见到了惊人的数量，但也没有超过 514 个。”

与汉字相似的墨西哥文字的数量仍然少于埃及的象形文字；尽管耶稣会士阿科斯塔（Acosta）和克拉瓦伊格罗（Clavigero）证实，除了物质形状，它们也具有象征意义。但其他墨西哥象形文字是教条主义的，或历史性的，或地理性的，正如卡雷利（Gemelli Carreri）在他的《墨西哥之旅》中提到的对墨西哥车轮或圆弧规的一个简单观察；或由珀切斯（Purchas）和泰夫诺（Thevenot）发表的墨西哥图片，这些与洛伦扎纳（Lorenzana）大主教所拥有的镀金器皿（原文为 plates）相比虽并不完美，但似乎清楚地证明了相反的事实。在珀切斯（Purchas）和泰夫诺（Thevenot）的书中，兔子、手杖或芦苇、燧石、在圆弧规里的房子以及年轮，象征“20”的斧头等，在中国的书中都没有。

因此我们是否应该同意克拉瓦伊格罗（Clavigero）的“经过多年的文明之后，墨西哥人在写作方面，已经远远超过了著名的中国人”这一观点。他作品中给出的基础文字将会证明中国的书写系统是完全不同的，因此他一股脑儿地补充所谓的“除了汉字数量更多以外，两者没有其他的区别”是完全没有依据的。

最后，至于斯潘根伯格（Spangenberg）对东北亚的描述中所呈现的粗略的数据，由于他是在西伯利亚南部的伊比特·皮什马河附近的一块岩石上发现的那些文字，所以他认为其与古汉字非常相似[最近迈纳斯（Meiners）哥廷根（Gottingen）证实了其相似性]，通过对这些作品中包含的部件进行分析，就会发现它们与中国的部件不同，尤其是那些在第 17 个和第 18 个镀金器皿（原文为 plate）中指出的部件。在第 15 个镀金器皿中，可能会发现一两个例子，尽管它们并不完全相似，但可能会被误以为是汉字。但汉字众多,一个或两个相似的发现并不能证明什么。不管是斯潘根伯格（Spangenberg）所认为的中国已将殖民地扩大到了鞑靼（正如 Petit de la Croix 在他的书《成吉思汗史》中所提及的一样），还是迈纳斯（Meiners）所认为的中国的象形文字来源于蒙古国，都不能因此而得出什么结论。

在古文被提及之后，那些俗称“字篆”的文字开始流行起来。这些文字仍然在使用，和在铭文、书名、印章中出现的福音体叙利亚文和古代阿拉伯文字一样，因为耶稣会士在中国出版的《无罪获胜》（《Innocentia victrix》）这本书的开头能看见其中很多文字，即（见图 35）：

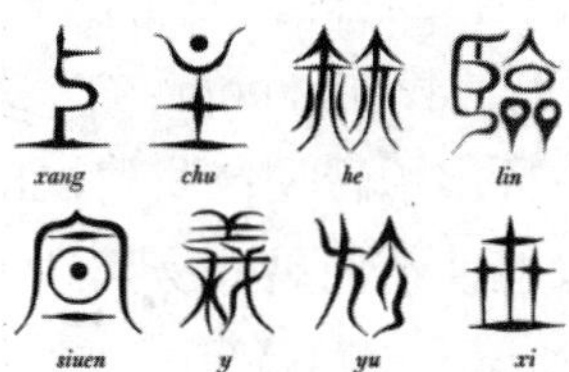

图 35　《无罪获胜》开头出现的文字

（文字分别为上、主、和、临、向、义、于、心）

或者在这个印章上，摘自了一篇关于中国哲学的专著，现存放在大英博物馆里，它上面附有（见图 36）：

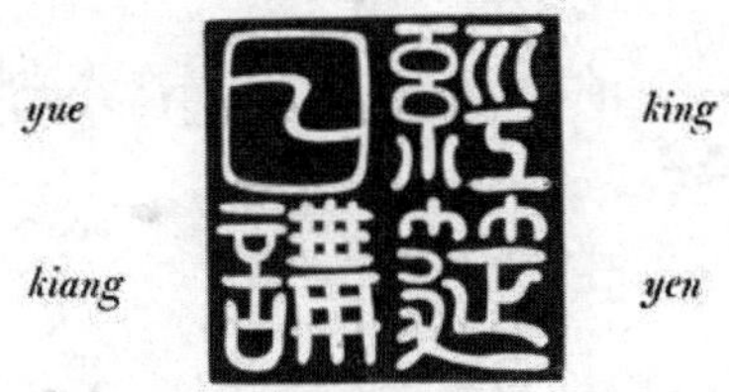

图 36　大英博物馆存放的关于中国哲学专著上的印章

（文字为经筵曰讲）

这些汉字与目前使用的汉字相差不大，不过字典仍然是用来解释它们的；如在巴黎的博物馆里，傅尔蒙（Fourmont）的中文图书目录里就有两本这样的字典。

这些文字在著名的孔夫子时代就已经开始使用了，并且比那些现代文字，尤其是错误百出的类型有更好更有规律的字形，这些字通常用在前言中，被称为草字。

现在所使用的文字，沃勃顿（Warburton）把它们称为象形文字的草体，经过逐渐的变化，已经从原始的发展到了现在简明的字形，但是已经足以说明它们在数量上超过了 8 万。在这其中应该观察到的是，更大一部分文字是同义的，就像从巴多明（Parennin）神父那里发现的一样，他写信告诉麦兰（M.Mairan）说汉字“寿”有 100 种不同的写法。“福”这个字以前有很多种写法，它象征了盼望百倍的幸福；其他的文字也能用这种方法观察。正如冯秉正所说，“中国的不同教派也有各自的特点：据说佛教只引入了 26430 个新文字：因此，如果在此基础上有适当的词汇量，就会发现大约有 10000 个字的词汇量就足以阅读每个王朝最好的书籍。”和这个说法一致的是韩国英（Cibot）引用的格言，即识字一万的人有资格获得学士学位。

虽然汉字数量众多，但令人惊讶的是，它的词汇却很少，数量不足 400 个，而且都只是“单音节”。一个世纪前，韦伯（Webb）认为汉语是原始语言。为了弥补他们的不足之处，正如人们常说的那样，需要用重音来区分有不同意义的不同音调。比如说，“Shu”的意思是“叔”，没有这种区分的话，就有可能被误读为“猪”。

音调如此重要，因此我根据庞迪我（Pantoja）神父（最早来到中国的传教士之一）发明的符号，在本书的部件表中标出了音调；我建议出版的字典里也会有音调，以供那些想读这门语言的人使用，也能使他们更容易找到需要寻找的单词。这些音调已由音符表示，即：

第一声，—，声音固定且不变，发音持续又短促。如 。

FÛ,
扶
to help.

第二声，^，声音稍低，读的速度要快，几乎在不知不觉间通过中间所有的音符一直降到下面的八度，即 。

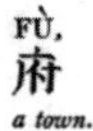

第三声，\，声音似乎是从第四声开始，快速下降到第一声，并且也是快速通过中间的音符，即 。

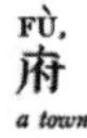

第四声，/，声音上升到大约四分之一，似乎与之前描述的第三个音调相反，即 。

FÚ, FŬ,
父 褔
father. *to conceal.*

第五声，◡，第五声是最短的，没有振动，声音快，沉闷，厚重，既不高也不低，即 。

这五个声调又被称作是要么只有重音，要么只有送气音要么同时有重音和送气音。用欧洲的规则来表述的话，所有的汉语词汇都包含了四种变体。重音有同样的音调，加上一点，即 ˆ ˋ ˊ ◡，目的就是要说明，以 e 结尾的字中间读音在 e 和 i 之间；以 o 结尾的字中间读音在 o 和 u 之间；以 u 结尾的字，他的读音类似于法语里的 u。从那之后，比如说，有些人把《易经》ye-king 写作 y-king，或另一些人把伏羲 Fo-hi 读作 Fu-hi；由于 u 有时候听起来像 e，如果有人把孔夫子读成 Kong-fu-tsee 而不是 Kong-fu-tsu，我们也就不会感到奇怪了。

这里的喉音在元音上是用希腊语的粗气变音符号表示的。为了使发音正确，前面的辅音应该有轻微的吸气音，比如，“田” TÎEN 要读的像 T-HIEN。

其中的一些细节并不仅限于汉语，而其邻国也有这样的情况。威廉·琼斯爵士（Sir William Jones）说，汉语语法中发音的顺序与在西藏所观察到的几乎一致，并且不同于印度教所认为的神的发明，这是非常了不起的。就藏语而言，吉戈吉（Giorgi）神父断言，“因为重音会改变音调，因此也会改变在语法上的意义。在东京的语言当中，罗兹（Rhodes）和理查德（Richard）说两者不仅有相同的特殊性，而且日语几乎完全是由一个音节组成的，就跟汉语一样；同时，相反的是，日语中有 7、8、9 个音节，这跟汉语的惯用语完全不同。”

在这里，我们可以观察到，即使在今天，也有许多人怀疑日语是否是汉语的一种方言，而他们之间并没有丝毫的亲缘关系。汉语只由单音节词组成，而日语在很大程度上是由多音节词组成的。汉语只有 350 个左右的词，而日语跟其他普通语言一样有大量的词。汉语缺乏屈折变化，也没有词形变化和动词变化：它是东方的通用语，用不断的不定式来表达语义。日语像希腊语、拉丁语或其他任何语言：其结构规则与汉语刚好相反。总而言之，纯正的日语的每一种表达都完全不同于它在汉语中的对应术语。

通常来说，汉语词汇在数量上如此之少，正如傅尔蒙（Fourmont）所说的那样，“一个词有时候相当于三四千个字；这是一种与我们的语言完全相反的特性，在我们的语言中，无数不同的词都是用相同的字母表示的。”因此，在中国经常会有讽刺作品，如韩国英（Cibot）说，“如果你关注于文字，他们的意义是纯粹而崇高的；但如果你只注意语气，他们包含的意思却是可笑的或淫秽的。”

众所周知，中国汉字通常都是垂直书写的，不是像阿科斯塔（Acosta）所称的古代墨西哥语那样从下到上，而是从上往下，就像中国的邻国蒙古一样，他们的字母与叙利亚语有相似之处。而且，根据巴耶尔（Bayer）的说法，蒙古语甚至是来源于叙利亚语的。然而，这一书写习惯是否是中国人从古代叙利亚人那里继承而来的，目前不可能判断其正误。可以肯定的是，古人曾经说过，“叙利亚人直到今天都是垂直书写的。”

与此同时，无论是从现代还是从中国已知的最古老的古迹中，都可以肯定，中国汉字不仅有垂直书写的，而且也有水平书写的，正如我们已经观察到的埃及文字那样。因此在欧洲的作品中，每当汉语出现时，就像阿拉伯语或希伯来语一样，我们没有理由不采取这样一种更容易的方法在同一条直线上水平地书写汉字，而不是用垂直插入的方式弄乱我们的书页，这已经成为欧洲作家惯用的手法。

这些文字不仅在中文中很常见，而且在日语以及许多其他国家语言中也早有涉及。尽管这些国家在语言上有所不同，但每个国家都以不同的方式表达相同的字符。因此日语中称著名的虾夷岛为“Ye-sso”，用汉字表达就是“虾夷”，如果用中文念的话，就是“Hia-y”而不是“Ye-sso”了。如果了解文字的知识，也许就会明白日本的读法就是这样。因此，它们很早以前就被认为是人类思想的通用字符或字母表。的确，如果我们考虑到它们现在的使用程度，就会觉得使用它们似乎是一种诱因。甚至是从最后一个英国驻华大使馆那里，我们也知道汉字的使用已经扩展到了昆仑岛，在那里“一个党派内的传教士怎么都不能理解他们自己的谈话，但当这个词被写下来之后，他们就能立刻理解其含义，虽然他们的口语与中文的口语完全不相同；但是这个事实已经清楚地证明了这一点：在认识汉字的地方，汉字与阿拉伯数字有同等的优势，因为这些数字都具有相同的含义。”

威尔金斯（Wilkins）认为，如果我们考虑一下麦金汉斯（Magalhans）所说的话，那么这个说法也不是荒谬的，麦金汉斯（Magalhans）认为主要是在中国的南部，那里人烟稀少，人们不管是贫穷还是富贵，不管是公民还是乡下人都没有读写能力。因此曼彻斯特哲学学会的一名成员后来为此又提出了这样一个问题，他问道，“是不是回忆起一个带有明显区别标志的意义并不像回想起用耳朵听到的一个截然不同的声音的意义那样容易？”

除了用汉字之外，这些国家中大部分还会用其他的字母类型，例如朝鲜，根据日本对那个半岛的描述，我最近发表了朝鲜语的 47 个字母表。东京，同样的也有自己的字母文字。大英博物馆同样保留了两本日文字母书籍。

罗德里格斯（Rodriguez）说，日本人发现汉字太难了，无法普及大众，因此他们创造了三种不同的字母文字，读作（见图 37）：

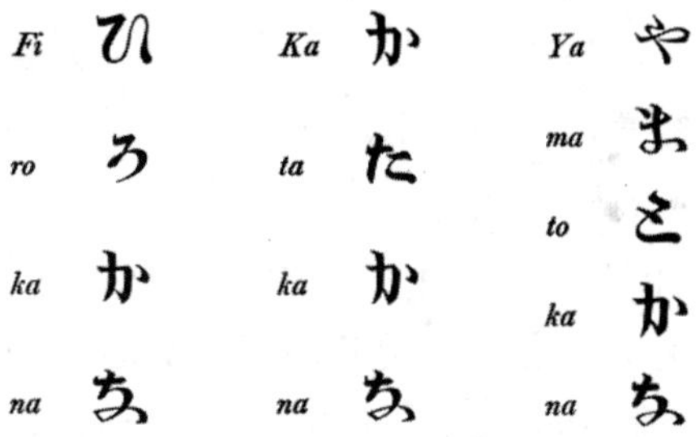

Fi ひ ro ろ ka か na な

Ka か ta た ka か na な

Ya や ma ま to と ka か na な

图 37　日语的平假名示例

这种文字书写上跟满洲话和汉字一样，都是笔直的。这是由 *Kampfer* 所创造的，虽然不是在い（Y）、ろ（ro）は（fa）这种日本通用的顺序之后，但像是一个音节字母表。他用了五个日本辅音和五个简单的元音来完成，总共创造了五十个字母，都像是伽里字母或印度的梵文字母，而日本人只使用其中的 47 个。在日本的作品中，开头的两个字母经常出现在汉字中，并且跟越南语和韩语字母一样，都来源于汉字。片假名中的“イ”来源于第 9 部，“ロ”来源于第 30 部，“ハ”来源于汉字数字八，“ニ”来源于数字“二”，“ホ”来源于第 75 部等。

它们是从象形文字自然发展到字母文字的一个典型例子，这种现象在广东的汉语中也有出现，“在那里，由于使用英语的人群庞大，因此出版了一个用汉字来表示英文单词的词汇表，其中的汉字只表示读音。”

大和日语假名，得名于基督教省份大和，就是在这里，发明了日语假名或者说人们首次使用假名，但它仅限于日本的教会君主和他的神职人员使用。片假名表现日语单词的曲折变化，日文书籍中日语的结构通常是用汉字来写的，然后根据字母表中这个词的日文发音用平假名来表示整个单词。“假名”这个词似乎来源于汉语词语“干”，它是构成汉语时间划分的十进制周期的十个汉字的总称。有些人认为中国人在使用象形文字之前也使用了字母文字，但这种立场的荒谬性变得很明显了，不仅是因为事实上这些文字几乎全部是由这里给出的部件组成的，而且是因为十进制和十二进制的周期合在一起，没有包含汉语中的所有辅音。

所有的汉字都是由本书中所包含的 214 个部件组成。虽然跟他们现在的形式很不一样，但这些文字理所当然是这个国家最古老和最原始的文字。不仅因为其包含了生命最初和最必要的事物，而且主要是因为不管哪一个合体字都是由这些部件构成的。因此他们应该是对古文物家和语言学家来说，中国文字中最有趣的一部分，作为中国历史的勋章，因为缺少金钱或其他纪念碑，汉字展示了其与一些事物的古迹结合在一起的文化和知识形态，如盾牌、弓、长矛、船、战车和其他许多事物，这些都是字母文字所不能体现的。

因此，词源学家也会意外地发现那些他们本不会在如此遥远的地方或国家发现的词根。这类形式的词其中一种是“厂”，整个亚洲都把这种公共建筑叫作旅行队或游客服务的客栈，并且由第 27 部来表示；同时它象征了兽穴或洞穴，这证明了中国最古老的居住地与史前的穴居人的居住地是一样的。

另一个例子是“Kuon”的起源，即希腊语的“狗”（拉丁语的“canis”就源于它），正如柏拉图所说，“希腊人不知道这个词的词源”，但正如韦伯所观察到的，它与汉语的“犬”非常一致，并且与德国的词源学家所推导出的原始日耳曼语“Hund”或“Hun”相比，更为相似。同样的道理，俄语中的“狗”，它的词源以前是完全未知的，因为它与每一种斯拉夫方言或任何的其他已知语言都不一致，其词源出现在米底人和波斯人的古代语言中，据希罗多德（Herodntus）和贾斯汀（Justin）所说，“米底人和波斯人把狗叫作‘Spaca’”，或者根据赫西基奥斯（Hesychius）的说法，“狗的叫法跟埃及狮身人面像（埃及神庙入口处的守卫犬）一样。”

汉字部件似乎一直在增加，直到与许多新的汉字发生了混淆，这些新的文字没有被分类，必须向中国人建议把每一个部件都进行归类。这种安排既随意又令人困惑。部件相同的，或者意义几乎相同的字，没有必要出现两次，如：刀 *tao*, and 刂 *cie*,，两者都代表了刀，其形状来自于古代中国的刀或斧头的形状，屮 and 艸，两者都代表了同一个事物，也许应该减少为一个部件。同样的还有其他很多文字。其他的部件又太特别，限制了它们的意义，比如说，第 192 部，“鬯”经常会发生有些部件几乎没有复合字，而另外一些部件的数量则过多的情况；又比如，第 80 部，“水”，在字典里有 1333 个汉字，其中有一些甚至有 28 画。

同样的方式，尽管部件和合体字都是按照它们所包含的笔画分类，但没有遵循准确的顺序。如“母”属于 4 画里的字，*Mu*, 毋 mother, ‡。还有“田”，虽然更简单，但是属于 5 画里的字。

同样的，有几个部件太相似了，以至于很难区分，如 夂 *chi*, 夊 *sui*, 夕 *sie*, 攵 *po*,，这几个字几乎一模一样，还有 卩 *ye*, 卩 *feu*, § 也是如此。

部件总表里，相似的汉字应该放在一起，这样它们就能更容易被分辨出来，而正如巴耶尔（Bayer）之前所说，“整体应该排列得更为清晰易懂。尽管中国的辞典和语言没有改变，但对于欧洲人来说，尝试这种改变是徒劳的，也是不可能的。因此，只有通过实践才能克服这些困难。”

在有了 214 部的概念之后，每一个合体字都必须首先找出它的部首，这也是非常任意的。因为虽然部首大多数是在合体字的左边；但是它又往往在右边；经常在整个字的顶部或底部；或有时在字中心；有时一半在右侧、一半在左侧；有时甚至是字的外部。毫无疑问，这是汉字书写中最大的困难之一，因为许多部件要么长得很相似，要么突然伪装或隐藏在合体字的其他笔画中，让人无法辨认。有大量的简单例子足以证明这一点。如汉字“虎”通常写作“虎”，当要找它的部首时，你会看“几”“丆”或“玉”（在合体字中没有点）这三个部件，因为在构造中看不到其他的部件。但是在所有的这些部件中都没有发现，其实它真正的部首是“虍”，这是因为这个汉字跟其他很多汉字一样都有不同的写法，有时候写作“虎”，有时候跟上图一样，在古代，它的写法跟第141部写得一样，因此只能通过实践来学习。

这里可以发现，在214个部件中，大部分后半部分部件是由它们前面的更简单的部件组成的，其中一个实例可以用最后一个引用的部件来证明，它是由第27个或第53个部件加上汉字数字“七”组成的。因此更复杂的部件被认为是这个合体字的部首，而不是严格意义上的部件。

找到了整个字真正的部首之后，需要对它所包含的笔画进行计数，以便知道这个字属于哪个类以及如何找到它。为此，需要注意的是，中国人并不总是以欧洲的方式来考虑这些问题，如汉字“口”有三画，或汉字“冂”有两画，这似乎是关于折笔画的一般规则，在中国则被认为是用铅笔书写的一个简单效果。

用“线”（綫）这个字来举例子，它的部首很明显是左边的“糸戔”。根据欧洲计数的方法，这个字有8画；而在中国它只有6画，因此必须在六画那一类里面找，而且是这一类的第三个字。

因此找到了它的部首，就需要计算右边的笔画，如我们所见，这个字有15画，因此在按照笔画排列的汉语字典里，第15画里面可以找到这个字，而在欧洲的汉字词典中，必须要在通用检索里相同类别相同笔画的那一行中才能找到这个字，在这个通用检索里，每个汉字后所附的用来表示汉字读音的欧洲字母将表示其解释的字母顺序。

关于本书中对214部的一般解释，虽然每个部件都保留了一些直接或间接的关系，傅尔蒙（Fourmont）说，“当它们被用于造字时，其原始意义就没有整字重要了，更不要说保持其原始意义。一个普遍原理就是知道每个部件的意义就足以了解它们所构成的整体，从而能够理解每一个汉字的意义。”

傅尔蒙（Fourmont）的这种普遍主张是毫无根据的，我可以用所有的合体字的例子来说，但我要从他的书中举一个例子，如汉字“狂”（狂 Kuang）。狂，意味着愚蠢，疯狂，那么按照他的规则，这个意义必然是显而易见的，因为这个合体字是由“犭”（反犬旁）和“王”（王）构成的。他说，“狗有疯狂的意象，因此每个人都应该知道‘狂’是这两个字的组合，其含义是‘疯狂’。”

我认为这个例子足以说明这种断言的无用性。当一个部件出现在一个合体字中时，它的意义往往变得模糊和不稳定，从而产生完全不同的意义。如汉字“岛”（島），由第46部和第196部组成。山和鸟，仿佛一座小岛，是一座飞行的山峰，或多山的小鸟，或鸟和山的结合。

即使是组合恰当的汉字，也不总是仅能从它们的部件中得到足够清楚的解释。如“海”（海），由部件“母”和“氵”组成，中国人认为海是水源之母。但当这两个部件组合起来的时候，每个人都会发现它含有其他很多种意思。

本书中对基础汉字的解释也许比其他书更能说明问题，其他书也有经常出现的第 140 部“艹”（草字头），表示“植物”；或者也有第 104 部“疒”（病字旁），表示“草药”，是治疗“疾病”的方法；但这并不能使我们知道一个合体字清晰、精确和特定的解释，因为这是查阅字典才能做到的。

这些用欧洲字母表示汉字的字典，不是从字母表的首字母“A”开始的，也不是从第二个字母“B”开始的，汉语同样没有以“A”和“B”开头的单词；它们必须从“CA”开始，作为 350 个汉语单音节词的第一个单词；威廉琼斯爵士（Sir William Jones）在一本由欧洲字母写成的中文字典的开头所写的内容是错误的（这本字典现存于英国皇家学会图书馆），虽然书中第一页就是以“CA”开始的，但很遗憾这本书并不完整。这和其后的汉语辅音一样，都有其能被理解的相对应的元音，如印度、西藏和阿凡王朝（Ava）的音节字母。但与蒙古语相反，根据巴耶尔（Bayer）的看法，蒙古人在书写时有一种独特的方式即只使用元音。

汉语词汇的发音方法通常是在葡萄牙语发音方法之后，它是由葡萄牙的传教士引进的，他们是中国的第一批游客。它与英语的主要区别在于，葡萄牙语的“x”与“sh”相对应，同时几个元音保留了它们的原音。在发音上，坚持说与基础汉字有关的汉语词汇。

在对部件或部首做出了解释之后，就只有在合体字中才能发现它们，正如所观察到的那样，合体字也有不少困难，因为不仅是小的文字，就算是最大的文字也经常伪装而导致非常尴尬的场面。因此我得出结论，这些大的复合词的其中一个经常出现在大都市街道上的茶箱上。

熙，它是最常见的题词的一部分，即（见图 38）：

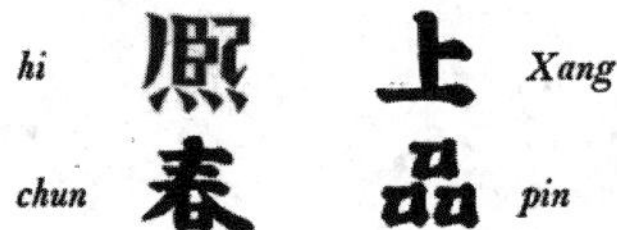

图 38　带有“熙”字的题词碑文

然而，如果不多加练习，就会被误以为它的部首就是第 86 部。

三、译者结语

19 世纪欧洲迎来了汉学研究的新高潮，这一波研究热潮正是从日耳曼学者哈盖尔开始的。他的著作《边画译》向欧洲人详细地介绍了汉字的起源，有助于欧洲读者进一步了解汉字特征。虽然行文中不免有分析和认识上的偏差，但此书对于 19 世纪欧洲汉学而言有着非常重要的作用，进一步促进了欧洲专业汉学的形成。

诚然，哈盖尔完全以一个外域学者的身份向欧洲展示了他对汉字特征的认识和理解。虽与我们本族的汉字观有所差异或误解，但从他对汉字的认识中能够探寻出以他为代表的西方汉学家对汉字特征的认识，可以为如今的对外汉语汉字教学提供很有意义的借鉴。

An Introduction of *An Explanation of the Elementary Characters of the Chinese: With an Analysis of Their Ancient Symbols and Hieroglyphics*

Joseph Hager

Translated by HU Yutian & FANG Huanhai

（Overseas Education College, Xiamen University, Xiamen 361102 China）

Abstract: In the 19th century, the study of sinology in the West entered the stage of professional sinology. During this period, European scholars conducted a lot of research on Chinese and Chinese characters, and Hager is one of them. His "*An Explanation of the Elementary Characters of the Chinese: With an Analysis of their Ancient Symbols and Hieroglyphics*" published in 1801 is an academic monograph devoted to the study of Chinese characters. The book is divided into two parts, including the preface and 214 elements. In the preface, Hager introduced to European readers in detail the various aspects of Chinese characters such as the knotted cords before the Chinese characters, eight trigrams and sixty-four hexagrams, ancient Chinese characters, the origin of Chinese characters, and the stroke structure of Chinese characters. The book was the first monograph on Chinese studies published by European scholars in the 19th century, setting off a new upsurge of Chinese research in Europe.

Key words: sinology；*An Explanation of the Elementary Characters of the Chinese: With an Analysis of their Ancient Symbols and Hieroglyphics*；Chinese characters

论“象征”在语用层面的修辞功能

杨　森*

（广东财经大学人文与新闻传播学院　中国　广州　510000）

摘　要：今天的社会就其本质而言，是一个象征社会，是一种修辞环境。人本质上也是象征或修辞的动物，象征的最重要表现形式是通过话语来构建，象征的行动是在符号化过程中实施的。语用层面的象征与作为辞格的象征有着不同之处，作为辞格的象征是一种文学文体上的修辞，而语言上的象征则是语言的修辞性使用，并不仅仅是纯粹地传递信息。

因此对于当今这个充满符号化的修辞社会，本文将运用修辞批评理论对各种修辞现象做出批评，探究这些修辞现象背后深层次的原因与构成方式。分析象征行为和象征符号的话语效果，解读修辞文本和人们的象征行为。从概念认知与修辞认知，关联理论与象征以及象征在言语交际中的施事功能等几个方面，呈现出隐藏在修辞话语背后的种种象征行为与社会关系。

关键词：象征　语用　符号化

DOI: 10.14095/b.cnki.jics.2019.01.015

一、引言

根据《辞海》对修辞学的定义：“修辞学是语言学的一门学科，研究提高语言表达效果的规律，即如何依据情景，运用各种表现手法，恰当地表达思想和感情。揭示修辞现象的条理，指导人们运用和创造各种修辞手法恰当地表现所要传达的内容。”可以看到，修辞学离不开人们的言语交际行为，人们在语言使用中运用“隐喻”“象征”等辞格以加强语气、阐明思想，使话语更具说服力与感染力。语用学则旨在研究符号与用户之间的关系，揭示语言的使用在上下文所产生的语效和影响，语用的本质是人际交往的模式。修辞学与语用学作为两门边缘学科，二者有着许多交叉的共通点。杨鸿儒曾说过，“修辞学是一定历史的产物，它体现着一定的历史阶段上语言（口头语言、

* 杨　森，广东财经大学人文与传播学院，研究方向为修辞学。邮箱：sai2002@qq.com。

书面语言）和人的关系，语言和思维的关系，语言和艺术的关系，是一门人际关系的学科。”（杨鸿儒，1997：136）

语用层面的象征与作为辞格的象征有着不同之处，作为辞格的象征是一种文学文体上的修辞，而语言上的象征则是语言的修辞性使用，并不仅仅是纯粹地传递信息。“语言符号学派”结合了符号学与现代语言学二者的理论，巴尔特作为其代表，认为古典语言与政治权力具有统一性，是同一历史运动的各种象征。巴尔特用神话的概念指代现实，认为二者具有虚构的共性。早期的神话是因为人类社会生产力低下，希望借助神话象征的力量加强对世界的认识。而在象征性的神话虚构中，则是对人类存在的探索，对未知世界的追寻。现代神话则同样是虚构的故事后面隐藏着的各种假象、谎言。“如果说传统神话是自然产物的话，那么现代神话就是人工造就的。社会现象也好，文化符码也好，在其表面现象的深层，都具有某种阶级集团利益和社会意识形态观念。”（罗兰·巴尔特，1999：323）神话其实是统治阶级将具有意识形态的内容象征化，转化为一种非意识形态的、自然的、透明的，使大众在毫无察觉中接受的象征化语言。

神话的能指具有双重性。在一级系统里，能指是一种意义；而在二级系统的神话层面，能指变为形式。只有当一级系统的能指演变出二级系统的所指，即字面外的象征义时，并且可以用“缺席”的联想诠释“在场”，才构成了完整的神话系统。巴尔特改良了静态语言学的静态特征。例如：我们用牡丹花指代一种植物，属于一级语言系统，因为它的意义明确“在场”；可是在特定的语境下牡丹花象征富贵时，这个意义是抽象的相对“缺席”，因此我们可以说牡丹花这个词变成了一种象征，一个神话。一级语言系统只是话语的陈述，是人们概念上的认知；二级神话系统则是语言的修辞性使用，属于人们的修辞认知，修辞者通过语言的象征性对社会大众施加影响。

巴尔特将意识形态的批评从社会层面转移到语言学层面，从修辞批评角度关注这种操纵和控制是如何产生的。修辞批评系统地探讨修辞行为的过程，今天的社会就其本质而言，是一个象征社会，是一种修辞环境。而象征的最重要表现形式则是通过话语的构建。人从本质上也是象征或修辞的动物，象征行动是符号化过程中实施的行动。因此对于当今这个充满符号化的修辞社会，下文将运用修辞批评理论对各种修辞现象做出批评，探究这些修辞现象背后深层次的原因与构成方式。分析象征行为和象征符号的话语效果，解读修辞文本和人们的象征行为。从概念认知与修辞认知，关联理论与象征以及象征在言语交际中的施事功能等几个方面，呈现出隐藏在修辞话语背后的种种象征行为与社会关系。

二、认知与修辞

（一）概念认知与修辞认知

我们认识世界的方式一般都是先通过概念认知进行了解，对于一个普遍性的世界，一般不存在个体性的差异。对于普遍性世界的概念认知，例如“氧气”人们的概念认知是：空气主要组分之一，比空气重，标准状况（0℃和大气压强 101325 帕）下密度为 1.429 克/升。无色、无臭、无味。化学式：O_2。英文名：Oxygen 或 Oxygen gas。这种理解并不会因人而异。

然而概念认知只是停留在事物的表面。人们在认识世界时，往往是在概念认知基础上，通过联想等手段不断深化语义，把已有的经验用象征符号记录下来，以达到人们抒发主观情感、培养审美情趣等目的，从而进入对世界更深层次的认知，也就是修辞认知。陈汝东认为，"认知（cognition）源于哲学、社会心理学和认知心理学，包含两方面的含义：一是作为一种研究方法，采用上述学科中的认知理论考察、分析修辞现象；二是指修辞是认知性的，具有认知功能。"（陈汝东，2001：89）人们通过概念认知世界以后，并不满足现状，而是渴望创造世界、丰富世界，因此人们在概念认知基础上借助修辞的方式去认知外部世界。人天生就是修辞的动物，即使是小孩子也能说出"山羊公公""狐狸小姐"这样形象化的语言，孩子通过"山羊""狐狸"和"公公""小姐"二者之间的相似性进行组合，让词义偏离了本真世界，可是却创造了一个充满象征、更具生命力的世界。再比如"文学"这个名词，概念化的解释是：指以语言文字为工具形象化地反映客观现实、表现作家心灵世界的艺术，包括诗歌、散文、小说、剧本、寓言、童话等，是文化的重要表现形式，以不同的形式（称作体裁）表现内心情感和再现一定时期和一定地域的社会生活。而在高行健笔下的"文学"修辞化的解释是："文学自行完成而不诉诸你的经验、不诉诸你的生活、生之困境、现实的泥坑和同样肮脏的你。"[①]这样一种带着极强象征意味的解释，偏离了"文学"的本来面貌，人们得到的只是高行健在某种语境下对"文学"的理解，而非客观的文学本身。可是正是这样一种包含了强烈象征意味，无法做出明确解释的修辞认知才不断促进了文学的发展，修辞认知的目的不在于简单地了解事物本身，在于深化事物，挖掘出事物隐藏的、不为人知的一面。

就像帕斯卡尔所说的，"人类从未停止对'真实'的热切追寻，但他们往往无奈发现，'真实'就像地平线一样横亘在人类认知的视野尽头，不断被我们超越但又永远无法企及。'事物的真相'无穷而人类的认识能力有限，因此只能放弃追求确定性和固定性而通过'象征'来认识真理。"[②]人类的认知能力总是有限的，而"真理"却是无限的，且不断在超越人类的认知范围。因此我们有时候必须放弃客观上的概念认知，借助更为抽象化以及模糊的言语，暗含了更多内涵义的象征修辞去认识并挖掘这个世界的内核。此外，并不一定是现实构筑了语言，很有可能是语言构筑了现实，象征就像一个中介将私人的认知感受超越了个体成为"公共世界"，让人们与现实对话。

① 高行健：《没有主义》，香港：天地图书，1995 年。
② 帕斯卡尔：《帕斯卡尔思想录》，何北武译，天津：天津人民出版社，2007 年。

（二）修辞认知与修辞格

过往的修辞学注意力主要放在辩论演说性质，然而发展到今天，修辞学离不开结合心理学研究。心理学所说的“言语”概念与语言学所说的概念相同，即指“每一个人在实际生活中对语言的具体运用”。（伍棠棣，1980：88）因此在人们运用语言修辞时都离不开思维的认知，认知属于心理学范畴，研究的是心理活动规律。而修辞学则是研究运用修辞手法规律，因此对修辞学的研究必须遵从心理认知的规律，才能有显著的修辞效果。陈汝东说：“掌握语言知识系统，并运用语言认识世界，并非认识活动的终结。人们还需要通过语言把知识表达出来，使之参与社会知识信息的流动。”（陈汝东，2001：66）因此我们可以看到，修辞认知正是人们在概念认知的基础上对世界更深入地探究，并借助语言系统使用修辞的方式对认知属性做深层次的阐释，修辞格是语言使用的积极形式，因此与修辞认知更是有着密不可分的联系。唐戎的《修辞格》，就曾谈到修辞格的心理基础：“人们语言的心理作用都含着使用修辞格的潜隐能力。”（唐戎，1923：30）可以看到，人们在使用语言表述世界时，都不满足于只是运用概念上的言语进行客观表述，而是借助修辞格等方式更深入地表述自己的情感、个人的内心思考。陈望道在论述两大分野作用时说过：“积极的修辞，要让人‘感受’，必须使听读者经过了语言文字而有种种的感触”。陈望道将辞格分成了四大类，当中“意境上的辞格”，就是指“就主观心境而行的修辞”。（陈望道，2008：45）因此我们可以看以下几个例子，作者分别运用了多种不同的修辞格方式，做到了更深化的修辞认知。

（1）屋子本是人造了为躲避自然的胁害，而向四垛墙、一个屋顶里，窗引诱了一角天进来，驯服了它，给人利用，好比我们笼络野马，变为家畜一样。（钱钟书《窗》）

例（1）中可以看到钱钟书将大自然比喻为野马，通过窗将大自然这个野马训为家畜，为人们所用，让读者更形象地了解了窗的用途；而且幽默化的语言让读者阅读起来平添了许多趣味，这样凸显了审美情趣这样一种修辞认知方式。

（2）有时一个单独的巨星横刺入天角，光尾极长，放射着星花；红，渐黄；在最后的挺进，忽然狂悦似的把天角照白了一条，好像刺开万重的黑暗，透进并逗留一些乳白的光。（老舍《骆驼祥子》）

例（2）描写了祥子和虎妞第一次行房事的情景，不过作者并没有采用直接描写的方式，而是借助对景物的刻画从侧面表现，文中的“黑暗”与“光”都象征了祥子命运的坎坷，也是对后文的伏笔。作者结合了“黑暗”与“光”的表层及深层意思，是作者对全文更深化的修辞认知。

(3)我给你沏一壶茉莉香片，也许是太苦了一点。我将要说给您听的一段香港传奇，恐怕也是一样的苦。香港是一个华美但是悲哀的城。您先倒上一杯茶，当心烫！您尖着嘴轻轻吹着他。在茶烟缭绕中，您可以看见香港的公共汽车顺着柏油山道徐徐的驶下山来。(张爱玲《茉莉香片》)

例（3）张爱玲运用了联想示现修辞手法，将想象中的香港描述地如同发生在眼前一样，眼前浮现出了香港的公共汽车驶下山的情景，让读者充分调动想象力进行联想，最大限度地还原了事物的本体，有着显著的艺术效果。

其实不只是示现辞格具备联想的功能，比喻、象征等辞格也具备显著的联想功能。台湾修辞学家黄庆萱的《修辞学》指出："譬喻的辞格的成立，基于心理学上的模拟作用（Apperception），夸张辞格的成立，基于心理学上的好奇心理。"（黄庆萱，1987：337）那么象征辞格的成立，很大程度则是建立在人们约定俗成的心理之上。象征义都是基于社会大众看到时会产生同样或较为接近的联想，而且往往是一种约定俗成，大众所默认接受的。例如：

(4)这个人我从小看到大：狐狸的嘴，蛇的心，狼一样贪狠。(曹禺《王昭君》)

例（4）中人们在阅读到狐狸、蛇、狼就会对他们的本性进行联想，狐狸象征了狡猾，蛇象征了恶毒，狼则象征了贪婪凶狠，作者虽然没有细述这个人究竟是怎么样的一个人，可是读者对于文中描述的这个人却有了更深的认识。象征的联想具有群体性，如果只是一个人的感觉，那不能成为象征，象征应该是公共，而不是私人的，大家都认可的才能成为象征。也正是因为有了社会大众约定俗成的联想，才产生了象征。《修辞学发凡》也曾揭示过修辞与联想思维的关系，文中指出："积极修辞是具体的、体验的，它要在读者心里唤起一定的具体的影像。"（陈望道，2008：105）可以看到，象征作为一种积极修辞与人们的联想思维密不可分。作家在使用象征修辞时，都希望让读者运用联想思维，找出写作者真正希望表达的象征义。

三、关联理论与象征辞格

知识在人脑中的储藏形式被称为表征，语言则是对外部世界的表征。"关联理论认为，语句的命题式可以被用作表征（representation），其方式有两种：描述性用法（descriptive use）和解释性用法（interpretive use）。描述性用法是让命题式真实地反映相关事态，而解释性用法则是对另一个表征加以解释。"（蒋严，2008:3）如例（5）是一种描述性用法，例（6）则是对他人话语的解释性用法。

（5）公园里到处都是游玩的人群。
（6）他缠着我足足有2个小时就是为了抱怨他这次没能升职。

人们在交际时根据不同的语境，需要付出心力，可是人的心力有限，因此心力与语境效果往往是对立的。一个语句获得越多语境效果则越关联，反之需要付出越多心力则越不关联，人们总是希望用最小的心力获取最大的语境效果。因此根据关联原则，解释性用法对于事态都只是进行一种大致性的表述。如7（a）、8（a）：

（7）a.这部佳美瑞花了我三十多万人民币。
b.这部佳美瑞花了我三十万千两百元人民币。
（8）a.我们晚上九点多下课。
b.我们晚上九点二十五分下课。

例7（b）、8（b）虽然是精确的说法，可是在交际场合人们却并不使用，因为这不符合关联原则。认知语用学理论强调相互明示的（mutually manifest or ostensive）交际行为，对于一些具备了关联的共性事物，人们只需要通过译码推理就能揭示事物间的联系，因此例7（a）、8（a）更符合关联原则的表述。

含带象征的命题往往违反了逻辑的真值条件义，将两个表面没有任何关联的本体与象征体相联系，让受讯者去寻找本体与象征体之间的相似处。根据最佳关联原则，每个明示的交际行为都传递了一个推定，推定自己达到了优化关联，受讯者对象征的理解也是一个最佳关联的解读过程。临时象征虽然只是一个临时没有固定的概念，具有模糊及不稳定性，可是受讯者会自动根据关联原则指引，找出本体与象征体之间有关联的地方。如例（9）：

（9）人们拒绝了这种悲哀，向天空举起彩色的盾牌。（顾城《雨》）

例（9）中顾城的这首诗名为《雨》，正是写于十年动乱的政治风雨时期。诗人对当时现实的绝望和厌恶，希望摆脱这种困境。因此诗人使用了象征性的写法，由雨天打伞象征了对无望的现实拒绝的姿态，由雨对应悲哀、伞对应盾牌、举起对应拒绝的方式呈现出复合跳跃的关系。诗人在这里采用了临时象征，因为诗人觉得没有任何一个词语能准确无误地表达他的想法，所以必须创造出一个新颖的象征来替代。

斯波伯和威尔逊的关联理论指出："文体是交际双方在追求关联的过程中产生的，被比喻性使用的词语或表达方式提供的是某种触发机制（trigger），驱使听话者在关联的准则下更深刻地挖掘有关的百科知识，从而产生更为丰富的语境效果，以抵消在理解比喻时所花费的额外的心力。"（Sperber.D，D.Wilson，1986：224）象征也是如此，从关联理论角度出发，读者在理解这首诗时，除了得出"人们下雨撑伞"这个结论以外，还会得到更多额外丰富的语境效果，弥补了读者在理解这首象征诗所耗费的心力。因此，象征的修辞用法虽然会让读者在理解时耗费更多的心力，但从性质上来说，与日常交际用语的形式是一致的，都是在关联原则之下展开。从语用学角度出发，象征的修辞手段是语言使用的本质特征，是人们使用语言认识世界的重要途径和表现方式。

人们在言语交际过程中虽然都是以话语作为信息交流的载体，可是交际双方并不总是将所有话语都清晰无误地表达出来。具有共同文化、背景、知识架构的交际双方有时为了特定的目的，有时采用象征作为"中介"也能使言语交流畅通无阻地进行。例如：

（10）杨英：哥，不管我走到哪里，信号台永远在我心中！（沈佳良《等到满山红叶时》）

例（10）出自作品《等到满山红叶时》里面的女主角杨英考到大学后，与男主角杨明分手时的话语。杨明作为兄长一直无微不至地照顾着杨英，两人曾经相依为伴，共同守护三峡信号台。信号台见证了两个人的爱情，因此杨英在这里用"信号台永远在我心中"象征了两人坚贞不渝的爱情，外人或许不明其意，可是杨明却是能完全明白这里面的深意。根据优化关联推定：A.相关语句有足够关联，值得受讯者付出心力去加以处理。B.相关语句是与讯递者能力和偏好相匹配的最关联信号。在这里的象征语句虽然没有采用直接外露的表达方式，可是由于受讯者与讯递者有着相匹配的最关联信号，因此能借助象征作为"中介"从而获得理想的交际效果，使双方的感情得以升华。

（一）象征在言语交际中的施事功能

"言语行为分为两种：表述（the constative）和施为（the performative）。"[①]前者主要是用于表达客观事实，表述某种状态，具有或然真或然假的状态，例如：那个计算机放在桌子上。而后者则实施某种行为，不具有真假的逻辑语义性质，例如：你最好给我马上离开这里。Austin还对施事行为做了更细致的划分：判定行为（verdictives）、判权行为（exercitives）、承诺行为（commissives）、表态行为（behabittives）、阐述行为（expositives）。（Austin，1986：224）

① 刘远志、马翔宇：《试论辞格的施事功能》，《阿坝师范高等专科学校学报》，2002 年第 2 期。

修辞的当代定义：“通过象征手段影响人们的思想、感情、态度、行为的一门实践。修辞与调动语言和其他象征手段以达到任何实际或功利目的几乎是同义的。”（刘亚猛，2004：38）可以看到修辞活动与言语交际中的施事功能有着密不可分的联系。修辞作为一种话语建构，在日常交际中不但传递某种信息，更是为了实现某种社会行为，修辞者通过显性或是隐形的压力促使受众改变自己的观点，服从修辞者的指令与意愿。辞格具备了很强的修饰性文体风格，在日常交际中人们更是广泛地使用辞格让话语变得更具煽动性。人们在使用辞格进行话语表述时，除了显而易见的字面义外，更是包含了隐含义以及说话人的某种态度，而且隐含义往往才是说话人真正想表达的意思。我们可以看以下例子：

（11）“哈哈哈哈”一阵大笑，打断了沈百万的话。老宫用他那洪亮的声音，讽刺地说：“谢谢你，我的好心的沈老太爷。我们很知你的恩，很感你的德。而且对你的这份‘恩德’，我们是定要报的，你放心就是了。”（峻青《海啸》）

例（11）为了表达自己的愤怒以及对沈百万假扮好人的厌恶，老宫使用了讽刺反语，在这里“好心”相当于“黑心”，“恩德”相当于“仇恨”，是一种表态行为。“施事话语包括话内行为（言语表达直接传递某种信息）、话外行为（言语表达间接暗示某种意义）、话前行为（表达者的言语动机）以及话后行为（言语表达产生的接受者的行为反应）。”（谭学纯、朱玲，2001：68）沈百万接受话内信息：老宫完成了话内信息；沈百万接受话外信息：老宫表达了对沈百万的厌恶及愤怒；沈百万接受话前信息：老宫通过大笑打断沈百万的话语，就是希望在说话前就让沈百万明白自己的愤怒；话后信息：老宫的这段话进一步加深与沈百万之间的隔阂与对立。

伯克指出：“修辞的基本功能是人类施事者通过词语的使用促使其他人类施事者形成一定的态度或采取某种行动。语言本身的一个功能，就是作为一种修辞手段的语言诱使对象征天生敏感的人类个体相互合作的那个功能。”（刘亚猛，2004：85）修辞的施事话语在很大程度上是借助象征来达成，现代象征是一个在不断“下降”的过程，从古代宗教的祭祀象征到近代革命的历史象征，再到现代经济社会的商品拜物象征。象征从过去的神话领域下降到了政治领域，象征也从过去纯粹的符号化演变为今天人们交际活动中的施事言语手段。象征的施事话语是一种非强制性的互动手段，修辞者并不会通过强迫的方式让受众接受施事话语，而是通过象征手段诱导人们产生一种认同感，构筑一个修辞者所需要的“集体”。象征施事话语通过对普通秩序的决裂以及隔断对常识世界的遵奉，从而产生出一种由公众和集体所认可的新常识。“象征性语言能够使自己和整个群体都听到的话语往往是一种获得了认可的语言，它被赋予了这一群体的权威。在表达的同时就授权给了它所指定的东西，在群众中获得合法性并在群体上施加它的权威。”（布尔迪厄，2005：123）语言是修辞性的，也就是说语言具有劝说性，语言的修辞性让人们的话语必然带有一种价值观，并总是试图将这种价值观施加于他人之上。即使是单纯的陈述事实，也隐含了某种修辞动机。

社会的现实由表征构筑，修辞者通过改变社会的表征从而改变社会现实。施事话语通过创造集体的表征，从而对社会普罗大众施加影响，象征施事语言所建构的力量，导致人们思维观念上的固定符号化。根据鲍曼的“象征趋同理论”：“我们的现实是由语言和象征构筑的，两个或更多的个人的象征世界在某个过程中相互作用，相互渗透，甚至相互雷同。”（Ernest Bormann，1972：407）人们在共同的社会基础上，会形成共同的价值观、共同的意识才会互相理解，形成一个群体。因此今天的修辞者通过社会大规模流通的报纸、书刊、电视节目以及话语实践等象征手段，让受众在自觉与不自觉间产生共同的信念与价值取向。而且这种取向往往带有强烈的排他性，人们在做出某种价值时就会对其他价值取向者产生排斥感，区分出“自我”与“异己”。在“非友即敌”的观念下排除其他群体，形成一个有着共同的思想观念、价值取向的特殊象征组合。此时作为这个群体代言人的修辞者的话语就有了很强的象征施事力量，在阿诺德看来：“修辞是运用符号手段来达到争取自己或他人信奉某事物的目的，修辞不只是使真理更有效，而是创造真理的。”（阿诺德，1998：29）对此我们可以参看马丁•路德•金著名的演讲《我有一个梦想》：

（12）100 年后的今天，我们必须正视黑人还没有得到自由这一悲惨的事实。100 年后的今天，在种族隔离的镣铐和种族歧视的枷锁下，黑人的生活备受压榨。100 年后的今天，黑人仍生活在物质充裕的海洋中一个穷困的孤岛上。100 年后的今天，黑人仍然蜷缩在美国社会的角落里，并且意识到自己是故土家园中的流亡者。今天我们在这里集会，就是要把这种骇人听闻的情况公诸世人。

马丁•路德•金作为当时的黑人领袖，拥有着比普通人要多的修辞资源，包括语言知识、能力、修辞技巧以及政治上的显赫身份，因此具备了一般人无法企及的修辞权威。布尔迪厄指出，“施为言语要想获得成功必须满足许多条件，而这些条件大多数可归结为发言者必须具备了与这一言语行为相称的社会职能”。（布尔迪厄，1993：111）亚里士多德指出：“当演说者的话令人相信的时候，他是凭他的人格来说服人，我们在任何事情上一般都更相信好人，由于这个缘故，我们对于那些可以的演说也完全相信，修辞人格是说服的支配性因素。”（亚里士多德，1991：76）坎贝尔将修辞定义为“一门宏伟的交流艺术，由于修辞不止传导的是思想，还包括心绪、情感、意向、目的等，修辞实践必须首先考虑演说者应该维持的人格，因此修辞者必须投射出强大的身份—人格组合，身份具有社会大众承认的内在权威”[①]。

马丁·路德·金作为一个强大修辞人格的拥有者，对于受众有着无以复加的内在权威，演讲中多次使用“我们”一词，使受众与修辞者同处一个阵营，同时强调了黑人所遭受的压迫，暗示当时美国社会对黑人自由的侵害，通过标签化造成了二者的对立。对于长期被压迫的黑人来说，不自觉中就接受了修辞者的权威地位，对他们来说是顺理成章，并不会觉得这是一种强加的象征施事力量，修辞者则通过各种手段对受众施加影响，其中包括诉诸无知（Argument from ignorance）：“人们断定一件事物是正确，只是因为它未被证明是错误，或断定一件事物是错误，只因为它未被证明是正确。”以及诉诸权威（Appeal to authority）：“一种虚假论证，它试图通过诉诸专家或权威的意见来确立其结论。也是对权威的滥用。例如‘某物是真实的，因为有专家说它是真实的。’这种论证在日常生活中被广为运用，但它在逻辑上是虚假的，因为它不加批判地接受专家或大人物所说的任何东西，而不是通过诉诸肯定证据来证明其结论。不过，训练有素或真正够格的专家的意见也能增加论证的力量，尽管也是可以向这些意见挑战。当所达到的结论超出了该权威赖以成名的领域时，这种形式的论证就显得特别没有说服力。”（Salmon，2006：118-119）

（二）受众对修辞者的反作用

然而一直以来人们都过度夸大了修辞者的施事话语能力。修辞就本质而言是一种非强制性的互动手段，一段话语只有从编码到译码才可以构成完整的修辞。修辞话语往往包含了修辞者的意图以及受众对话语的认知，因此修辞者会主动迎合受众的需要，让受众最大程度地理解他的话语，修辞者只有行之有效地动员受众，他的言辞所透露的话语信息才具有更大的象征力量。修辞的象征力量、受众的认知性以及修辞者与受众之间地位的相互转换，是一个复杂的过程。正如狄摩西尼所说：“不是你们的言说家将你们变成好人或坏人，而是你们按照自己的意愿改造你们的言说家。不是你们根据他们的意愿确定自己的目标，而是他们揣测出你们的愿望，并以满足这一愿望作为他们自己的目标”。（刘亚猛，2004：48）我们可以继续参看《我有一个梦想》的演讲例子：

（13）当我们行动时，我们必须保证向前进。我们不能倒退。现在有人问热心民权运动的人，“你们什么时候才能满足？”

只要黑人仍然遭受警察难以形容的野蛮迫害，我们就绝不会满足。

只要我们在外奔波而疲乏的身躯不能在公路旁的汽车旅馆和城里的旅馆找到住宿之所，我们就绝不会满足。

① George Campbell. *The Philosophy of Rhetoric*. Book Jungle Press, 2009.

> 只要黑人的基本活动范围只是从少数民族聚居的小贫民区转移到大贫民区，我们就绝不会满足。
>
> 只要我们的孩子被“仅限白人”的标语剥夺自我和尊严，我们就绝不会满足。
>
> 只要密西西比州仍然有一个黑人不能参加选举，只要纽约有一个黑人认为他投票无济于事，我们就绝不会满足。
>
> 不！我们现在并不满足，我们将来也不满足，除非正义和公正犹如江海之波涛，汹涌澎湃，滚滚而来。
>
> 我并非没有注意到，参加今天集会的人中，有些受尽苦难和折磨，有些刚刚走出窄小的牢房，有些由于寻求自由，曾在居住地惨遭疯狂迫害的打击，并在警察暴行的旋风中摇摇欲坠。你们是人为痛苦的长期受难者。坚持下去吧，要坚决相信，忍受不应得的痛苦是一种赎罪。

我们可以看到马丁·路德·金在这里成功地抓住了受众的心理。当时的美国黑人地位极其低下，黑人和有色人种对美国政府已经大失所望，马丁·路德·金借此机会说出了受众最想听的话语，提出人人平等的重要观念，围绕着受众的需要来演讲。马丁·路德·金放下了过往修辞者对受众的强势地位，而是采用谦卑低下的话语方式，不断告知自己是与受众站在同一战线。并着重强调今后将永远也不会满足，直到能取得人人平等的地位，这也更符合受众的期望，并在最后升华为共同缔造一个更加平等的社会而奋斗。人总有着一种英雄情结，企图创造一个美丽的只存在于幻想中的乌托邦，而马丁·路德·金正是满足了受众的这种幻想，让受众为了一个新的、公平的社会而战。同时在修辞过程中“接受是修辞活动的结果和前提，没前提无法进行修辞，没结果等于没修辞”。（谭学纯、朱玲，2001：138）世上没有单纯绝对的修辞者，也不可能存在单纯意义上的受众。二者的权势地位是可变的，受众并不是人们传统理解的“如此无权、无力因而无言（speechless）的地位（powerless）”。（刘亚猛，2004：78）受众群体会赋予修辞言语让人出乎意料的、更强大的象征力量，使言辞的潜能得到更大程度的体现。

四、结论

人们在认识世界时一般都是先通过概念认知了解，再上升为修辞上的认知，修辞认知是人们对世界更深入地探究。人们往往是通过语言系统认知世界，修辞格作为语言使用的积极形式，与修辞认知有着密不可分的联系。语句的表征分为描述性用法和解释性用法，象征的命题往往是违反了逻辑的真值条件义，将两个表面没有任何关联的本体与象征体相联系。可是受讯者会自动根据关联原则指引，找出本体与象征体之间有关联的地方，从而找到内在深层的象征义。

言语行为分为表述和施为两种，而现代象征也从过去的神话领域进入到了世俗领域，更多体现在言语交际中的施为话语。修辞者通过修辞资源的垄断以及强大的修辞人格，借助诉诸无知、诉诸权威等手段对受众施加象征施事话语。然而受众却也并不是过往人们理解的如此无权无势，修辞的象征力量，是受众与修辞者之间地位的相互转换。修辞者的言辞是否具备说服力同样离不开受众的支持，因此在某种程度上我们可以说是受众塑造了修辞者。

参考文献

阿诺德：《论修辞的认知性》，胡曙中译，北京：社会科学出版社，1998 年。

布尔迪厄：《言语意味着什么——语言交换的经济》，褚思真译，北京：商务印书馆，2005 年。

陈汝东：《认知修辞学》，广州：广东教育出版社，2001 年。

陈望道：《修辞学发凡》，上海:上海教育出版社，2008 年。

高行健：《没有主义》，香港：天地图书，1995 年。

黄庆萱：《修辞学》，台北：三民书局，1987 年。

蒋　严：《关联理论的认知修辞学说》，《修辞学习》，2008 年第 3 期。

罗兰·巴尔特：《神话——大众文化诠释》，许蔷蔷、许绮玲译，上海：上海人民出版社，1999 年。

刘亚猛：《西方修辞学史》，北京：外语教学与研究出版社，2008 年。

刘远志，马翔宇：《试论辞格的施事功能》，阿坝师范高等专科学校学报，2002 年第 2 期。

帕斯卡尔：《帕斯卡尔思想录》，何北武译，天津：天津人民出版社，2007 年。

唐　戎：《修辞格》，北京：商务印书馆，1923 年。

谭学纯、朱　玲：《广义修辞学》，合肥：安徽教育出版社，2001 年。

杨鸿儒：《当代中国修辞学》，北京:中国世界语出版社，1993 年。

伍棠棣：《心理学》，北京：人民教育出版社，1980 年。

亚里士多德：《修辞学》，罗念生译，上海：三联出版社，1991 年。

Austin, J.L. *How to Do Things with Words.* Beijing: Foreign Language Teaching and Research Press，2001.

D.Wilson. *Communication and Cognition*. Oxford: Blackwell,1986:224.

Ernest Bormann. *Fantasy and Rhetorical Vision*. London: Oxford University Press,1972.

George Campbell. *The Philosophy of Rhetoric.* Book Jungle Press，2009.

Salmon. *Introduction to Critical Reasoning*. Mason. OH: Thomson Wadsworth Press, 2006.

Sperber, D. &D. Wilson, *Relevance, Communication and Cognition,* Cambridge, Massachusetts: Harvard University Press, 1986.

Rhetoric Function of Symbol in the Pragmatics

YANG Sen

（Guangdong University of Finance & Economics, Guangzhou 510000 China）

Abstract: Today's society is a symbolic society, a rhetorical environment. The most important of expression is the construction of discourse, which is the symbol of human being and the action of symbolization. The symbol of pragmatics is different to figures of speech, as a symbol of figures of speech is a kind of literary rhetoric, and symbolic language is the rhetorical use of language, not only simply convey information.

Nowadays is a symbolic rhetoric society, so this thesis uses rhetorical criticism theory to criticize various rhetorical phenomena, explores to the deep reasons and the ways of the formation of these rhetorical phenomena, analyzes the symbolic and symbolic effects of discourse, interprets the rhetorical text and the symbolic behavior of people. From the concept of cognitive and cognitive rhetoric, relevance theory and symbol, tries to find symbolic and social relations.

Key words: symbol；pragmatics；symbolization

刘勋宁老师讲语法

刘勋宁[*]

（明海大学　日本　浦安　279-8550）

DOI: 10.14095/b.cnki.jics.2019.02.016

第五讲　定语和形容词

形容词的一个重要功能就是作名词的修饰语。于是人们常常把修饰名词的成分当作形容词，由此引出种种困惑。下面以胡明扬主编（1996）关于形容词功能统计的原则和方法为例进行分析。

原文共分 9 条。先看前 3 条（例句上的语法符号是我们添加的）：

（1）语料中出现一例形容词便统计一次且只统计一次功能。

（2）在主谓短语中充当主语或谓语的形容词无论该主谓短语是独立成句，还是充当更大结构的句法成分，形容词的功能一律记作主语或谓语。例如，“严=是・爱，松=是・害”，“严”和“松”的功能记作主语；“创造-了・((建设速度\快、质量\好、水平\高)-的>奇迹)”，“快”“好”“高”的功能都记作谓语。

（3）在动宾短语中充当宾语或在动补短语中充当补语的形容词，无论该短语是作谓语，还是作其他句法成分，形容词的功能一律记作宾语或补语。例如，“(黑土\变・黄)-的>地区”，“黄”的功能记作宾语；“(洗[干净])-的>衣服”，“干净”的功能记作补语。

从第（1）到（3）无非是说，是什么就是什么，我们不作更改：第（1）条是说出现 1 次算 1 次，不算两次（夸张）或者零次（抹杀）。第（2）和（3）是说作主语就是

---

* 刘勋宁，日本明海大学教授，博士生导师，曾任教北京大学、华盛顿大学、筑波大学，兼任国内多所大学和研究所客座教授及研究员，研究范围广泛，举凡语言学的各个部门都有创获。邮箱：liuxn@ meikai.ac.jp。

主语，作谓语就是谓语，不错记；作宾语就是宾语，作补语就是补语，不张冠李戴。至于两条里说到的“充当更大结构的句法成分”或者“作其他句法成分”，本来就跟原结构里的功能没有关系。举例来说：

a. 我\去・游乐场。
b.（我\去・游乐场）\是他说的。
c. 你就说（我\去・游乐场）。

a 里的“我”是代词作主语，“去”是动词作述语，“游乐场”是名词作宾语。a 短语即使到了 b 里成为更大结构里的主语，到了 c 里成为更大结构里的宾语，短语里的内部关系并不变化，依然“我”是代词作主语，“去”是动词作述语，“游乐场”是名词作宾语。

下面看第（4）至（5）条：

（4）在偏正短语中充当修饰语的形容词，无论带“的（地）”不带，功能一律记作定语或状语。

（5）在偏正短语中充当中心语，在形补短语中充当中心语以及在联合短语中充当并列成分的形容词，其功能依整个短语的功能记入。例如，“道理\很>>简单”，“简单”的功能记作谓语；“（最>>简单）-的>方法”，“简单”的功能记作定语；“这\比・我想象的+严重-得[多]”，“严重”的功能记作谓语；“（肥-得[流油]）-的>东北黑土地”，“肥”的功能记作定语。

这两条就相当成问题了。先从（5）说起。“很>>简单”“最>>简单”都是短语，都是被副词修饰。形容词是谓词，受副词修饰是当然之理。“道理\很>>简单”也可以说成“道理\最>>简单”；“（最>>简单）-的>方法”也可以说成“（很>>简单）-的>方法”，可见它们在短语内的功能是一样的，都是前面加了一个副词作修饰，差别只是在“充当更大结构的句法成分”时不一样而已。这就好像上面说过的那样：a.（我\去・游乐场）到了 b、c 里内部关系并不改变。如果变来变去岂不乱套！果然，到下文的分析里就乱了套了：“严重-得[多]”和“肥-得[流油]”的构造是相同的，却一个被记作“谓语”，一个被记作“定语”。

这也是我们在第一讲中首先正本清源，指出“短语是具有直接语法关系的成分”的原因。“严重-得[多]”是一个“得”字短语，“严重”首先和“得”发生关系，整体在“这\比我想象-的+严重-得[多]”中作谓语；“肥-得[流油]”也是一个“得”字短语，“肥”首先和“得”发生关系，整体在“（肥-得[流油]）-的>东北黑土地”中加上“的”

字作定语。就它们自身和“得”的关系而言，“严重”和“肥”是一样的，都是“A-得”的关系。这也说明语法构造是有层次的：先乘除，后加减；先括弧内，后括弧外，任何跨层次的分析都是不被允许的。

所以，“（4）在偏正短语中充当修饰语的形容词，无论带‘的（地）’不带，功能一律记作定语或状语”，只是碰巧是对的。因为形容词本来就可以是定语，也可以是状语。不过，“带‘的（地）’不带”是有很大区别的，这一点我们放在最后再说。

再看第（6）（7）（8）条：

> （6）在兼语式“V1+N+V2”中承担V2的形容词，与N有主谓关系。因此无论该兼语式是作谓语，还是作其他句法成分，形容词的功能一律记作谓语。例如，“（嫌我脏）-的>人\只有·你”，“脏”的功能记作谓语。

作者终于放弃了区别对待的耐心。“无论”“一律”，也就是只看它在短语中的功能，不再跨层次理解：“嫌（我\脏）”，“脏”对于“我”是谓语，那它就是谓语。实际上，就“（嫌我脏）-的>人”来说，“脏”被包含在“的”字定语里；就“（嫌我脏）-的〉人\只有·你”来说，“脏”则处于主语的位置上。定语和主语无法兼记。（不幸的是，这个地方恰恰是有学派争议的：“嫌我脏”究竟是“嫌（我\脏）”还是“嫌·我+脏”，依前者“脏”是谓语，依后者“脏”却是宾语。当然这可以看作学派之争，暂且不论。）

> （7）由形容词构成的“的”字结构充当主语、宾语时，按定语处理。例如，“脏-的\别要”，“脏”的功能记作定语；“那朵花儿\是·红-的”，“红”的功能记作定语。

终于连理由都不给了，任你是主语还是宾语，我都叫作定语。谁说学者不会“说你行你就行，不行也行；说你不行就不行，行也不行。”

> （8）介词后的形容词按宾语处理。例如，“大片良田\正在>>由·黑+变·黄”，“黑”的功能记作宾语。

这一条倒是应该的，介词后的成分本来就是宾语。不过表述得却煞有介事，仿佛做了一次重大决定。

第（9）条谈兼类问题，因为语涉学派之争，这里就不做分析了。

由上可以看出问题的关键是“的（地）”字前面，包括“得”字前面的位置应该不应该算作形容词特有的功能。上一讲（第四讲）已经说过，形容词和动词的一个重要区别就是：汉语形容词虽然跟动词一样，可以直接作谓语，但是汉语的动词在作修饰语的时候必须后加结构助词“的”，与形容词明确区别开来。如果把动词和名词之间的“的”拿掉，动词和名词之间就变成了支配关系而不是修饰关系（这里暂时把动词和宾语之间的关系叫“支配”关系）。例如：

吃-的>饭　比较：吃·饭　　吃-的>饭　比较：好>饭
喝-的>水　比较：喝·水　　喝-的>水　比较：清>水
写-的>字　比较：写·字　　写-的>字　比较：小>字
走-的>路　比较：走·路　　走-的>路　比较：近>路

其实还不止如此。汉语的任何词加上“的”都可能成为定语。例如：

我的价值　　水的价值　　走的价值
忽的意思　　和的意思　　跟的意思

甚至句子加“的”也可以成为定语：

他给我的书　　云变成雨的书
如何正确跑步的书　　一本讲乌鸦喝水的书
作者写了多年才写好然而根本找不到出版社出版的书

总之，说形容词可以作定语，不应当是指它可以加上“的”作定语，而是说它不加“的”就可以作定语。相反，副词、连词、介词不加“的”就不能作定语；动词除了名动词，不加“的”也不能作定语。这就好比有人是工人，有人是农民，有人是干部；有人在当工人之前当过农民，有人在当农民之前当过工人，有人在当干部之前当过工人或农民，抑或情况更复杂。我们虽然可以描写这些复杂性，但不能描写他们在做这些工作之前，当过“儿童”或“少年”，因为那是谁都要经历的过程。

有的人看不起理论，以为只有事实是可信的。从这里我们可以看到，理论上不清楚，事实也很难看清楚。《词类问题考察》以及它的续集做了大量统计（续集的考察范围有改善），现在我们就要有疑问了，它的统计还靠得住吗？在此基础上得到的结论，有多少是值得信赖的呢！日心说带来了一系列的认知变革，但不能说地心说之下的所有观察都还是继续有效的吧？

第六讲　名词

“妈妈”“爸爸”是人最早学会的名词。这是因为伴随着诞生，爸爸、妈妈就在耳朵边不断地呼喊：“爸爸，叫・爸爸”“妈妈，叫・妈妈”。大约半年后才有含糊不清的发音，听上去既像“爸爸 ßəßə”，又像“妈妈 məmə”。继续长大，逐渐清晰化，区分开“爸爸”“妈妈”。不要以为这就是语法上的“名词”，其实这是行为！孩子希望通过叫“爸爸”“妈妈”以引起爸爸、妈妈的一个行动。所以严格来说，这是一个句子，并不是一个“词”。那么，接着孩子该说出对他来说最重要的动词“吃”“喝”了吧，不然，孩子继续学会的还是名词。我孩子首先学会的是“酸奶”和“包子”。每当路过商店的时候，他就会口里不断念叨“酸奶、酸奶”，路过食堂，他就会说“包子、包子”。自然，这也是行为。他要让你给他买“酸奶”和“包子”，而不是对两种事物的好奇，告诉你两个名词。那么，什么时候他才学会对他来说最重要的“吃”与“喝”呢？其实他不需要学会这两个词，因为从一诞生，在需要吃与喝的时候，他只要哭就行；也不需要区分“吃”与“喝”，因为一岁之前吃奶，根本就分不清这是吃还是喝。不光他分不清，大人也分不清。七八个月后会在奶里逐渐加进一些别的食物，然而依然是与奶和水混合在一起的。孩子在需要的时候，虽然不只是“哭”了，但仍然不需要明确区分，只要哼哼唧唧，自有大人为他判断和服侍。

我之所以不厌其烦地写下学话的过程，是因为有人说人天生就有语言的能力，天生就有区别词义和语法的能力，似乎言过其实。有人讨论人类最早学会的是名词还是动词，大概也过于天真。

我的孩子最早学会的动词是“抱”，紧接着是“不去”。“抱”是要你抱他。“不去”是拒绝去幼儿园。可见伴随着动词，很快就要学会否定。因为拒绝也是一种行为，而且对他来说，这倒是真正体现了他的意志的、具有语法关系的句子：不>>去。

很有意思，一开始的动词就伴随着否定副词“不”。而“不”正是我们区别名词与动词的一个标准。

黄正德等（2013）提出：名词和动词是两个基本语类，这是现代语言学的共识。在汉语里，这两个语类可以根据能否受否定语素“不”修饰得以明确区分。例（1）～（2）提供了基本语言事实：

（1）动词

a.不睡

b.不通知

c.不赛球

（2）名词

a.*不树

b.*不消息

c.*不球赛

据我们所知，所有的动词都能被“不”否定，而名词则不能。我们同意黄正德等人的判断。

名词就是事物的名称。如果我们指着一个东西说：“这叫什么？”回答说：“这叫梨、苹果、桃。”“梨、苹果、桃”就是名词。常有人说，汉语的名词、动词、形容词流动不居，因而不能分词类，恐怕是杯弓蛇影，谁见过“梨、苹果、桃”当动词用呢！

王珏（2001）指出：“名词是词汇王国里的‘大哥大’”。他还引述赵元任（1982）（应是 1979，以下引文做了校勘）的话说“名词是个开放的类，词典里大部分是名词。名词不但是比任何别的词类多，并且比别的词类加在一块儿还多”。

郭锐（2002）还有数字统计（210 页）：在 43330 词中，名词有 27408 词，占 63%。［注意：该数字不包括：时间名词 301 词，0.7%；处所名词 90 词，0.21%；方位名词 123 词，0.28%。（207 页）］

关于时间名词，处所名词，方位名词，具体论述可以参照朱德熙先生《语法讲义》第四章有关诸节。

正因为名词的数量如此之大，很多人觉得从意义就可以分出词类来，大概是名词留下的印象。因为名词确实就是事物的名称，常见的事物指着它就可以知道。

科学的困难就在于遇到那些模棱两可的地方怎么办。比如“思想、精神”我们就很难指着说这是思想，那是精神。而且这些词也容易兼类：“不会・思想（动词）就不会・行动（动词）”“这小伙子真>>精神（形容词）”。这就不得不借助于标准。一般认为能加数量词是名词的特征，比如：“一种思想的形成”“一种精神的作用”。需要警惕的是数量词“一种”也可以加在动词和形容词上：“一种>做（动词）”“一种>快（形容词）”“一种>赞美（动词）”，“一种>谦虚（形容词）”。另外，量词“个”的使用正在扩张范围，一些过去不能用“个”的名词，现在也常常用“个”了。这里有一个故事：有位作者写文章，名词前全部用“个”，编辑改为“一扇窗户、两出戏、三峰骆驼、四头猪”，作者看了大怒，认为这是编辑在讽刺他“善出风头”。我这里写的“有位作者”，现在也常常被写成“有个作者”。不过，那些可以用“种”来修饰的动词、形容词，却不能用“个”来修饰：*一个做，*一个快，*一个赞美，*一个谦虚。也许随着“个”的普及，能说“一种 V/A”而不能说“*一个 V/A”可以成为一个有效的检验标准。过去还有一种看法，只有名词前可以加“有”，可是现在受南方话的影响，动词前加“有”的情况越来越多，“昨天有去（动词）”“楼上有售（动词）”所以这一条也只能有限地使用。

下面顺便说说名词的否定。

名词的否定用“不是”。例如“我不是学生”“这不是苹果”。

一般的说法，汉语名词也可以单独作谓语。如“今天阴天”“他双眼皮”“下午运动会”。（郭锐，2002：214）不过否定的时候，必须说成“今天不是阴天”“他不是双眼皮”“下午没有运动会”。动词“是”“没有”还是要出现，证明这种名词句里实际暗含着“是”或者“没有”。

“是”+“名词”的判断句里，“是”是轻读的。然而“不是”的“是”却是重读的。为什么会这样呢？这要从判断句的性质说起。

自从叶斯伯森（1924/1988）把否定（negation）的意义阐释为“矛盾”和“对立”之后，人们就把否定看成是一个相矛盾或者相对立的概念。我们认为，这是不准确的。语言里否定的意义实际是“否认”，即说话人提出一个看法，听话人否认这种看法。比如说：“你是学生吗？——我不是学生。”刘勋宁（2002）一文中曾经揭出：

否定句必须有个前提，这就是听话人原来知道一个与此句相反的情况。比如听话人原来知道说话人要去华盛顿，不知道说话人已经改变计划，所以说话人告诉听话人“不去华盛顿”这个新情况。如果听话人本来就不知道说话人要去华盛顿，说话人也就没必要告诉听话人这个新情况。一定要告诉，也要从头说起：“我本来打算去华盛顿，发现口袋里没钱了，我不去华盛顿了。”这种已知，不必是最近的情况。比如说话人本来有工作，听话人不知道情况改变了，说话人就需要告诉听话人“我不工作了”。如果听话人已经知道这个改变，听话人就会说“我已经知道了”或者“你已经告诉过我了，这是第二遍了”。（这自然是不高兴的——也就是不礼貌的表示了。——新注）有时候是一种常识，一般人据常识推断。这时候出现反常情况，说话人就需要针对这种常识说明新情况。比如多数人离婚后还是会再结婚的，如果反常，就需要特殊说明“我不再结婚了”。假设法律规定每个人只能结一次婚的话，离婚了也就没人再说这句话了——因为那样，这句话就成了不可思议的了。有时候虽然不见得听话人不知道，可是作为一种提醒，类似于对不知情者说话。比如，两人同时进入下雨的状态，也同时知道雨停了，但为了引起一个新的行动，其中一人也可以首先发出“不下雨了，我们可以走了”的说法。这时候虽然听话人不见得不知道“雨停了”，但刚才是下雨的，现在是新情况，说话人可以按听话人还没有发现来处理。如果是走了一段才说：“不下雨了！”这一定是一位把手表煮到锅里而懵然无知的“牛顿”。不过，“不下雨了”这个情况对发话人的旧知来说，还是新的。我们可以想象，如果走过来一个陌生人对你说：“我要去城里，怎么走？”这是正常的。如果有人走过来说：“我不去城里了，去海边怎么走？”如果不被理解为是疯子的话，至少前半句话是多余的。

所以，肯定句是否定的前提。否定句是对肯定句的否认。名词作谓语的句子是一种判断句。判断句的重心在宾语部分，“是”仅仅起一个语法上的连接作用（所以从前叫系词，现在考虑语法分布，“是”跟一般动词所处位置无异，所以也统一叫动词了。）

语义负担很轻，因而是轻读的。因为负担轻，自然不出现也是可以的。这就是为什么肯定句的“是”字是轻读的，以至于轻读到省略。

注意，肯定句也有重读的时候，例如“我ˋ是刘老师，找我有事吗？”，这不是判断句，而是首肯句。意思是“你找刘老师吗？我就是你要找的刘老师。”可见说出一个判断，跟同意一个判断是不一样的。那么否定句属于哪一类呢？否定句属于后面这一类，即不同意说话人的判断，所以否定句的“是”是重读的。

“道·可＞道，非·常＞道；名·可＞名，非·常＞名。无名，天地之始；有名，万物之母。”（老子《道德经》）名词当是初始词类（proto-category），成为“万物之母”。我们也许没有办法从正面分离出它，但我们可以从“无”的方面观测它（常无，欲以观其妙）；由它的滋生衡量它的语言价值（常有，欲以观其徼）。

参考文献

郭　锐：《现代汉语词类研究》，北京：商务印书馆，2002 年。

胡明扬主编：《词类问题考察》，北京：北京语言学院出版社，1996 年。

胡明扬主编：《词类问题考察续集》，北京：北京语言大学出版社，2004 年。

黄正德：《汉语句法学》，张和友译，北京：世界图书出版公司，2013 年。

刘勋宁：《在对话中研究语言》，《现代中国语研究》，2002 年第 12 期。

刘勋宁：《现代汉语句尾“了”的语法意义及其解说》，《世界汉语教学》，2002 年第 3 期。

石毓智：《肯定和否定的对称与不对称》，台湾：学生书局，1992 年。

王　珏：《现代汉语名词研究》，上海：华东师范大学出版社，2001 年。

叶斯柏森：《语言哲学》，北京：语文出版社，1988 年。

赵元任：《汉语口语语法》，吕叔湘译，北京：商务印书馆，1979 年。

朱德熙：《语法讲义》，北京：商务印书馆，1982 年。

Liu's Lectures of Chinese Grammar

LIU Xunning

（Meikai University，Urayasu，Japan 279-8550）

让语言学徜徉于人文精神与科技理性之间
——袁毓林教授访谈录

施今语* 采访

（伦敦大学学院　英国　伦敦　WC1E 6BT）

摘　要：本文是对著名语言学家袁毓林先生的书面访谈。袁教授首先谈到了自己如何在个人的努力、朋友的鼓励和老师的教诲下踏上学术研究的道路，并根据自己和他人的理论研究和探索实践，介绍了基于认知科学的语言研究。而后袁教授通过个人经历指出带着问题去阅读和思考是解决实际问题、拓宽学术视野的有效途径。他认为，语言研究有必要结合经验主义人文关怀与理性主义科学精神，从而更加透彻地理解人类的本质，并以自己的两个研究课题（关于谓词隐含理论和网球问题的求解思路）作为案例，说明语言学研究成果的社会意义和在现实生活中的功能。谈及学术研究时，袁教授提出学者应有更高的精神层次上的追求。最后，袁教授指出研究生的成长要在乐观中奋斗。

关键词：袁毓林　语言学　认知科学　谓词隐含理论　网球问题　科学精神　人文关怀

DOI: 10.14095/b.cnki.jics.2019.02.017

时间：2017 年 8 月 28 日

采访形式：书面采访

被采访人：袁毓林，江苏昆山人，北京大学中文系教授，博士生导师，《当代语言学》《语言文字应用》《汉语学报》《汉语学习》《中文信息学报》《南开语言学刊》、日本《中国语学》、日本《现代中国语研究》、韩国《中国语教育与研究》、新加坡《汉语研究和计算学报》等海内外十多家期刊编委。1998 年入选北京市跨世纪（新世纪）中青年社科理论人才“百人工程”，1999 年入选教育部跨世纪人才培养计划，2015 年被聘为教育部长江学者特聘教授。曾经获得中国社会科学院青年语言学家奖、北京市优秀社科成果奖和中国高校人文社会科学研究优秀成果奖等多个奖项，主持国家社科基

*　施今语，英国伦敦大学学院（University College London），研究方向为心理与语言科学。邮箱：shijinyu1999@163.com。

金重大招标项目《汉语国际教育背景下的汉语意合特征研究与大型知识库和语料库建设》等国家级和省部级项目数十项。主要研究理论为语言学和汉语语言学，特别是句法学、语义学、语用学、计算语言学和中文信息处理。在《中国社会科学》《中国语文》等刊物发表论文百余篇，出版著作《现代汉语祈使句研究》《语言的认知研究和计算分析》《汉语句子的焦点结构和语义解释》《汉语语法研究的认知视野》《基于认知的汉语计算语言学研究》《汉语词类的认知研究和模糊划分》《汉语配价语法研究》《汉语词类划分手册》《袁毓林自选集》《著名中年语言学家自选集：袁毓林卷》和 *Cognition-Based Studies on Chinese Grammar* 等十余部。

采访人：施今语（英国伦敦大学学院）

施今语：袁老师，您好，我在伦敦大学学院（University College London）脑科学学院的心理学与语言科学专业学习。从 2016 年暑假开始，我在做一个世界著名语言学家的系列访谈项目，但是由于时间关系，这次只能做一次书面采访了。这次采访您，不仅可以满足自己的好奇心，让我对自己未来的学习产生一个更为明确的概念和想法，也可以为包括我们所有中学生和大学生了解语言学和著名语言学家提供一些帮助。

一、授课之余，踏上学术研究之路

施今语（以下简称施）：袁老师，我从互联网上了解到您大学毕业后在江苏省昆山县千灯中学当了四年的老师，请问是什么让您决定继续考研并且走上研究之路？我还了解到，您的硕士生导师是王维贤先生，博士生导师是朱德熙先生，您觉得两位导师对您的学术影响主要体现在哪些方面？

袁毓林（以下简称袁）：从 1980 年 8 月底开始到那年底，我在昆山成茂中学（今昆山市锦溪中学）实习，教两个班的初中一年级语文，每周 12 节课。教课之余，每天晚上漫步在水乡古镇的石板路上，想着将来除了教书之外，是不是还应该做点什么？当然，可以选择的也无非是继续学习写作或者继续练习写文学评论和语言研究方面的文章。从 1981 年开始，我被分配到母校昆山千灯中学（今昆山市亭林中学）工作，先是教初中语文和政治，后来教高中语文和历史。课余时间，练习写了一些文学评论、语法修辞方面的小文章，也都投稿出去了。当然，我也感觉到文学研究跟语言研究大不相同，两个方面都做是不太现实的。那时候，我心里想着：哪个方面的文章先发表，我就专攻哪个方面。结果，年底的时候，读书时期写的《汉语量词的描摹性》发表在延边大学的《汉语学习》（1981 年第 6 期）、《浅谈修饰性暗喻》发表在上海教育出版社的《语文学习》（1981 年第 12 期）。于是，我就下定决心专门学习做语言研究。1982 年又发表了 3 篇小文章：《浅谈“衍词”》

（华东修辞学会的《修辞学习》，1982 年第 3 期），《“怎么样”补议》（杭州大学的《语文战线》，1982 年第 12 期），《着色点染　化虚为实——谈谈虚摹的修辞手法》（华南师院的《语文月刊》，1982 年第 9 期）。就这样一边教书一边学习研究，过着十分惬意的校园生活。

也就在这一年，情况有了变化。原来，1982 年秋季，从南京师范大学分来一个教政治的老师赵曰君。我和他，还有几个青年教师经常一起散步聊天，成为无话不谈的好朋友。赵老师比我年长，也更加见多识广。他跟我说：“我看你有锐气，在专业上也有一些基础，应该去考研究生。在中学里做学术研究是不可能成气候的。”他看到我正在听上海人民广播电台的中级英语，就说：“这太浅，至少必须学完许国璋的《英语》1-4 册，才能去应付研究生入学考试的英语试卷。”正好，他也要考研究生，也要学许国璋《英语》。于是，我们就一起到邮局函购了许国璋的《英语》1-4 册。接下来，我一方面因为基础太差，另一方面白天要上课，晚上要看专业书籍，每天只能抽一个小时左右来学英语；所以，每半年只能学完一册。磨蹭到 1984 年 2 月参加研究生考试时，我刚刚学完许国璋《英语》第 3 册。说起来实在是运气好，我侥幸考上了杭州大学中文系的研究生。

我的硕士生导师是倪宝元先生和王维贤先生。两位先生当时都是副教授。那里好像有一个不成文的规矩：称新中国成立前大学毕业的老师为“先生”，新中国成立以后的，就只是“老师”了。后来到北大中文系读博士研究生，一看好像基本上也是这种规矩。比如，叶蜚声老师虽然是新中国成立前的大学毕业生，但是研究生是新中国成立以后在北大中文系上的，所以称“老师”，不称“先生”；只有朱德熙先生、林焘先生等少数老师称“先生”，不称“老师”。这是题外话了。倪宝元先生主要研究修辞学，方法朴素踏实，就是广泛收集例句、排比分类、归纳条理。比如，他的《成语辨析》（中国社会科学出版社，1979 年）、《成语例示》（北京出版社，1984 年）等著作，都是在收集了大量的成语使用实例的基础上，对相关的成语进行意义和用法方面的同异辨析。《汉语修辞新篇章——从名家改笔中学习修辞》（商务印书馆，1992 年）对照四十多位著名作家的作品的早期版本和以后的修订版本，寻找这些作家对自己作品的文字修改；做了上万张卡片，对这些改笔进行对比分析，从修辞原则的角度加以评判、分类和归纳，从而直观地告诉人们“应该这样写，不应该那样写”。倪先生的这种收集例句、抄写卡片的功夫，对我的学术态度和治学方式影响至深，也令我获益匪浅。王维贤先生早年在燕京大学哲学系读研究生时，跟随王宪钧教授研究数理逻辑，对于自然语言的逻辑分析和语言学理论有独到见解。王先生熟悉结构主义描写语言学理论，对于汉语语法研究观念和方法的演进也深有研究。除了亲自给我们讲授《现代语言学》（一学期，每周 2 节，跟高年级本科生合上）、《汉语语法专著选读》（一学年，每周 3 节）、《语法论文选读》（一学期，每周 3 节）、《生成语法和语法理论》（一学年，每周 3

节）之外，还请傅国通老师讲授《语音学基础》（一学期，每周 3 节）、《方言调查和研究》（一学期，每周 3 节），请哲学系邱国权讲授《数理逻辑和计算机基础》（一学年，每周 3 节），请胡伟民老师讲授专业英语（一学年，每周 3 节），用的是 John Lyons 的 *Introduction to Theoretical Linguistics*（1968）作为课本。刚刚入学，王先生就给我们准备了 4 页打字纸的必读书目，涉及现代汉语（语法为主）、古代汉语（语法为主）、国外语法理论（英文版）、一般语言学理论（英文版）、小学（文字学、训诂学、音韵学）。倪先生在旁边打趣说："看不完的，三年看不完的，一辈子也看不完的。"王先生笑着说："那，那些打三角号的书一定要读。"我们回到宿舍一数，整个书目列了 65 本；打三角号的也有 35 本，其中还包括段玉裁的《说文解字注》呢。

1984 年暑假（7 月 28 日—8 月 12 日），正好洛杉矶奥运会（第 23 届夏季奥林匹克运动会）召开，中国大陆代表团首次参加奥运会，并且取得了不俗的成绩（获得 15 金、8 银、9 铜，位列奖牌榜第 4 名）。王维贤先生在上课时若有所思地跟我们说："体育比赛讲金牌、银牌、铜牌，语言学研究其实也有这种差别。比方说，朱德熙先生就应该得金牌，我连铜牌也不该得；但是，我希望你们将来能够得金牌。"这几句话，一直沉甸甸地压在我们的心上。朱德熙先生跟王维贤先生不一样，没有跟我们学生讲太多的大道理；更多的是，通过自己深入而系统的研究成果，来昭示语言学研究的方法论。这大概就是"天地有大美而不言"（《庄子 • 知北游》）。我对"的/者"字结构—名词/动词配价—谓词隐含—物性结构—定语小句等，一系列的研究，就是希望学习朱先生那种连续、递进式的学术研究的路子。

因此，可以这么说：王维贤先生重"言教"，给我的影响更多的是理论层面的；朱德熙先生重"身教"，给我的影响更多的是方法层面的。当然，无论哪一个方面，对我来说都是不可或缺的。记得 1985 年前后，延边大学《汉语学习》主编吴葆棠老师去北京约稿，请吕叔湘先生写关于如何培养研究生的文章。吕先生让吴老师去杭州大学找王维贤先生写。由于是吕先生的推荐，王先生就答应了，还跟我们学生们议论了一下该谈哪些方面。但是，王先生最终还是放弃了。他跟我们说："吕叔湘先生都觉得不方便写，那我就更没有资格来告诉别人该怎样培养研究生了。"

二、认知科学视野中的语言学和语言学视野中的认知科学

施： 袁老师，我从您的很多文章和讲座中了解到您主要研究的方面是有关"认知"的语言研究。通过您的文章我发现我们普遍理解的认知语言学好像和您所研究的不太一样。您能简单介绍一下认知科学的研究和您的主要思想以及观念吗？

袁： 我是从阅读人工智能的论文和书籍开始，逐步了解认知心理学和认知科学的；然

后，再用计算机科学技术、认知心理学和认知科学等有关概念、理论和方法来分析语言现象。因为痴迷计算语言学，所以形式语言学的一些思想和方法对我影响很大。当然，后来也直接学习和吸收功能语言学和认知语法的理论和方法。

简单地说，认知科学（cognitive science）是研究心智的科学；具体地说，认知科学是一门研究智能系统（包括天然的和人工的）的内部结构、功能和工作原理的科学。这里，天然的智能系统指人的大脑，人工的智能系统指计算机。认知科学是一门新兴的前沿性学科，它是在哲学、心理学、语言学、计算机科学和神经生理学等多个学科的交叉领域中发展起来的。早期的认知科学用信息加工（information processing）的观点来研究认知结构和认知过程，比如，把记忆比作计算机的存储器、把思维比作信息加工（即对符号串进行受约束的变换）等。像Herbert Simon和Allen Newell还提出了著名的物理符号系统假设（hypothesis of physical symbolic system）：智能的基础是符号操作，通过符号的产生、排列和组合，智能系统就能将外部的事件内化为内部的符号事件并加以控制，从而表现出智能来。因此，一切认知系统（不管是天然的人脑还是人工的电脑）的本质都是符号加工系统。而符号操作的实质就是计算（computation），表现为具有特定语义解释的符号表达式的各种受规则约束的变换。比如，人的心智表征就是一种形式化的符号表达式，是跟系统的物理状态（即神经元的某种运动方式）相对应的某些基本要素的离散的排列。所有跟系统有关的语义内容都依靠深层的符号表达式及其变换形式和符号关系结构来规定。显然，这是一种语义上中断的物理符号操作，因而是一种计算。因此，“认知就是计算”是经典的认知科学的一个信条。

20世纪90年代，我在研究现代汉语中的一价名词和二价名词的句法、语义特点时，借鉴认知科学的研究方式和相关成果，尝试用扩散性激活的语义记忆机制和非单调推理的逻辑机制，来分析有关句子的语义解释问题。所谓扩散性激活，是指当某个词语被提起时，大脑内自动激活相关联的词语，二者联系越紧密越快被激活。例如：

（1）这种酒很淡。（a. 味儿淡 ＞b. 颜色淡）
（2）这种花很淡。（a. 颜色淡 ＞b. 味儿淡）

这种语义理解上的不平行性只能从语义记忆和语义推导的方式上寻求解释。比如，名词“酒”可以激活〔液体、饮料、刺激性的味道、颜色……〕等一组语义，名词“花”可以激活〔植物的器官、观赏性的颜色、味道……〕等一组语义，形容词“淡”可以激活〔（味道、颜色）不浓、（含量）稀薄、（态度）不热情……〕等一组语义。人们根据常识推断，酒作为一种有特别味道的饮料，〔味道〕是它的强特征，就直接把“酒淡”理解为“酒的味儿淡”。因为，根据缺省推理（reasoning by default）的原理“除非特别说明，可以默认某个命题总是成立的”，听话人有理由相信：如果说话人想表达“这种酒颜色很淡”，那么他一定会把表示酒的弱特征的“颜色”说出来。同样，“这种花很淡”中花的强特征完全可以省略，在语义解释时必须优先补入。有意思的是，我的同学白硕博士在 20 世纪 90 年代后期，尝试用范畴语法的演算规则来建立一个语言理解系统，为网上的信息快速查找服务。在这个系统中，他除了利用动词、形容词的配价信息外，还大量地把名词配价研究的成果吸收了进去，增强了该系统的表示能力和推演能力。我甚至希望用扩散性激活的语义记忆模型和缺省推理的非单调逻辑来建立一种语言理解的微观机制，用以解释同一句子中不同词项之间的语义连结和制约关系；并以此来揭示人脑处理语言信息的某种心理过程，从而为认知心理学和计算机理解自然语言提供强有力的语言学支持。

作为案例，我着重分析了下列这种例子：

（3）a. 这房子很大 →b. 这房子面积很大
（4）a. 这箱子很大 →b. 这箱子体积很大

例（3a）和（4a）的句法、语义构造是一样的，但是语义解释却很不一样。对此，可以从认知的角度假设：第一，大脑中语义储存的方式是网络（network）式的，语义提取的方式是扩散性激活（spreading activation）式的。并且，由于常识和生活经验（房子用以住人、箱子用以装物）的作用，人们在听到或者看到“房子”这个词时，“面积”这一语义节点优先激活，它跟其他词的语义节点的连接权值增大；人们在听到或者看到“箱子”这个词时，“体积”这一语义节点优先激活，它跟其他词的语义节点的连接权值增大。第二，语义推导的方式是基于知识的缺省推理。虽然“大”的语义可以跟〔面积、体积、数量、强度、力量〕等语义节点相连接，但是人们在听或看到“房子大”时可以直接理解为“房子的面积大”，听或看到“箱子大”时可以直接理解为“箱子的体积大”。这是因为，听话人相信说话人一定遵守交际的缺省约定，如果说话人要表达“房子的体积大”或“箱子的面积大”这种特别的意思，那么他必须特别声明，因而不能省去“体积”或“面积”这类词语（见图 1）：

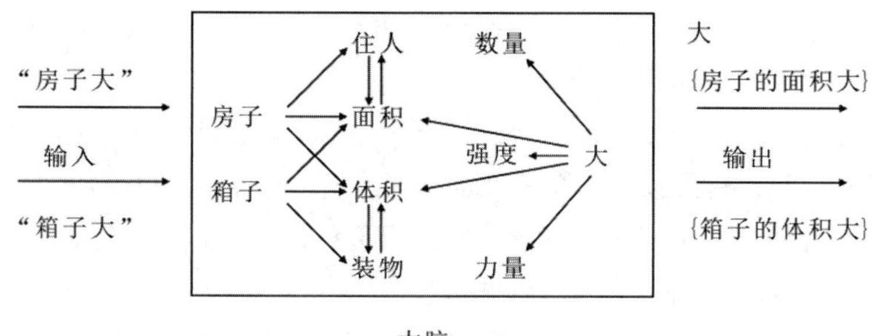

图 1　语义网络的扩散激活模式和缺省推理（示例）

非常有意义的是，姬东鸿博士和黄昌宁教授在一篇论文中，讨论如何建立关于汉语形容词跟名词的语义组合的计算模型，其中运用我提出的上述语义扩散性激活和缺省推理的机制、语义特征强弱的优先顺序以及相关的规则和策略，作为消解由多重属性继承引起的冲突的机制。例如这三个句子：

（5）王明很难受。（a. 心里难受 >b. 肚子难受）
（6）这孩子很灵。（a. 脑子灵 >b. 耳朵灵）
（7）衣服很大方。（a. 样子大方 >b. 领子大方）

这里名词“王明”既具有心理属性、也具有生理属性，而形容词“难受”既可以描写心理属性、也可以描写生理属性。这样，当名词的语义跟形容词的语义相互组合时，就势必会发生多重属性的冲突问题。怎么来消解这种冲突呢？根据我们发现的心理属性强于生理属性、整体属性强于局部属性的优先顺序，可以用这种属性继承的优先规则来解决这一问题。像这种基于认知的语言研究，计算语言学研究者和心理语言学研究者都是比较感兴趣的。

三、带着问题去阅读和思考，解决实际问题

施：袁老师，据我所知，研究认知科学、研发语料库都需要结合很多不同学科的知识，尤其是您的研究思路又非常活跃。包括您在中国科学院物理研究所的讲座中提到，做语言学研究的人，不仅要是一个语言学家，还要是一个计算机科学家和神经科学家。那么您是如何去掌握这些学科的知识，发现他们的关联，并且将它们熟练地运用于自己的研究的？

袁：我的做法是，先读一些计算机科学技术、心理学、生物学、神经科学、现代哲学、逻辑学方面的导论类书籍，了解一下其中哪些方面能够引起我的兴趣或者跟我研究的方向与课题相关，再查找和阅读更加专门一点的书籍与期刊论文。

施：那么您是如何做到高效地吸收这些书籍中的知识的呢？这些阅读对你的语言学研究有哪些具体的作用呢？

袁：在阅读和学习新学科的知识时，要带着自己的问题去阅读和思考。比如，20 世纪 90 年代初，我被下面这个问题深深地困扰：汉语肯定有词类的分别，词类分别的基础是词的语法功能；但是，单纯根据一两条或两三条语法功能，又难以划分出人们心目中的名词、动词和形容词等词类来。于是，就向自己提出了这样一连串问题：人们心目中的名词、动词和形容词等词类是从哪儿来的？这种连分类标准都无人能说清的类别是怎样建立起来的？我们人类的心智能够容忍这种分类吗？这时候，阅读一些认知心理学上关于原型范畴的书籍和论文时，不由得恍然大悟：原来，我们天天打交道的蔬菜、水果等范畴，也都无法给出一个精确的定义，但这并不妨碍人们使用这些范畴。汉语词类也是这样的原型范畴，表现为：各种词类无法给出严格的定义，不同的词类之间边界不清晰，同一种词类内部的各个成员在语法功能方面的相似性多寡不一。从 1993 年开始，我在不同的场合宣扬这种观念；1995 年《词类范畴的家族相似性》（《中国社会科学》第 1 期）发表后，引起更多同行关注这个问题，也有不少人认可汉语词类是原型范畴的观点。认识到词类范畴边界的模糊性以后，我又不断地学习模糊数学（模糊集合论）、心理学上的心理量表和教育水平测试方面的量表设计方面的知识；并且，逐步形成了这样的研究路线：先研究各类词的典型成员的分布情况，用公理系统来定义词类的典型成员；然后通过跟典型成员的分布情况进行类比，用隶属度及其量表来确定非典型成员的词类归属和隶属度。我把相关的研究结果加以梳理和总结，整合成《汉语词类的认知研究和模糊划分》（上海教育出版社，2010 年）。并且，为了便于一般非专业读者的理解，我在三位同事（马辉、周韧、曹宏）的协助下，把我相关文章中的各个专业版词类量表进行改写、简化和通俗化，形成通俗版汉语词类模糊划分量表。然后，用这套经过修订的通俗版量表，对 900 多个疑难词语（以义项出条）的词类属性进行了隶属度分析，内容包括：每一个词的注音、释义、主要的语法特征及其例句、每一种语法特征对于某种特定的词类的得分、每个词对于有关词类总的得分和它对于特定词类的隶属度，形成一部小型的《词类模糊划分词典》。最终，这两部分内容合成书稿《汉语词类划分手册》（北京语言大学出版社，2009 年）。另外，我还指导我的研究生魏雪，根据我的这套词类理论及量表，设计并编程实现了网络版汉语词类测试平台。这样，用户进入这个网站以后，只要按照提示输入被测词，再根据自己的语感进行按钮选择，最后由计算机自动给出被测词的词类归属及其相对于某种词类的隶属度。语言学理论探索和计算机网络技术的结合，居然能给我们带来如此奇妙的便利；这实在是我在二十几年前刚开始从认知角度研究词类时未曾料到的。就这样，在十八年中，我经历了词类研究的五个阶段：从确立词类是原型范畴这种观念出发，到建立词类的公理系统，达到研制一整套词类的隶属度量表，并形成一部小型的词类模糊划分词典，最后建成词类知识的测试网站。

总之，各种知识的学习是为了增强认识能力和解决实际问题。反过来说，为了增强认识能力和解决实际问题而学习各种其他学科的知识，一定会拓宽人的学术视野。

四、语言学研究中的人文关怀和科学精神

施：我在准备这次采访提纲时，从您的一次报告中看到，您主张"经验主义人文关怀与理性主义科学精神之间的鸿沟和隔阂应该被逐渐弥合"。请问在研究中您是如何兼顾科学精神与人文关怀的呢？怎么样能让语言学成为一个不单单在象牙塔里的学问呢？

袁：我的想法是，语言是人类思维和交际的工具；其中，既有人脑生物学方面的自然属性，又有人际沟通方面的社会、文化等人文属性。这样，语言研究势必要把经验主义人文关怀与理性主义科学精神结合起来，从而更好地了解语言如何运作（机制）并有益于人类社会（功能），即希望了解语言的结构、机制和功能及其对于人类进化的影响。因为只有人类有语言、使用有声语言进行交际，通过语言研究，可以更加清楚地了解人类在世界或宇宙中的位置，从而更加透彻地理解人类的本质。这应该是一个永恒的、根本性的哲学问题，也是语言学研究走向人文关怀的一个途径。问题是，不同的研究者要找到适合自己的道路。我的做法是：建立并且践行一种基于认知并面向计算的语言研究的进路（approach）。我相信，沿着这条路走下去，语言学必定能够一方面植根于人文科学对于人类本质的理解和关怀，另一方面又跟当代先进的科学技术紧密地联系在一起。

为了让你对我所说的从一般语言研究走向认知分析的科学主义研究方式有更直观的认识，我简单谈谈我做过的两个研究课题。

第一个是谓词隐含理论。请看两个例句："红木的家具"，意思是"红木制造的家具"，省略了谓词"制造"；"战争的故事"，意思是"讲述战争的故事"，省略了谓词"讲述"。这个大家都能明白，但从看到这两个句子，到明白谓词的省略，在这过程中大脑是怎么工作的？1995 年前后，我做了这方面的研究，我有一篇文章《谓词隐含及其句法后果》，发表在《中国语文》1995 年第 4 期上，提出了谓词隐含理论以及具体的语义解释模板。后来，我们北京大学做计算语言学研究的几位学者，利用了我的一些研究，在新的统计学习技术的基础上进行研究，写了一篇文章《基于动词的汉语复合名词短语释义研究》，发表在核心期刊《中文信息学报》2010 年第 6 期上。为什么我的这个谓词隐含理论对他们有启发作用？因为它有利于建立有关词语组合的语义处理模型，有利于应用到语义搜索等工程方面。

现在的网络检索，主流的是百度、google 等搜索引擎。百度和 google 的主要技术是关键词匹配，但有时候匹配出来的结果不那么令人满意。我们人是有很强的语义理解能力的，我们知道“红木家具”是红木做的家具，知道“婴儿奶粉”是给婴儿吃的奶粉，不是婴儿做的奶粉。如果让机器也知道这些，它们的检索结果将会更准确。据统计，现在的网络检索，名词加名词的关键词检索方式占 25%，甚至可以到 30%；也就是说，四分之一以上的检索词语串是名词加名词。如果计算机能将名词加名词组合中蕴藏的动词找出来，并且扩展它；那就意味着理解了这个检索关键词组合的真正意思，也就基本上理解了用户真正的检索意图。所以，网络检索下一步的发展，争夺的是谁最先设计出基于语义的搜索技术。前面说的那篇文章，主要利用统计方法。我们想更加全面地利用我的谓词隐含理论，因此做了一个实验系统。因此，我又指导我的研究生魏雪，重新开发了一个基于规则的汉语名名组合的自动释义系统。我们通过构建汉语名名组合的释义模板库，并在这个数据库的基础上，初步实现了一个汉语名名组合的自动释义程序，其自动释义的准确率达到 94.23%。你可以看一下这个释义系统的一个查询页面的截图(见图 2)：

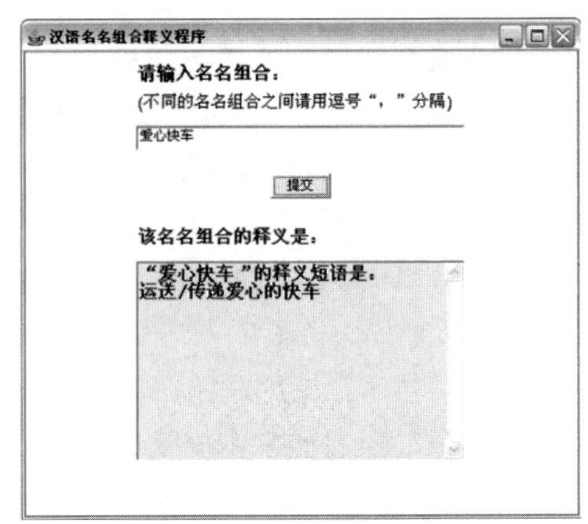

图 2　汉语名名组合自动释义系统查询页面截图

你看，输入“爱心快车”，它给出的释义是“运送/传递爱心的快车”。我们设想，如果利用这种系统对检索系统进行改进，那么检索结果的准确率也许会提高不少。我们的这项研究结果写成论文《基于规则的汉语名名组合的自动释义研究》，发表在《中文信息学报》2014 年第 3 期上。这项研究的具体过程，很好地体现了我所强调的三个 do。在网络上大量调查检索关键词语的使用情况，分析其句法、语义特点，这是 do investigation；根据谓词隐含理论，建立检索词语串的概念模型，设计相应的释义模板库，这是 do model；进行计算分析和相应程序设计，并且进行释义系统的运行检验和不断调整，这是 do experiment。

再看第二个课题，就是我们目前正在探索的一个世界性的难题——“网球问题”（Tennis Problem）。这个问题是美国普林斯顿大学认知科学实验室提出来的，他们在构建语言词汇知识库 WordNet 时遇到一个难题：如何将 racquet（网球拍）、ball（网球）、net（球网）等词语以一定的方式联系到一起？推广一步，就是：怎样把 racquet（网球拍）、ball（网球）、net（球网）或者“蜡烛”“蛋糕”“生日”之类具有情境联想关系的词汇概念联系起来，发现它们之间的语义和推理关系？从而为计算机自动理解自然语言的意义和进行常识性推理，提供充分的知识和资源。关于这个问题，我们看几个例句：

（8）父亲：小明怎么不在房间里看书？
母亲：大早晨拿着拍子出去了。
父亲：又去打他该死的网球了！
母亲：这回上 985 是没戏了。

（9）小红：小芳，你买的什么东西？
小芳：一盒蜡烛。
小红：你们寝室要给谁过生日呀？
小芳：是李萍。

在第一组例句中，母亲说的是“拍子”，但父亲马上联想到“网球”。在第二组例句中，小芳说的是“蜡烛”，小红由此知道有人要过“生日”。我们的大脑是怎么工作，才能做到这样的？推进一步，我们能不能设计一个系统，让计算机也做到这点？这就需要首先了解大脑的工作方式，在这方面，现在我们的研究已经取得了一些进展。论文《怎样用物性结构知识解决“网球问题”？》发表在《中文信息学报》2014 年第 5 期上。要知道，目前国际上四种主流的知识库都无法解决“网球问题”。一是普林斯顿大学的 WordNet，它注重同义、反义、上下位关系、整体—部分关系等聚合性知识，无法处理“网球问题”之类基于情境联想关系的句法组合和语篇共现关系。二是宾夕法尼亚大学和科罗拉多州立大学的 VerbNet，它是以动词为中心，注重动词跟其论元的语义关系和句法实现，也无法处理“网球问题”这种由名词引起的概念和推理关系。三是加州大学伯克利分校的 FrameNet，它以事件框架为单位。四是麻省理工学院的 ConceptNet，它注重概念之间的常识性推理关系，它们同样无法解决基于名词的“网球问题”。我们以前开发的系统——谓词知识库也解决不了“网球问题”。现在，我们又开发了新的系统——汉语名词的物性结构知识库。我们把谓词和名词这两个系统结合起来，通过对“网球问题”这类名词的描述、认知建构，已经差不多接近解决这个问题了。图 3 是相关知识的一个图示：

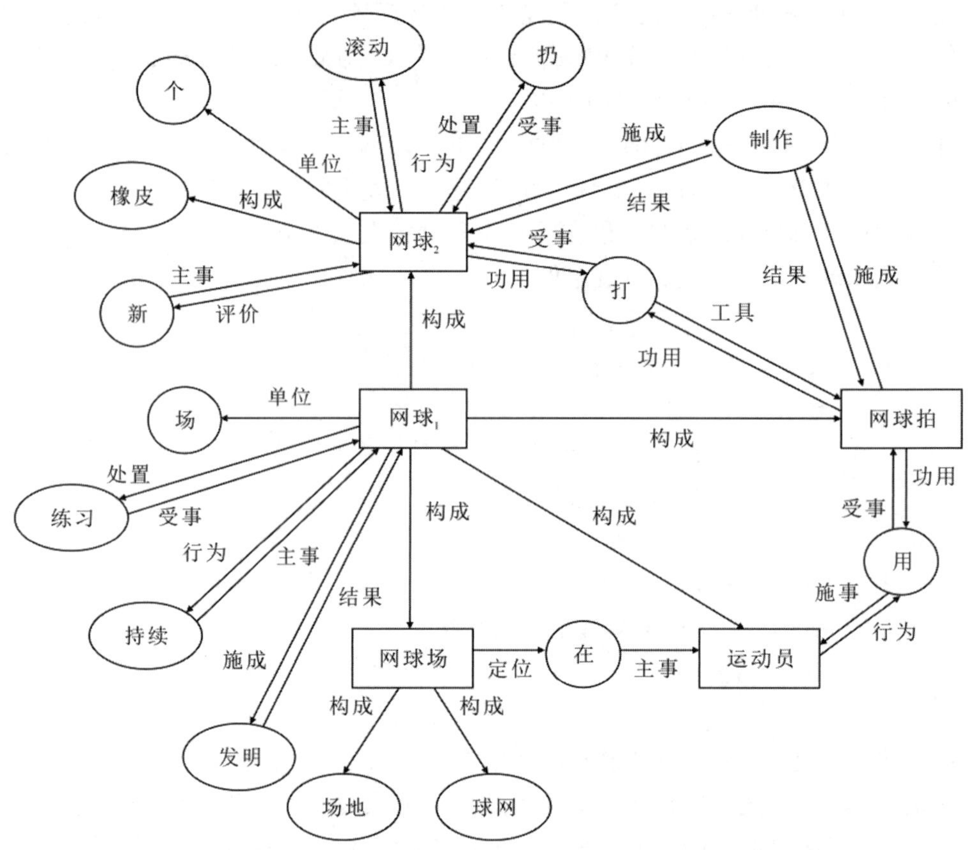

图 3　汉语名词的物性结构知识库（以“网球问题”为例）

通过上面的举例和说明，我相信你对语言学家如何可以像科学家那样地思考、研究，并且将自己的研究成果应用到工程实践中，已经有了比较清晰的理解。这样看来，语言学就不会成为一个单单在象牙塔里的学问了。更何况，我们正在逐步打破人类自然语言只是有声语言的认识藩篱，把聋人的手语（sign language）也纳入语言学观察和研究的范围。其实，国际学术界早在 20 世纪中期已经公认，手语是一种特殊而专门的语言，也是一个国家语言文字的重要组成部分。对于手语的理论研究、规范制定和教育实施等应用研究，对聋人教育以及语言康复等领域具有理论指导意义和现实的参考作用，也直接关乎听障残疾人的语言文字权益的实现。因此，我们中文系正在跟中国残疾人联合会、国家语委合作，一起筹划培养手语语言学专业硕士、博士研究生；让他们掌握中国手语，并能够从理论角度对手语进行分析和研究。最终目标是培养以语言学基础研究推动中国手语规范化，并能够将手语纳入国家语言规划等政策理论层面的特殊人才。从而通过他们的研究和工作来更好地为我国两千多万听力障碍残疾人士服务，帮助他们提高文化素质和脱贫能力，帮助他们跟健听人群更好地融合，从而更好地促进社会的和谐发展。可见，语言学早就不是一种象牙塔里的学问了。问题是，你准备好了吗？

五、精神素养之于学术研究

施：袁老师，我在学习您在物理所的讲座中了解到，中文系培养出来的学生将来可能成为三种人：思想家或公共知识分子、专家学者、科学家。在讲座中您将自己定义为一名科学家，那么您认为一名科学家需要具备哪些能力？不光是学术上的，更是生活中的精神目标和人生态度。

袁：我的想法是，作为一个学者，不管他是自然科学家还是人文社会科学家，他做研究，通常不只是为了解决专业领域的具体问题，或者只是为了满足自己对某个未知现象的好奇心，或者只是为了通过征服难题来显示自己的聪明才智；除此之外，应该还有更高的精神层次上的追求。比如，为了证明个体生命的价值，发现生存的意义；冲破各种诱惑和迷惘，建立起自己的精神坐标。为了克服眼前生活的苟且，寻找诗歌和远方；在世俗的喧嚣中，从容不迫地安顿自己的心灵。当然，还为了谋得并且保住一份既符合自己的志向、不损害内心自由与人格尊严，又能够保障体面生活的工作，从而成就一种有意义的学人生涯。

台湾著名史学家、“中研院”院士严耕望认为，如何确立志业、修养身性、规划目标，关乎一个历史学者能否取得重大的成就。因为，历史学不像文学与科学，少有年轻的大史学家；历史学的创获也主要不仰赖于天才。为了帮助年轻学者尽快成长起来，尽快成为一个纯粹的学术人，严耕望在《治史三书》中提了很多中肯的建议。这里，择其要点罗列如下：第一，有大志、有信心、有计划；第二，一心力、惜时光；第三，淡名利、避权位。

作为一个纯粹的学术人，严耕望以其“淡泊自甘、寂寞自守”的性格和“体大思精、卷帙煌煌”的论著，赢得了海内外无数的赞誉。如果你愿意，那么你也完全可以做一个像严耕望那样纯粹的学术人，你的研究也应该可以载入学术史。

施：作为一个对学术研究还没有多少感知的学生，我经常听到别人说现在的学术风气比较浮躁，您是怎么看待这种现象？怎么才能改变这种状况？

袁：我的看法是，现在学术界可能是鱼龙混杂。学术风气方面，的确有比较浮躁的，其中的原因很多，不一而足。另一方面，应该看到，大多数学者还是比较踏实宁静的。用清代大学者纪昀（晓岚，1724—1805）的话来说：“文章公论，历久乃明。天地英华所聚，卓然不可磨灭者，一代不过数十人。”（《四库全书总目》卷一百四十八《别集类一》）用明代内阁大学士李东阳（宾之，1447—1516）的话来说：“文章如精金美玉，经百炼历万选而后见。”（《麓堂诗话》）大浪淘沙，唯“卓然不可磨灭”者方可流传于后世。本来，真正能够传诸后世的学术就不多。因此，不必太在意人家的学风浮躁不浮躁；而是要专注于自己，努力做到认真读书、刻苦钻研，对自己热爱的学术有所贡献。

六、教学理念

施： 袁老师，在作为一名科学家的同时您也是一名孜孜不倦的教师。根据我的了解，您指导的研究生成材率很高，而且成长速度非常快。请问您觉得您具备了哪些能力和素质，采用哪种教学方法使您成为这样一名优秀的大学教师？

袁： 我的想法是，主要靠学生的刻苦努力。当然，还有当老师的在一旁鼓励和加油。我经常套用北岛的诗句“卑鄙是卑鄙者的通行证，高尚是高尚者的墓志铭”跟同学们（包括已经毕业的博士生）说：“乐观是乐观者的通行证，悲观是悲观者的墓志铭”。这下可好，谁也不敢悲观了，谁愿意看那墓志铭啊？但是，想乐观也不容易。你必须奋斗，才能有成就；有了成就你才能乐观，否则，盲目乐观无异于自杀。

七、寄语青年学生

施： 袁老师，作为一位著名语言学家，您能否给予我们学生一些您的建议和希望？

袁： 我的想法是，你们风华正茂，春秋鼎盛，有足够的资本可以大胆地畅想未来，踏实地规划自己的人生。其实，不管将来你做什么，学好基础知识，恐怕仍然是第一位的重中之重。

Language Studies：Combining Humanistic Spirit and Scientific Rationality

—An Interview with Professor Yulin Yuan

SHI Jinyu

（University College London，London WC1E 6BT UK）

Abstract: This is a written interview with the world-renowned linguist Yulin Yuan. Professor Yuan firstly talked about how he began his academic career under his own effort, his friends' encouragement, and his teachers' guidance, and then introduced linguistic studies that were based on cognitive science. Professor Yuan pointed out that one efficient way to broaden one's academic horizon and to solve practical problems is reading and thinking with specific questions in mind. Moreover, Professor Yuan believed that linguistic research have to combine both the humanistic approach of empiricism and the scientific spirit of rationalism to understand human nature further. Elaborating on his opinion, Professor Yuan used two of his research topics as examples, how to explain and solve "Predicate Implication" and the "Tennis Problem", to illustrate linguistic studies' significance to the societies and application in reality. Professor Yuan stated that a researcher should pursue on a spiritual level throughout the academic study. In the end, Professor Yuan suggested that students should work hard with an optimistic attitude.

Key words: Yulin Yuan; linguistics; cognitive science; Predicate Implication; Tennis Problem; Scientific Spirit; Humanistic Approach,